古典文獻研究輯刊

十八編

潘美月・杜潔祥 主編

第17冊

清代散見戲曲史料彙編（下）

（詩詞卷・初編）

趙興勤、趙韡 編

國家圖書館出版品預行編目資料

清代散見戲曲史料彙編（詩詞卷・初編）（下）／趙興勤、趙韡 編 — 初版 — 新北市：花木蘭文化出版社，2014〔民 103〕
目 20+190 面；19×26 公分
（古典文獻研究輯刊 十八編；第 17 冊）
ISBN：978-986-322-625-3（精裝）
1. 戲劇史 2. 史料 3. 清代
011.08 103001310

古典文獻研究輯刊
十八編 第十七冊 ISBN：978-986-322-625-3

清代散見戲曲史料彙編（詩詞卷・初編）（下）

編 者 趙興勤、趙韡
主 編 潘美月 杜潔祥
總編輯 杜潔祥
副總編輯 楊嘉樂
編 輯 許郁翎
企劃出版 北京大學文化資源研究中心
出 版 花木蘭文化出版社
社 長 高小娟
聯絡地址 235 新北市中和區中安街七二號十三樓
電話：02-2923-1455／傳眞：02-2923-1452
網 址 http://www.huamulan.tw 信箱 hml 810518@gmail.com
印 刷 普羅文化出版廣告事業
初 版 2014 年 3 月
定 價 十八編 22 冊（精裝）新台幣 40,000 元

清代散見戲曲史料彙編

（詩詞卷・初編）（下）

趙興勤、趙韡 編

目次

下冊

詹應甲

詹應甲（1760～1840 後），字鱗飛，號湘亭，江蘇吳縣人，原籍安徽婺源。乾隆五十三年（1788）舉人，官漢陽知縣、湖南茶陵州知州。著有《賜綺堂集》。見《國朝詞綜補》卷一七、《國朝詞綜續編》卷三、《清續文獻通考》卷二七七等。

【寄懷沈芝田浙中四首（之三）】

細雨蕪城弔玉鉤，分飛鴻雁去揚州。比來問訊樊川夢，金屋喧傳菊部頭。令兄簣漁客維揚，以新製《黃金屋》傳奇寄示。（《賜綺堂集》卷一「詩」，清道光止園刻本）

【魏伶歌有序**】**潞城魏郎，小字長才，舊籍蓮聲部中。芒鞋草笠，來自田間，蓋伶而農者。丁未西遊，邂逅樂陽官舍，爲演吳歈，頗能協律，因歌此贈之。

魏郎家住鄣河曲，日課桑麻夜種粟。脫卻牛衣換蜨裙，一聲唱斷溪山綠。溪山昨夜夢梅花，官閣朝停倦客車。銀燭兩行燒琥珀，金蓮一隊鬧琵琶。琵琶撥盡伊涼調，馬角雙聲月華照。那及吳崑宛轉喉，海棠枝上流鶯笑。流鶯百囀惱人腸，飛入屏山影亦香。吳黛遠橫波淺碧，楚腰低拂柳嬌黃。柳絲裊裊春愁結，脆肉哀絃幾回裂。紫燕釵頭玉作煙，紅梨花底風迴雪。雪捲風花絮一堆，綺寮全拓客停杯。能翻北部成南部，解說長才即善才。善才身向空中舞，七尺珊瑚碎紅雨。疑是榴裙入翠盤，阿環扶醉嬌霓羽。霓羽翩翩兩袖低，低擎小盞凍頗黎。前身蛺蝶圖中見，小字枇杷樹下題。題來羅帕香痕罥，兩點眉峰春已戀。應向羊車隊裡來，誰從犢鼻褌中見。一見匆匆又曲終，綺羅香褪木棉風。雲衣月扇氍毹上，臺笠芒鞋畎畝中。芒鞋踏破千山碧，釋耒登場眾聲易。不作搔頭倚市裝，沾塗洗盡燕支跡。脂澤全消萬斛塵，迷離醉眼認難眞。重將桃葉江邊曲，驚破關山笛裡人。關山明月鴛鴦冷，醉擁桃笙呼不醒。怕照青衫兩袖寒，湘簾不捲交枝影。簾影濛濛水欲波，海沈細爇夜如何？纏頭漫數文君錦，題與新詞宛宛歌。宛歌休用齊紈障，絮語生平淚花颺。十二當場菊部傾，自矜色藝差無向。色藝從教奉長官，傳呼日日侍清懽。琹心枉說珠盈斛，箏柱能揉玉作團。玉貌無端逢彼怒，一朝脫籍華林部。羅衫金釧篋中捐，歸著青蓑臥煙霧。青蓑和淚裹檀槽，偶遇周郎賭曲豪。紫鳳天鵝俱折裂，更何人識鄭櫻桃？櫻桃亂落如紅豆，爲按《陽關三疊》奏。別夢鳩茲落日邊，鄉愁虎阜西風後。落日西風送客船，相如已是倦遊年。侯門挾瑟知音杳，我亦歸耕四畝田。余家草堂在吳中金閶門之四畝田。（《賜綺堂集》卷二「詩」，清道光止園刻本）

【德州道中有歌者玉澄自言為邯鄲名倡遷徙至此】

琵琶斜抱出風塵，誰識邯鄲夢裏身？卿自願爲厮養娘，尊前莫更說才人。（《賜綺堂集》卷四「詩」，清道光止園刻本）

【贈歌者金鈴】

愛聽風前語，金鈴記小名。護花春信逗，繫犬旅魂驚。細向釵梁綰，香同扇墜輕。斷腸應未解，漫作雨淋聲。（《賜綺堂集》卷四「詩」，清道光止園刻本）

【周大山孝廉載崧招遊湖上】

六街春深同報罷，挂帆先我江南下。我聞錢唐山水奇，翩然一葉沙棠駕。官齋扃閉如僧寮，故人知我來過夏。隔宵折柬湖上遊，海潮飛雨檐前瀉。坐聞急溜鳴濺濺，恐誤登山雙不借。來朝雨止生涼颸，籃輿一肩提上架。主人未到客喚船，先有雛鬟走相迓。湖山入夏喜濃妝，粉黛淫淫和蘭麝。自然嫣媚失其眞，誰識美人還待嫁。一番疎雨洗秋光，能令鉛華向空謝。譬如新浴晚涼天，小扇輕羅倍嬌姹。相如好色兼好遊，周郎知我言非詐。手攜紅袖去看山，玉簪倒挂花枝亞。女伶玉簪歌以侑酒。雙扶人在淥蘿陰，不管流鶯畫廊罵。歸來玉簫坐兩頭，波心一曲蓮衣卸。藏鉤約髩正溫存，忽憶春明懽十夜。酒罏畫壁幾人同，如君才地無雙價。我亦江湖載酒來，勝遊難遘須乘暇。回船指點湖上山，一時都與煙雲化。（《賜綺堂集》卷五「詩」，清道光止園刻本）

【郡齋小集用錢竹西明府清履辛未新正試筆韻四首（之三）】

黃憲停車地，嘯崖。王珣謝客時。春堂。種花人侑酒，時演《河陽桃李》之劇，以種花人豎酒。燒燭吏鈔詩。嘯崖與竹西於席間各誦新詩，付小吏錄之。佳話傳柑會，陳編束筍披。未消殘臘雪，看到麥苗滋。（《賜綺堂集》卷九「詩」，清道光止園刻本）

【竹西以詩代柬為洪喬所滯乃馳書乞錄前稿見貽依韻答之】

前年夢到鴻雁飛，去年書到楊柳依。二千里外詩一首，語長鄭重貽所思。所思未見心百結，詩沉魚腹昆刀切。題箋重達夜郎城，芳訊纔通巴子國。送窮無計況驅愁，一瓢空掛山中由。密林深箐瘴雲黑，鬼簫吹斷聲綿幽。感君念我在岐路，垂老投荒久延駐。醉墨空題問月亭，歸心早繫垂虹樹。我聞康生喜與崆峒遊，俯視朱戶空中樓。一言能奪貴人氣，對山肝膽懸千秋。余性戇直，昔年曾以事忤某公，幾至顛蹶，竹西欲脫故人於危急之中，慨然以對山自任。而某公旋以他故去鄂，其事遂止，然余固感竹西之意也。俗伶誤訂宮商譜，且聽琵琶雜腰鼓。七子敦盤誰始終，崑崙豈屑爲盟主？讀君此詩心轉傷，次公頭白同爲郎。謂嘯崖。西風江上掛帆去，何年吹聚萍花香？竹西手輯《楚江萍合詩》，多錄余與嘯崖之作。南豐先生車早駕，詩來，而蘭楣郡伯已調守武昌。拋卻青山吟鮑、謝。衙官屈宋得兩賢，餘子紛紛伏轅下。我和君詩水石投，兩家心跡如閒鷗。陽春不聞郢客奏，竹枝但付巴童酬。吁嗟乎！東坡居黃早遊浙，買田陽羨頗奇絕。何如攜我清江峽裏泉，與君同漱黃州堂下雪！

（《賜綺堂集》卷十一「詩」，清道光止園刻本）

【傀儡戲】

從其小體小人事，舉動爲人所牽制。腳跟不肯踏實地，五官百骸空位置。提醒世人演此技，謂余不信傀儡戲。傀儡場中人頗多，顧名先要思其義。始作俑者亦偶然，敢向人前假聲勢。優孟衣冠魄已消，人鬼攸分餒鬼細。公喜公怒不自知，人歌人哭聊相試。進止語默倚於人，豈惟耳目手足寄。廣場四面幃幙垂，窺不及肩毋乃秘。分明竿木不離身，下有人兮指使臂。螟蛉負贏是耶非，佝僂承蜩仰而跂。可惜扶他不到頭，畢竟難爭一口氣。（《賜綺堂集》卷十九「詩」，清道光止園刻本）

【百字令・贈歌者宋郎】

（其一）揚州杜牧，遇掃眉才子，軟紅深處。看遍豐臺花似海，那及瑤林一樹。窺影東牆，擷芳南國，摹出高唐賦。氍毹筵上，半空香雪飛絮。　　忽憶桐館題箋，花街讀曲，一霎春雲去。爾本善才新弟子，偷聽黃河詩句。壁上雙聲，風前一笑，記取狂名署。東陽老懶，近來法曲誰付。郎家吳門花街巷，向與沈桐威孝廉同製新曲，付其歌師按拍。

（其二）棉花深巷，正燒燈時候，馱來細馬。朗我玉山傾四座，明月投懷不夜。纔熟櫻桃，倦飛蛺蝶，題就楊枝畫。雙瞳如剪，照人秋水寒射。　還問羅帕藏名，毬場顧影，多少春愁挂。坐傍屏山心便醉，那管枝頭鶯罵。鄂被香薰，髡筵燭滅，可許風情惹。青衫席帽，先生明日歸也。時方報罷，束裝出都。（《賜綺堂集》卷二十四絃秋詞一，清道光止園刻本）

【小諾皋·言皋雲比郎邀同孫淵如顧容堂兩太史飲餞玉蘭堂即席贈歌者柯郎】

玉樹交枝，蘭苕結佩，吹到軟紅塵裡。看尊前、三疊《迴波》，向人旖旎。描就秋蛾眉活，啼破春鵑魂死。恁韶年、放誕風流無比。本事凄脾，舊遊彈指。撲簾旌、落花如雪，隔院玉笙催起。懽未竟，吾行矣。　韋杜城南，風煙塞北，小別十年千里。忘不了、翠被薰香，鈿箏流水。昨夜屏山幽夢，尋向碧綃窗底。只留得、殘月曉風而已。歌散旗亭，燈疎柳市。待他年、貰酒重來，那得瓊枝如此。青衫濕，今日始。（《賜綺堂集》卷二十四絃秋詞一，清道光止園刻本）

【金縷曲·題瞿菊亭孝廉鶴歸來傳奇】

老淚眞堪惜，悔年來、花前燭底，無端偷滴。力掃風華標至性，寫出一腔血赤。方不負、才人之筆。難得忠魂邀曠典。許白頭、孫子傳奇跡。千載下，皎如日。　軟紅塵裡持鞭揖，譜新聲、行間密字，穿雲裂石。聽說鴈門秋色老，吹向關山長篴。想到處、旗亭畫壁。菊亭新製《鴈門秋》，尚未脱稿。此曲雙鬟休付與。怕臨風、飛去寥天一。鶴能語，也悽悒。（《賜綺堂集》卷二十五絃秋詞二，清道光止園刻本）

【沁園春·題菊亭錦衣樹傳奇】

投筆書生，功名壯哉，事吳越王。問將軍衣錦，談何容易；秀才脫白，夢也荒唐。青眼憐才，黃金散士，除卻英雄只女郎。難尋處、是茫茫海內，紅淚雙行。　司衡妙解文章，竟遺卻明珠照乘光。笑暗中摸索，本無關說；風前太息，頗費評量。壁上籠紗，行間勒帛，一例相看也不妨。悲歌壯、借潮頭萬馬，譜出宮商。（《賜綺堂集》卷二十五絃秋詞二，清道光止園刻本）

【金縷曲・題沈著軒邀月圖】

月向空中笑，笑先生、詩瓢何大，酒瓢何小。不築糟邱成獨酌，眼底醉心人少。我與我、飲醇交早。二十年來眞面目。圖成於己酉歲，閱今二十年矣。算青天、碧海曾相照。浮大白，一輪皎。　龍眠妙筆生花老，最關情、樊樓舊館，錢塘歸棹。一卷河渠能下酒，著軒向爲河幕，東諸侯多延致之。略展半生懷抱。聽唱出、團圞夢好。所著有《團圞夢》傳奇。蒼翠滿衣苔濕履。料松心、石骨同傾倒。月留影，打成稿。（《賜綺堂集》卷二十六絃秋詞三，清道光止園刻本）

【和竹垞洞僊歌十七首（之九）】

欄杆一曲，有落紅吹聚。夢到橋西隔煙浦。算毬場，顧影羅帕藏名；曾消受，衣上粉香脂雨。　花間繙院本，擫篴吹簫，懶學山香《柘枝舞》。紅豆任拋殘。簾押垂垂，吹不散，絳雲飛度。休教與春山鷓鴣啼，聽鐵板銅琶，大江東去。（《賜綺堂集》卷二十六絃秋詞三，清道光止園刻本）

【邁陂塘・竹西用余題照原韻譜秦淮舊遊二闋仍依韻奉答】

莽天涯、葬花人老，翦燈絮語朋舊。秋風冷到桐涇月，瞿菊亭有《桐涇月》傳奇，記馨兒事。也算滄桑劫後。銀鹿走，問題罷，湘靈人去峰青否？吹簫石帚。更淡墨踈踈，衣邊扇底，拍與八乂手。　銷魂久，君亦幾番搔首，淚花濕到衫袖。涼篷一葉隨風泊，簫管兩頭能受。夜如晝，看九曲，清溪紅燭搖窗牖。蝦鬚鶯脰，任窺破丁簾，掀開甲帳，艷體少年有。（《賜綺堂集》卷二十七絃秋詞四，清道光止園刻本）

【金縷曲・竹西六十初度】

鶴訊傳來否？與黃郎、登樓吹篴，謂嘯崖。遲君良久。此日三髯同把臂，數到庚先甲後。也算是、東南耆舊。旗鼓兩軍同角立，笑中分、江漢滔滔走。無雙筆，還自壽。　詩名冶譜應低首，只年華、一籌虛占，竹西少余一歲。竟忘衰醜。榴海松風編甲子，傳到千秋不朽。萬事不如君遠甚。喜亢角、常依郎宿。與竹西作宰皆二十年，可稱老郎矣。此曲花前誰按拍。借雙成、代進麻姑酒。謂歌者雙嬉。須和我，報瓊玖。（《賜綺堂集》卷二十七絃秋詞四，清道光止園刻本）

錢清履

錢清履（1761～1833），字慶徵，號竹西，以塏孫，嘉善（今屬浙江）人。乾隆甲寅（五十九年，1794）舉人，官陝西白河同知。清履官蘄水時，嚴斥堠，清户籍。進邑中子弟，教之如家兒；而發姦摘伏，不稍姑息。膺卓異，陞白河同知。晚歸邑中，官紳重之，每有疑難，得其一言以決。平生喜爲詩，著有《松風老屋詩稿》、《古芸樓詩鈔》等。見《兩浙輶軒續錄》卷一七、《晚晴簃詩匯》卷一〇五等。

【用丙唐湘亭鄂城唱和二首韻奉柬二君】

（其一）一笑絲猶傀儡牽，逍遙未許悟莊詮。青山雲釀迷瞞雨，紅杏花寒料峭天。交友旅逢萍合葉，年光老至馬催鞭。相看勾漏砂何處，慚愧神仙葛稚川。

（其二）共嘅英雄志已灰，不教失箸誑聞雷。酒當曲讌千杯醉，連日聞吳伶度曲。頻入醉鄉。詩許郵筒一騎催。詩成擬郵寄漢川。天鶴宮人頻淚落，滁州太守久顏隤。余與湘亭浮沉仕宦，皆廿餘年矣。更番風信春過半，何事浮楂滯未回。丙塘前有「開過梅花便放舟」之句，故調之。（清・詹應甲：《賜綺堂集》卷十四「詩」附，清道光止園刻本）

鮑　臺

鮑臺（1761～1854），字朝金，號石芝，浙江平陽人。貢生。文率意抒寫，詩靈機内運，鍛錬自然。質直之旨，雅近香山；古淡之音，直追韋、孟。胸次浩然，性情篤厚，未嘗有感時嫉俗之言、憂老傷貧之意。著有《一粟軒詩文集》。見《兩浙輶軒續錄》卷二一、《晚晴簃詩匯》卷一二九等。

【讀紅樓夢傳奇】

十二瓊樓貯散仙，紫鴛紅翠兩相憐。溫存月孕金絲帳，歌舞春酣玳瑁筵。鳳管凄清剛一夢，彩雲縹緲落何天？荒唐亦是傷心事，愁絕空山叫杜鵑。（蕭耘春選輯：《蒼南詩徵》，上海古籍出版社2005年版，第158頁）

劉嗣綰

劉嗣綰（1762～1820），字醇甫，一字簡之，號芙初，陽湖（今江蘇武進）人。嘉慶十三年（1808）會試第一，官翰林院編修。芙初相門子，年十二三學爲詩，少作明艷，後乃沈博排奡，進爲清道駿厲。著有《尚絅堂文集》二卷、《詩集》五十二卷、《箏船詞》一卷等。見《國朝詩人徵略》卷五七、《晚晴簃詩匯》卷一一九等。

【秋江篇寄吳中諸故人】

秋江鯉魚吹浪花，秋江暮寒生綠紗。闌干女兒小垂手，挽起元雲堆鬢鴉。明粧寶幄開筵促，估客纏頭錦千軸。白項老烏啼向人，恰似當年耳邊曲。當年醉宿倡家樓，就中尤數青溪遊。溪流九曲一明鏡，水晶簾額珊湖鉤。烏衣諸郎白鹡雀，梨園子弟黃幡綽。過江人物最風流，縱飲高歌雜談噱。入門下馬氣吐虹，座客謂我周盤龍。我時座上語不發，一飲欲盡三千鍾。銀河翻空向身倒，映我玉缸顏色好。酒星搖搖如勸人，直喚麻姑下蓬島。燭奴濃笑擎荷盤，二十四枝吹欲乾。紅燈須臾滚簷角，恰照高樓上絲竹。秋空四起響蜀絃，元猿綠羆飛滿前。此時素娥正悄悄，欲落不落西山巔。當頭明月不可掇，過眼悲風那堪摘。美人可惜盡如花，一別雲端兩超忽。扁舟飄泊橫江渚，風月年年浩無主。夜來愁思落誰家，自抱琵琶不知處。吳絃續續彈楚歌，樓頭夜宴秋江多，秋江嗚咽秋風波。芙蓉醉倒顏微酡，少年不飲奈老何。（《尚絅堂集》詩集卷十四楚遊集下，清道光大樹園刻本）

【秋夜集東洞庭山館】

閒中風月幾歡場，碧幌銀屏夜未央。一首詩題周小史，時座有歌者周月生。三條絃說蔡中郎。青衫似葉添秋恨，紅燭如花當晚粧。七十二峰峰影遠，又牽魂夢下滄浪。（《尚絅堂集》詩集卷二十五中江集下，清道光大樹園刻本）

【晚泊虹橋】

春江一綠何迢迢，柳絲搖曳吳船梢。將船撐入鏡中住，恰如天上看虹橋。紅欄鬥鴨家家樹，兩岸春人影如畫。水邊半是芍藥圍，手折花枝滿船亞。花枝涴酒衣上彈，中有歌者垂雙鬟。歌喉一串裊空去，十里五里鶯間關。遊絲落絮俱陳跡，此地聽歌異今昔。不知春水底干卿，流到橋心忽嗚咽。風定潮迴又晚鐘，揭來清興不成濃。一聲水調過江去，暮雨瀟瀟愁煞儂。（《尚絅堂集》詩集卷二十八吳船集上，清道光大樹園刻本）

【為董超然題琵琶俠樂府】

（之一）不用《霓裳》滾《六么》，不須鵾索走三條。竹枝十首當筵奏，抵得宮人記洞簫。

（之二）紅粉青衫絕世才，名心莫怨榜空開。對山第一崑崙手，也向江湖落魄來。（《尚絅堂集》詩集卷三十蓬心集，清道光大樹園刻本）

【釣魚臺醉後得長句】

溟濛楊柳搖輕煙，絲絲綠上春隄鞭。春人約我蹋青去，埜花如蝶飛平田。前村密樹不知午，樹杪瀠洄見煙浦。煙光蕩水水搖天，冷鷺閒鷗向人舞。晴雲高高依釣臺，臺影直壓長橋來。長橋跨虹千折浪，琴聲筑聲落天上。世間有耳盡箏琶，恨不春來此酬唱。河流日暖酒日醇，十日不來無此春。臺前春酒且斟酌，臺上春風誰主賓？春風驀地漁家過，漁人不歸酒人臥。短蓑眠夢到江南，煙笛一聲吹入破。時歌者徐郎在座。徐郎徐郎奈爾何？綵雲欲去聽《迴波》。波心慘淡波面縐，一尺吳腰平白瘦。落花都作十丈泥，枉煞天邊草如繡。天邊草色深更深，送春與爾傷春心。車聲日日似流水，豈知中有《思歸吟》。馬頭塵起無南北，好景煙銷銷不得。歸攜屏障喚焦仙，點上君家故山色。焦君理堂爲補圖。（《尚絅堂集》詩集卷三十一蕭寺集，清道光大樹園刻本）

【簡李味莊觀察上洋時將報最入都即以贈別（之一）】

客舍歌三疊，官齋燭幾行。著書齊祭酒，謂穀人先生。協律漢中郎。時演廉山所著劇。道在休辭拙，時艱未易狂。多公言有味，商略到畊桑。（《尚絅堂集》詩集卷三十四竹西集上，清道光大樹園刻本）

【洞庭龍女曲題祁生傳奇】

湘絃調冰切龍語，天外風吹洞庭雨。湖心風雨日日顛，妾身植柳姓在天。朝霞東升撇波戲，騎魚歸來笑魚婢。隔窗冰人影如織，鮫綃上機不成匹。雌聲夜咽吟寒簧，龍宮新迎白石郎。盤中淚圓玉壺小，抱珠一雙眠不曉。空簾低挂蟾蜍鉤，蝦鬚卷天海倒流。龍涎滿堂照龍燭，長蛾出門掃煙綠。年年龍王嫁女哭，四月十九終君曲。（《尚絅堂集》詩集卷三十五竹西集下，清道光大樹園刻本）

【僊蝶謠】祁生滬城書來云：平遠山房演所撰《洞庭緣》劇，忽有羅浮蝶大如扇，飛繞龍女衣數匝，因止座隅，良久方去。繪圖，邀余賦詩。余時方有所感也，賦《仙蝶謠》寄之。

有蝶兮僊仙，羅浮兮長年。高峰兮四百，遠路兮三千。飛飛兮煙雨，悵江南兮迷處。所驚別院之華林，豔誰家之妙舞。歌梁兮滿塵，羌目成兮美人。掩班姬兮團扇，留飛燕兮長裙。幂邊何欸欸，一夢三生短。空下鬱金堂，長辭桂華館。謝客兮來遲，韓憑兮別枝。邈人間兮不可留，託香魂兮長相思。香銷兮翠委，華年兮一水。烏白頭兮怨生，草紅心兮愁死。生死兮褢褢，仙山兮古苔。願素質之自保，從麻姑兮歸來。(《尚絅堂集》詩集卷三十六五甲集上，清道光大樹園刻本)

【水龍吟·題亦齋丈環影祠樂府】

廣寒吹下《霓裳》，曲中再識春風面。馬嵬坡下，香消人去，轢塵猶戀。白髮梨園，紅牙菊部，一般哀豔。倩雪衣學舞，金衣學語。重翻出，《長生殿》。　當日清平應制，問宮中、幾回歡宴？海棠睡足，荔支笑後，梨花泣遍。雨歇零鈴，風高羯鼓，舊愁成片。向旗亭喚取，銀尊檀板，夜深相見。(《尚絅堂集》詞集卷一箏船詞，清道光大樹園刻本)

【鵲橋仙·贈妓葛三】

冶袖驚鸞，仙裙留燕，青鳥忽傳芳使。無人知道葛三來，是子美詩中黃四。　心已琴挑，耳還笛洗，記曲不須娘子！十三絃上《夜烏啼》，聽喚你鵶兒名字。葛鵶兒，南曲中小名。(《尚絅堂集》詞集卷一箏船詞，清道光大樹園刻本)

王　蘇

王蘇（1763～1816），字儕嶠，江蘇江陰人。乾隆庚戌（五十五年，1790）進士，改庶吉士，授編修。歷官河南衛輝知府。儕嶠剛中有守，介特無所倚。入詞館有聲，爲言官，屢上封事。出守衛輝，治事不阿上官意。方舉卓異入對，遽引疾歸，遂不復出。詩感物造端，情辭婉約。著有《試畯堂詩集》。見《履園叢話》卷二二、《粟香隨筆》二筆卷二、《晚晴簃詩匯》卷一〇七等。

【**題金檜門**德瑛**先生自書觀劇詩冊**】蘇少時藏檜門先生書元人七律一首，筆法類褚河南，後出鄒錫麓師門下，於先生爲小門生，因以所藏歸先生之孫筠泉孝繼光祿。嘉慶壬申，筠泉從兄素中太守出先生手書《觀劇》詩冊，命綴數語其後，蓋乾隆庚辰八月，書與門生楊閬度潮觀。近爲書賈所得，先生第十二孫小山孝柏購歸者也。

少時藏弆先生書，五十六字蟠驪珠。高句麗紙老蠶繭，河南筆妙包歐虞。豈知翰墨有瓜葛，門生門下稱生徒。能詩光祿守家法，書畫不許寒具汙。不設寒具，筠泉齋名。急搜行篋出眞蹟，珍比遺笏歸魏謨。甌山不見錫山遠，蘭亭眞本人間無。朅來晉陵訪老守，銜杯共補《消寒圖》。酒闌鄭重出詩冊，冊紙雖破墨未枯。當時《觀劇》卅絕句，絲竹陶寫聊自娛。識是先生暮年筆，書成醉倩門生扶。何期零落入書肆，肯令散亂抛中衢。賢孫購得謹什襲，趙璧價抵千瑤瑜。架筆安用青珊瑚，薦地安用紅氍毹。人生如戲戲易散，登場傀儡空喧呼。若非老筆傳幻景，焉得冷眼留眞吾？如今試問吟風閣，更有何人唱鷓鴣。楊刺史有傳奇數種。（徐世昌輯：《晚晴簃詩匯》卷一百七，民國退耕堂刻本）

焦　循

焦循（1763～1820），字理堂，一作里堂，江都（今江蘇揚州）人。嘉慶辛酉（六年，1801）舉人。里堂樸厚篤學，邃於經義，尤精天文步算，爬梳抉摘，多前人所未發。餘事爲詩詞，亦皆老成。詩質而有味，一洗俗韻，亦無經生膚廓之習。戲曲論著主要有《曲考》、《劇説》、《花部農譚》，《易餘籥錄》中亦有與戲曲相關之論述。另有《雕菰集》等。（見《文獻徵存錄》卷七、《疇人傳》卷五一、《淮海英靈續集》庚集卷五、《揚州畫舫錄》卷一三、《晚晴簃詩匯》卷一一六等。

【**姑惡惡**有序】哀枉不申也。伶人妻淫，畏婦見，迫污之，婦拒不從，以剪刀殺於雪中。伶人故伺候巨室，不知妻淫，且銜妻，託巨室屬邑令，又以錢賂婦家，遂不理也。

姑惡惡，不敢言姑惡。姑惡惡，不敢隨姑惡。此身既許夫，此身不許姑。姑心不念子，妾心不念死。妾死化作東門榆，東門榆莢稱無姑。妾死不化姑惡鳥，不言姑惡言姑好。兩親不訟官不追，妾陰爲之爲姑保。（《雕菰集》卷二「詩」，清道光嶺南節署刻本）

【聽曲】

不慣溫柔久斷癡，紅牙敲處亦相思。筵前多是悲歌客，只唱秋風易水辭。（《雕菰集》卷五「詩」，清道光嶺南節署刻本）

【觀村劇】

（其一）桑柘陰濃鬧鼓笳，是非身後屬誰家？人人都道團圓好，看到團圓日已斜。

（其二）太平身世許清閒，況是疎慵鬢已斑。爲笑羅洪先不達，狀元中後始歸山。是日演此劇。（《雕菰集》卷五「詩」，清道光嶺南節署刻本）

潘際雲

潘際雲（1763～？），字人龍，號春洲，溧陽（今屬江蘇）人。嘉慶乙丑（十年，1805）進士，官安徽霍山知縣。著有《學海》、《清芬堂集》等。見《篔谷詩文鈔》詩鈔卷一五。

【串客班】

獸鐶深掩密不通，三更堂上蠟炬紅。弟子傳呼曲師至，登場未唱笙歌濃。始拍子母調，繼學優孟冠。姑蘇織袍千金値，一夕買至眉眼歡。生旦淨丑兼末外，曼聲闊口隨分派。有時主僕或倒呼，不然叔姪同交拜。演之數月登高臺，或誇鄰境名班來。主人殷勤再三請，歌喉一串氍毹開。抛黃金，塗粉面，下場拭洗重相見。旁人莫言工不工，即非公子亦富翁。（清・張應昌輯：《詩鐸》卷二十六，清同治八年秀芷堂刻本）

【花鼓戲】

村落鼕鼕花鼓戲，千人萬人雜沓至。臺高八尺燈四圍，胡琴一響心乍開。鞾帽何所借，里中富戶分高下；裙襦何所求，前村少婦多綾綢。姊妹哥郎更迭唱，半是歡娛半惆悵。宛轉偏工濮上音，纏綿曲肖閨中狀。酒席半夜闌，風月今宵好。亦有女郎側耳聽，反說不妨年紀小。誰禁之，有縣官。昨夜優伶賞果盤，幕友點燭三更看。（清・張應昌輯：《詩鐸》卷二十六，清同治八年秀芷堂刻本）

張問陶

張問陶（1764～1814），字仲冶，一字樂祖，號船山，晚號藥庵退守，遂寧（今屬四川）人。乾隆五十五年（1790）進士，官萊州知府。船山弱冠工詩，空靈沈鬱，獨闢奇境。有清一代，蜀中詩人無出其右者。未仕時，計偕入都，往返秦蜀，感懷身世，尤多幽憂牢愁之作。著有《船山詩草》。見《湖海詩傳》卷四〇、《國朝詩人徵略》卷五一、《國朝書人輯略》卷七、《清史稿》卷四八五、《晚晴簃詩匯》卷一〇八等。

【讀桃花扇傳奇偶題十絕句】

（其一）竟指秦淮作戰場，美人扇上寫興亡。兩朝應舉侯公子，忍對桃花說李香。

（其二）布衣天子哭荒陵，選舞徵歌好中興。不到無愁家不破，干戈影裏唱《春燈》。

（其三）生遇群奸死報君，裹尸惟藉一江雲。梅花嶺上衣冠冷，淒絕前朝閣部墳。

（其四）君相顛狂將帥驕，妖姬狎客送南朝。百年剩有傷心月，還照清溪半里橋。

（其五）四鎮揮戈繞地譁，東南白骨亂如麻。更無漲墨書流寇，滿紙刀兵是一家。

（其六）旛幢零亂繞壇開，野哭茫茫亦可哀。鬼聚中元燈火裏，奄兒魂餒不能來。

（其七）丁字簾前奏管絃，薰風殿裏聚嬋娟。秀才復社君聽曲，如此乾坤絕可憐。

（其八）一聲檀板當悲歌，筆墨工於閱歷多。幾點桃花兒女淚，灑來紅遍舊山河。（《船山詩草》卷五，中華書局 1986 年版，第 140～141 頁）

編者案：其本集所收實爲八首。

舒　位

舒位（1765～1816），字立人，號鐵雲，大興（今屬北京）人。乾隆戊申（五十三年，1788）舉人。少工詩古文，年十四隨父任之永福，賦銅柱詩，安南國人傳誦之。其丰神散朗，如魏晉間人。喜觀仙佛怪誕、九流稗官之書，能度曲，所作樂府院本，老伶皆可按歌，不煩點竄。故爲詩奇博閎恣，橫絕一世。法時帆嘗以鐵雲與王仲瞿、孫子瀟並稱。兼明畫理，山水花鳥、人物草蟲，俱師青藤老人，有奇氣。著有《瓶水齋詩集》十七卷、《別集》二卷等。見《(同治)蘇州府志》卷一一二、《國朝畿輔詩傳》卷五一、《晚晴簃詩匯》卷一〇六等。

【書四絃秋樂府後】

（其一）送客茫茫月浸波，江州司馬恨如何。烏絲紅袖丁年集，檀板金樽《子夜歌》。漫向玉皇誇案吏，愁隨織女渡天河。當年《哨遍》無知己，此是潯陽春夢婆。

（其二）玉茗才華勝《竹枝》，一聲宛轉迴含思。未忘江岸玲瓏唱，又遣天涯淪落知。烏帽春塵三館夢，青衫秋淚四絃絲。恨無十五雙鬟手，彈到燈涼月白時。（《瓶水齋詩集》卷二，上海古籍出版社 2009 年版，第 73 頁）

【觀演長生殿樂府】

（其一）一飯張巡妾，三秋織女星。他生原未卜，此曲竟難聽。羯鼓催鼙鼓，盤鈴換閣鈴。青山啼杜宇，何處雨冥冥。

（其二）奉詔慚高頞，題詩怨鄭畋。佛堂埋玉樹，仙海寄金鈿。客唱《霓裳序》，人輸錦韈錢。江南花落後，重見李龜年。

（其三）白髮談天寶，琵琶喚奈何。未應來赤鳳，從此老青蛾。楊柳詞成讖，梨花淚更多。至憐湯殿水，兵馬洗天河。

（其四）酒綠燈紅夜，春風舞一場。亂離唐四紀，優孟李三郎。國事休回首，詩篇說斷腸。誰知新舊史，多爲郭汾陽。（《瓶水齋詩集》卷四，上海古籍出版社 2009 年版，第 129～130 頁）

【書桃花扇樂府後】

（其一）粉墨南朝史，丹鉛北曲伶。重來非舊院，相對有新亭。搆黨干戈接，填詞筆硯靈。忽忽不能唱，腸斷柳條青。

（其二）毰毸秋來客，娉婷夜度娘。文章知遇少，脂粉小名香。不解鸞乘霧，眞成燕處堂。秦淮嗚咽水，忍與叶宫商。（《瓶水齋詩集》卷五，上海古籍出版社 2009 年版，第 192 頁）

【陳檢討填詞圖（之二）】

虬髯鴉鬢兩絲絲，畫出剛逢禿阿師。樂府雙聲南北調，洪昉思題南曲一套，蔣心餘題北曲一套。制科千載後先時。朱竹垞分書《填詞圖》，袁子才爲序。三生不作無情物，一卷能行《本事詩》。想見傳神阿堵裏，閏年留得好春遲。圖成於康熙戊午閏三月，釋大汕所寫。（《瓶水齋詩集》卷十，上海古籍出版社 2009 年版，第 378～379 頁）

【答示仲瞿話舊之作十首（之六）】

海曲長沙笑口開，天然蹤跡不須猜。余偕佟方伯入楚，仲瞿仍寓吳門，每舉王子安《滕王閣序》中語爲笑。及辛酉重來都下，仲瞿贈詩云：「南北三千里，文章八十家。梁鴻辭海曲，賈誼別長沙。」吳娘暮雨瀟瀟去，楚客秋風嫋嫋來。半部《離騷》山鬼讖，楚人有祈夢於三閭大夫廟者，其籤詩皆摘取《九歌》中字句爲之。一聲檀板水仙灰。仲瞿嘗作王翠翹事傳奇，已付一炬。徑從花外揚鞭走，排出金銀太半臺。仲瞿自吳門至登州，登蓬萊閣，觀海市。又浮海，至大小欽山、沙門島。所撰七言律詩，若《秦東門》、《望仙門》及《海市》諸作，皆奇偉可喜。（《瓶水齋詩集》卷十，上海古籍出版社 2009 年版，第 399～400 頁）

【李味莊備兵宴客嘉蔭堂歌者孔福方演雜劇中之花魁孃子瞥有羅浮大蝶飛至繞伶身三帀而去祁生孝廉作仙蝶謠而玉壺山人七香改琦為圖來索題句蓋為祁生作也】

東海桃花紅兩鬢，南海仙人放蝴蝶。水精簾下讀道書，屋裏衣香花不如。花非花兮花解語，細濕丁冬碧紗雨。定子當筵車子喉，消息劇於十五女。相逢不是青陵臺，且占百花頭上開。花開花落凝絲竹，絲竹分明不如肉。海水汨汨山冥冥，有人讀破《南華經》。造得酒樓邀李白，傳來綵筆付秦青。牽雲曳雪斑騅送，殺粉調鉛寫春夢。不知鳳子爲誰來，還問翠釵釵上鳳。（《瓶水齋詩集》卷十二，上海古籍出版社 2009 年版，第 474 頁）

【論曲絕句十四首並示子筠孝廉】

（其一）千古知音第一難，笛椽琴爨幾吹彈。相公曲子無消息，且向《伶官傳》裏看。

（其二）苦將詞令當詩餘，有句無聲總不如。一部《說文》都注遍，無人歌曲換中書。

（其三）天寶梨園有舊風，湘潭紅豆老伶工。莫將一段《霓裳序》，闌入元人北九宮。

（其四）連廂司唱似妃豨，蒼鶻參軍染綠衣。比作教坊雷大使，歌衫舞扇是耶非？

（其五）笛色旋宮忽變聲，京房纔死馬融生。要知人籟還天籟，歸北歸南一串鶯。

（其六）便將樂句贈青棠，腰鼓零星有擅場。協律終憐魏良輔，安弦定讓陸君暘。

（其七）綠繡笙囊侑笛家，十三簧字鳳開花。提琴搖曳雙清撥，更與歌天作綺霞。

（其八）蕭寺迎風記《會眞》，銅弦鐵板苦傷神。雖然減字偷聲慣，十丈氍毹要此人。

（其九）郇郇搬演蔡中郎，樓上燈花是瑞光。一曲《琵琶》差可擬，玉人初著白衣裳。

（其十）玉茗花開別樣情，功臣表在《納書楹》。等閒莫與癡人說，修到泥犁是此聲。

（其十一）流水清山句自工，桃花省識唱東風。南朝無限傷心事，都在宣娘一笛中。

（其十二）一聲檀板便休官，誰向《長生殿》裏看。腸斷逍遙樓梵字，落花時節女郎彈。

（其十三）若向旗亭貰酒還，黃河只在白雲間。只愁優孟衣冠破，絕倒當筵李義山。

（其十四）中年絲竹少年場，直得相逢萬寶常。他日移情何處是，海天空闊一山蒼。（《瓶水齋詩集》卷十四，上海古籍出版社 2009 年版，第 618～620 頁）

【過黃天蕩演韓蘄王與金戰事】

青龍鎮上來，老鸛河邊濟。焦山寺下船，金山廟中騎。伏發洵人謀，跳免殆天意。助之將軍妻，擄其大王婿。故道鑿雖通，新城擊更利。淮西趨未能，江北援不繼。相持黃天蕩，此一大關係。可以收四京，可以歸二帝。上將俄成功，下士忽獻計。四十八日中，一敗竟塗地。風雲銷壯懷，玉帛競和議。使馬猶長流，騎驢乃短氣。（《瓶水齋詩集》卷十六，上海古籍出版社 2009 年版，第 670 頁）

馮雲鵬

馮雲鵬（1765～1835），字晏海，號紅雪詞人，江蘇通州人。諸生。好古耽詩，著有《崇川金石志》、《紅雪詞》、《掃紅亭吟稿》等。見《國朝詞綜補》卷二四、《清續文獻通考》卷二六八、《晚晴簃詩匯》卷一二三等。

【縱菊畦刺史招飲觀劇贈小伶雙翠四首】

（其一）十三稚子小腰身，扮出居然是美人。花到嬌憨眞解語，玉能香軟乃奇珍。一聲檀板飛紅雨，十幅湘裙艷錦茵。雙翠無雙何所似，柳條金嫩不勝春。

（其二）天然標格總超群，雅色兼長部不分。京城梨園有雅部、色部之分，雙翠能各盡其妙。楊貴妃來花帶露，宋京娘出月穿雲。送燈有意身偏嬾，烤火無眠態轉殷。唱到瑤臺高處立，清音嘹亮九天聞。

（其三）紅綃入席夜光添，把盞相煩捧玉纖。燭影最宜花影動，笑聲還比語聲甜。未諳密意鉤心曲，已露芳情到舌尖。撥盡琵琶諸女檔，羞將下里對紅鹽。

（其四）唱罷更衣斂黛蛾，昵人雖少動人多。長官提抱垂青眼，小伴逢迎叫翠哥。秖許春憐依玉樹，春憐在別一部，亦十三歲。兩人相見，每依依然。莫教秋思隔銀河。相逢我又將離別，袖扇聊題宛轉歌。時予將赴膠州，後聞此子不久死於大名府，無不惋惜。（《掃紅亭吟稿》卷六「古近體詩」，清道光十年寫刻本）

【題許雲嶠刺史鴻磐西遼記四首】遼自保大五年天祚帝爲金人所擒而亡，太祖八世孫耶律大石建國於起思漫，別爲西遼康國，二十年沒。蕭后塔不煙稱制號感天皇后，傳子彝烈。彝烈歿，二子幼，命妹普速完權國，號承天皇后，荒淫亂國，爲六院大王斡里剌所誅，立彝烈次子直魯古，後爲乃蠻所滅。西遼共八十八年。許公爲撰傳奇四折。

（其一）銅琶鐵撥響清宵，錦帕蠻韡態轉饒。今日董狐親載筆，六觀樓上譜《西遼》。

（其二）必里遲离犒讌懽，軍威雄振起兒漫。感天扶國承天亂，女主貞淫著意看。「必里遲离」謂重陽日。「起思漫」亦作「起兒漫」。

（其三）四時捺缽不同科，鴨子河還蓮子河。不謂竹標氈蓋地，也堪鼓吹入鐃歌。《遼史》稱四時各有行在地，曰「捺缽」。春在鴨子河，夏在金蓮子河，秋在伏虎林，冬在廣平淀。

（其四）淋漓史筆叶絲簧，天祚人亡祚未亡。八十八年如瞭掌，鈞天無復奏西堂。《尤西堂集》有《鈞天樂》傳奇。（《掃紅亭吟稿》卷九「古近體詩」，清道光十年寫刻本）

【題雲嶠刺史孝女存孤傳奇四首】康熙十二年吳三桂起逆犯桂林，桂林總兵孫延齡迎之入。參將張世佶與其四子俱力戰死，夫人孫氏自縊。惟仲婦產一子，方彌月，亦委之而去。孝女淑貞，時年十八歲，撫之成立，名延緒。十八歲成進士，入詞館。姑歿後爲立義姑祠於桂林。許公爲撰北曲傳奇四折。

（其一）吳藩起逆翦忠良，張氏全家五陣亡。賴得香閨撫猶子，義姑祠建姓名香。

（其二）哌哌教育苦嬋娟，十八年將一線綿。固是千秋奇孝女，也非綵筆不能傳。

（其三）元詞格調繪情眞，參府門庭學士新。憶得郯城周孝婦，巴人也詠《沁園春》。山陰陳泰谷作《東海孝婦》傳奇，即《搜神記》孝婦周青。予曾題【沁園春】詞二首。

（其四）桂林從此盛登科，傳到膚施感歎多。汭水才人循政遠，可知風化起絃歌。書中有張仲友《祭祠》一折。仲友，係孝女之侄，曾孫爲陝西膚施縣尹者。（《掃紅亭吟稿》卷九「古近體詩」，清道光十年寫刻本）

樂　鈞

樂鈞（1766～1814），初名宮譜，字元淑，號蓮裳，江西臨川（今江西撫州）人，嘉慶六年（1801）舉人。與吳嵩梁同爲翁方綱弟子。少日喜爲奇麗之文，壯歲韻語益工，兼工駢體。中舉後屢試不第，遂橐筆江湖，爲諸侯客，鬱鬱不得志，侘傺以終。著有《耳食錄》十二卷、《青芝山館詩》二十二卷、《駢文》二卷、《斷水詞》三卷等。見《國朝先正事略》卷四二、《湖海詩傳》卷四一、《國朝詩人徵略》卷五五、《清史稿》卷四八五等。

【冶仙詞三十二首（之五）】

月殿清虛冷素娥，當時青桂已婆娑。天風吹下《霓裳曲》，傳與梨園按譜歌。（《青芝山館詩集》卷一「古今體詩」，清嘉慶二十二年刻後印本）

【澹思進士杜陵春院本題詞】

（其一）樂府爭傳太白狂，杜陵野老又登場。詞人每愛談天寶，水綠山青易斷腸。

（其二）澆愁還借八仙歌，雲夢胸中作酒波。我合傷心君合笑，詩人從古不登科。

（其三）偶吟戲蝶與嬌鶯，黃四孃家寄遠情。遂使浣花添本事，紅牙重譜豔歌聲。（《青芝山館詩集》卷二「古今體詩」，清嘉慶二十二年刻後印本）

【京口飲王夢樓太守快雨堂出家伎歌以送酒】

一種曲阿酒，渾如古墨香。江魚肥勝肉，園果脆含霜。扇影飄輕袖，簾波蕩煖簧。清詩愧裴迪，難賦輞川莊。（《青芝山館詩集》卷五「古今體詩」，清嘉慶二十二年刻後印本）

【韓江櫂歌一百首有序（之三十）】

馬鑼喧擊雜胡琴，楚調秦腔間土音。昨夜隨郎看影戲，月中遺落鳳頭簪。潮人演劇，鳴金以節絲竹，俗稱馬鑼。夜尚影戲，男婦通宵聚觀。（《青芝山館詩集》卷八「古今體詩」，清嘉慶二十二年刻後印本）

【洞庭龍女歌為祁生孝廉題洞庭緣院本】

珠宮貝闕通呼吸，金甲神人奮波立。手劃洪流萬丈開，失路書生平步入。因緣荒幻世所疑，赤繩繫足如此奇。精魂淪入三生石，星娥神女皆相思。洞庭由來張樂地，瀟湘帝子此遊戲。夜彈寶瑟無人知，黛眉愁對君山翠。君不聞雨工戴角成毛群，仙顏欲化涇陵塵。馬上郎君抱明義，夫壻那如行路人。騷人心探龍宮籙，寫作人間斷腸曲。鍊成媧石補情天，淚滿九疑峰下竹。風鬟霧鬢何娉婷，洛妃遙妒波臣驚。長生亦是等閒事，羨爾顏色能傾城。夭桃豔發五花樹，幅巾願拜哀牢主。昔日錢唐破陣聲，翻出霓裳羽衣譜。子春凡骨情亦頑，求取明珠身便還。何年借得仙人笛，吹入風濤澒洞間。（《青芝山館詩集》卷十五「古今體詩」，清嘉慶二十二年刻後印本）

【冬窗雜詩和芙初四十四首并序（之三十二）】

弱冠能文有陸機，華亭海上聽潮歸。曾添一種相思曲，龍女如花鬥舞衣。祁生客上海，曾作《洞庭緣》院本。（《青芝山館詩集》卷十六「古今體詩」，清嘉慶二十二年刻後印本）

【小忽雷歌為繼蓮龕觀察作并序】長二尺許，牙柱二，竝在右上刻孔東塘詩二首，項下刻「建中辛酉臣滉製進」八字。又篆書「小忽雷」三字。按：建中，唐德宗年號。滉疑韓滉，時爲江淮轉運使。然《樂府雜錄》、《羯鼓錄》皆云文宗朝内臣鄭中丞物，中丞以忤旨投河，梁厚本接得，遂以爲妻。後於花下彈琵琶，爲黃門所識，召還宮云云。距建中近五十載。意滉所進，至中丞乃顯歟。

小忽雷，臣滉進，項曲輪員木堅潤。上鐫建中辛酉年，滉正江淮作轉運。封藏卻到文宗朝，冰絲始得中丞調。終憐祕器無人見，空有妙響干雲霄。一朝隨流出金屋，花下偷彈供奉曲。芳名從此留人間，載入南家羯鼓錄。萬物顯晦由因緣，知音不遇終不傳。君不見玉奴絃索冠天寶，邏逤檀槽來蜀道。君不見橋陵故物名玉環，賀老段師才一彈。繞殿雷聲歇千載，依稀尙有脂痕在。倘逢妙指發宮商，嘈切遺音應未改。小忽雷，今不朽；大忽雷，落誰手？何日同登大雅堂，爲君佐進花前酒。往時此器屬東塘，曾憑院本譜伊涼。孔東塘有《小忽雷》院本，今已不傳。流傳翻讓《桃花扇》，猶斷詞人弔古腸。（《青芝山館詩集》卷二十一「古今體詩」，清嘉慶二十二年刻後印本）

吳嵩梁

吳嵩梁（1766～1834），字子山，號蘭雪，東鄉（今屬江西）人。嘉慶五年（1800）舉人，候補國子監博士，由内閣中書歷官黔西知州。詩才與黃仲則埒。弱冠入都，王述菴、翁覃溪、法梧門諸公盛稱之，自是遍交海内名流，酬唱無虛日。袁簡齋最自負，亦心折其詩。所著《香蘇山館集》傳播域外，朝鮮侍郎申維推爲「詩佛」，吏部判書金魯敬以梅花一龕供奉其像及詩；日本賈人斥四金購其詩扇，其名重若此。見《國朝先正事略》卷四二、《湖海詩傳》卷四二、《國朝書人輯略》卷八、《清史稿》卷四八五等。

【人間世院本題詞為桂林布衣朱小岑依真作】

（其一）紗窗如夢晝如年，鬢影春風暗自憐。不是湘裙能化蝶，新詩題寄阿誰邊。

（其二）蝶衣一片粉猶新，小字斜行認最眞。樓裏花枝樓外水，春愁泥殺隔簾人。

（其三）杜宇聲聲喚去人，爐煙藥裏共酸辛。可憐病到腰如束，猶倚紅粧送暮春。

（其四）罡風一霎葬花枝，繡榻聯吟更幾時。自古傾城非命薄，誤他顏色是相思。

（其五）不同彩鳳逐鴉翔，不住紅鄉與翠鄉。守定檀奴緣再續，寸心原有返魂香。

（其六）仙風半棹引歸程，留得花魂伴月明。一種上元風景別，紅鸞笑倚話前生。

（其七）麥飯梨花自愴神，過來身是現前身。淚珠滴滿紅心草，散與人間作好春。

（其八）因果茫茫共孰論，鏤冰剪雪妙無痕。情天合下才人拜，前有《還魂》後補魂。（《香蘇山館詩集》今體詩鈔卷一，清木犀軒刻本）

【張星海丈屬題顧姬度曲圖】

（其一）種蕉如人長，碧陰生午涼。風前珠一串，笑領口脂香。

（其二）儂撥湘女絃，歡拍珠絡鼓。恰待轉歌喉，桂花落如雨。

（《香蘇山館詩集》今體詩鈔卷一，清木犀軒刻本）

【湖上觀荷呈王夢樓太守同繼蓮龕作是日太守內集命家姬合樂即席奉酬】

（其一）荷風十里漾清漣，面面淩波翠蓋翩。爲雨過初宜載酒，到花深處恰停船。一枝玉笛攜歌侶，萬朵紅雲捧謫仙。更乞寫生留粉本，湖山詩畫共千年。

（其二）斜陽已到水邊紅，嫋嫋歌聲散遠空。湖翠全收雙袖裏，樓陰倒入萬花中。已驚柳絮詩才捷，況得鷗波墨妙同。向晚酒醒迴畫舫，鬢絲涼透白蓮風。（《香蘇山館詩集》今體詩鈔卷三，清木犀軒刻本）

【綠姬同漱霞夫人觀劇陶然亭遇雨先歸】

（其一）五城歌舞市聲酣，如此清遊恐未諳。今日風光應占斷，青山紅袖似江南。

（其二）片雲低處碾輕雷，猶認當筵畫鼓催。一笑翠翹都溼盡，清風細雨雜香來。（《香蘇山館詩集》今體詩鈔卷六，清木犀軒刻本）

【將解館歸肄業諸生附近居民各載家釀且演村劇為餞甚愧其意並酬以詩】

（其一）請業吾何有？閒齋借養痾。學因諸子長，心愧四賢多。薄養求蔬水，幽居掩薜蘿。名山違夙願，只是悔蹉跎。

（其二）吾黨多翹秀，因材造就難。才人須志節，奇士出孤寒。覓句秋先到，論文夜每闌。儒林誰合傳，千載自尋看。

（其三）講舍連農圃，鄰翁亦有情。送花栽曉砌，燒笋餉春羹。筧水分初給，田租累稍清。兒童明歲長，漸喜讀書聲。

（其四）風笛催歸櫂，離樽忍再斟。絃歌原雅化，山水亦清音。病鶴懷秋侶，慈烏戀舊林。出山吾左計，爲汝一霑襟。（《香蘇山館詩集》今體詩鈔卷八，清木犀軒刻本）

【中秋日李秋屏農部招集春靄堂觀劇間行至張墨池荷香館踏月夜歸】

綵袖翻雲玉笛催，金波灩灩倒深杯。當歌忽避華筵去，踏月還尋冷客來。衣露微侵花徑溼，荷風全透水窗開。縱然不是中秋節，也愛扶筇日幾回。（《香蘇山館詩集》今體詩鈔卷十一，清木犀軒刻本）

【湯若士先生玉茗堂】

桃李私門爛漫開，名花耐冷此親栽。登科恥借冰山重，抗疏身投瘴海來。猛虎就殲資鬼力，宰遂昌，有牒城隍神除虎患文。美人將命殉仙才。松江俞二姑以讀《牡丹亭》院本病歿。平生大節詞章掩，《四夢》流傳亦可哀。（《香蘇山館詩集》今體詩鈔卷十二，清木犀軒刻本）

【嘉慶六年富莊驛有蜀中女史鵑紅題壁詩六首趙君野航見而和之且為譜鵑紅記院本八齣屬題其後】

（其一）故鄉遙隔馬嵬坡，兵火飄零奈汝何？題到小名知是讖，萬行紅淚子規多。

（其二）飛英狼籍遍天涯，怪雨盲風去路賒。翻羨寒閨春晝永，膽瓶安穩供梅花。

（其三）一枝玉笛譜清愁，藉甚才名趙倚樓。可惜未尋埋玉地，墓碑親與刻蘇州。

（其四）杜宇聲中夜月高，十分哀怨寄檀槽。倚聲爭似西泠女，自畫青衫誦楚騷。杭州吳蘋香女史，自製《飲酒讀離騷》新曲，有《喬影》一折甚工。（《香蘇山館詩集》今體詩鈔卷十六，清木犀軒刻本）

葉紹本

葉紹本（1767～1841），字仁甫，一字立人，號筠潭，歸安（今浙江湖州）人。嘉慶六年（1801）進士，官至鴻臚寺卿。紹本以文學起家，不耐吏事。嗜詩，以唐爲宗，駢偶文及倚聲皆斐然可觀。著有《白鶴山房集》。見《兩浙輶軒續錄》卷二一、《湖海詩傳》卷四二、《國朝詞綜續編》卷五、《清續文獻通考》卷二八〇、《晚晴簃詩匯》卷一一六等。

【仿遺山論詩得絕句廿四首（之二十二）】

虎賁形似亦何疑，終勝蓮花唱乞兒。學得參軍蒼鶻面，教人齒冷老伶師。（《白鶴山房詩鈔》卷九「古今體詩一百首」，清道光七年桂林使廨刻增修本）

【題吳蘋香女史飲酒讀離騷傳奇】

（其一）掃眉才子蕊珠仙，何事閒愁欲問天。千古傷心蘭芷地，憐他紅袖弔沉淵。

（其二）泡影何須辨幻眞，三生偶現女兒身。班姬自有流連集，莫羨蘭臺珥筆人。

（其三）《綠么》新調按紅牙，玉茗風情未足誇。譜出尊前腸斷句，一時清淚溼琵琶。（《白鶴山房詩鈔》卷十七「古今體詩六十七首」，清道光七年桂林使廨刻增修本）

彭兆蓀

彭兆蓀（1768～1821），字湘涵，號甘亭，鎮洋（今江蘇太倉）人。諸生，道光初舉孝廉方正不就。甘亭早慧，其父官寧武，侍遊塞上，朔管霜笳，文情壯越。居十年，奉親南還，家中落。客江淮間，聲譽益起。邵荀慈論文謂「當於藻麗豐縟之中，存簡質清剛之制」，甘亭詩殆近之。工駢儷，在曾賓谷幕中撰定《駢體正宗》，標示軌範，傳誦於時。兼通考訂校讎之學，客江蘇布政使胡果泉克家幕，所與顧千里同校《通鑑》、《文選》，並爲善本。晚年學道，旁及內典，有《懺摩錄》之作。蓋又深究身心，不欲徒以文章名也。另有《小謨觴館詩集》、《小謨觴館詩餘》等。見《乾嘉詩壇點將錄》、《國朝詩人徵略》卷五九、《國朝詞綜續編》卷五、《射鷹樓詩話》卷八、《晚晴簃詩匯》卷一一〇等。

【代州教坊曲】

美人舊宅秦淮曲，金粉飄零賸寒綠。都將六代後庭花，種作三邊紫煙玉。三邊地迥陵汾洚，水繞滹沱波淙淙。郎馬千金白鼻騧，兒家一帶青楊巷。巷中綿亘起朱樓，屈戌銅環鎖兩頭。夜閣貍奴偎枕角，曉風燕子撲簾鉤。鴉黃粉白樓前見，官柳為腰杏為面。倭墮鬟攲七寶釵，紅酥肌褪雙金釧。兜孃阿母佛奴鄰，教就翩翻掌上身。乍喚調笙櫻口澀，時緣記曲翠眉顰。逢人解說勝常慣，習習薰衣香幾瓣。分曹射覆薛瓊瓊，促座傳觴于盼盼。不隔南阡與北阡，趙家姊妹總群仙。會聯盒子邀寒食，酒按花名啓玳筵。珊瑚鞭燦誰年少？結騎長楸走相召。束帛憑酬捉搦歌，裂繒要博傾城笑。傾城巧笑太憨生，那管闌干斗柄橫。盞底靈犀通叩叩，帳中人月見明明。吹來蚪箭蓮花漏，倦入眉山隱深秀。寶釦旋鬆玉一窩，文窗低護春如繡。善和坊外屋灣環，別有梨園供奉班。妙舞字傳車子薛，清謳調譜漢卿關。蔦蘿親戚周遭地，聚族家家門新伎。雜沓琵琶迯邏槽，喧闐曼衍魚龍戲。就中最有飄蓬客，旦旦羅襦戀薌澤。問訊纏綿託茞函，餘芳珍重藏遺舄。纏頭金富酒囊寬，屈指歡場正未闌。故鄉不道吳門遠，修竹天寒翠袖單。(《小謨觴館詩文集》詩集卷一，清嘉慶十一年刻二十二年增修本)

【揚州郡齋雜詩二十五首（之十四）】

臨川曲子金生擅，絕調何戡嗣響難。也抵貞元朝士看，班行耆舊漸闌珊。都轉廨中觀劇，時吳伶金德輝演《牡丹亭》，為南部絕調，年已老矣。

(《小謨觴館詩文集》詩集卷八，清嘉慶十一年刻二十二年增修本)

【鳳凰臺上憶吹簫・朔州沈別駕席上出家伎侑酒】

雞塞風停，羊鐙光豔，卸鞌人坐蘭叢。恰舞娟小隊，笑靨春融。排就箏床盞曲，流雲聚、點點眉峰。釵梁顫，山香一按，飄下殘紅。

冬冬！此番見也，記前度窺人，曾在牆東。看霜濃馬滑，索要留儂。生怕無情樂句，催短拍、丸月庭空。春魂裊，隨他佩聲，穿過屏風。(《小謨觴館詩文集》詩餘附錄，清嘉慶十一年刻二十二年增修本)

【綺羅香・齋中聞前廳演劇似是玉簪記中茶敘一齣漫賦】

霞帔金絲，花冠玉葉，人在墉城天咫。選得春場，略與武林相似。盼得到、蝃蝀天邊，先坐向、藕絲雲底。逗蘭風、輭語如弦，泠泠勝譜女冠子。　　蕣香人影何許？爲問魚家姊妹，可曾有此。小洞雲根，目斷蕊珠宮裏。渾不見、洛下元淳，又何況、季蘭仙李。攝春魂、一曲翻香，璣囊尋鳳紙。陳妙常，南宋時人，詞見《名媛璣囊》中。（《小謨觴館詩文集》詩餘附錄，清嘉慶十一年刻二十二年增修本）

陳用光

陳用光（1768～1835），字碩士，號瘦石，又號實思。江西新城（今江西黎川）人。嘉慶辛酉（六年，1801）庶吉士，授編修。官至禮部侍郎。篤於師友誼，嘗爲魯絜非、姚姬傳兩師置祭田。以學行重一時，著有《衲被錄》、《太乙舟文集》、《太乙舟詩集》等。戲曲方面，曾爲《脊令原》傳奇作序。見《壬寅銷夏錄》、《國朝先正事略》卷四二、《清史稿》卷四八五、《(民國) 杭州府志》卷一二一等。

【過汪巽泉前輩守和寓齋談後有會而作】

俳優登場時，妍醜非一狀。參軍與蒼鶻，摹寫極變相。鄙則馹儈詞，褻則淫哇唱。或鬥修羅兵，必借天龍仗。目眩而耳聾，群喜謂奇扨。此風近彌熾，大雅詎所尚。就中別差等，亦復分下上。其技苟不工，觀者神不王。巽泉昨觀劇，入席生惆悵。所見與所聞，素心無一當。遂令咫尺間，手足隘而妨。忽然發深省，劃若水消漲。謂此戲劇耳，孰眞而孰妄。人炫都盧橦，吾寶光明藏。一除起滅心，乃知天地曠。歸來爲我語，可悟仙人障。吾意與之空，撫琴風入帳。（《太乙舟詩集》卷二，清咸豐四年孝友堂刻本）

【楊成甫招飲歸後腹瀉一日時連日有招飲者皆辭之獨就荔峰昨葉書屋餞椒石之局得詩一首】

蹴蔬不待藏神訴，當筵已走清齋路。一笑何曾謝主人，玉膾金虀難下箸。歸來伏枕不出門，明日清齋仍作賓。爲唱驪駒餞安石，笙歌隊裏自抽身。時晴峰招觀劇。（《太乙舟詩集》卷四，清咸豐四年孝友堂刻本）

【芝齡少農招集觀劇以報客歲湯餅會諸賓補成長句一首】

昨冬既望吉日吉，湯餅筵開妙香室。我來驚座傾清樽，頌以君家夢花筆。從來四海一子由，君之友愛東坡儔。弱弟得子如己子，新歲徵歌重獻酬。我不能畫能索畫，關仝後裔有宗派。何當煩寫五樂圖，君有題關午亭《四樂圖》詩，見集中。捧向高堂爲再拜。頌君一語君宜勤，畲吹篪合更吹塤。添丁課讀年年事，繞膝爭開散帙雲。「葉二多於嶺上雲」，君自題四樂中弟能讀圖句也。(《太乙舟詩集》卷五，清咸豐四年孝友堂刻本)

【鄭中丞小忽雷歌】匙頭刻「臣滉恭製獻，建中辛酉春」十字，孔東塘題五絕二首。

入手雙弦乍披拂，欲聽繁聲誰按節。遺器難尋大忽雷，賸有中丞手內物。中丞生當文宗朝，薄命不如沈阿翹。當年傳觀玉方響，襲錦香薰檀架高。承恩一種君王側，涼風偏目歸鉤弋。不聞珠斛賜江妃，至竟伶元伴通德。玉手提攜撥攏工，想像徵歌自建中。流傳曾落坊南宅，欵識猶題韓晉公。建中元年庚申，則辛酉固二年也。中丞以善彈小忽雷擅名，固無礙韓晉公獻之內，而傳及文宗時耳。南方貢朱來鳥，亦二年事，見《杜陽雜編》。建中初政尙矯矯，辛酉二年年有表。登樓解訪綠衣人，寫經忽識朱來鳥。聽到無聲孰擅場，太和遺事盡堪傷。進謀雖識姜公輔，題句還猜仇士良。從此強藩漸猾夏，伶工星散宮官寡。可憐彈與健兒聽，關別駕同石司馬。《霓裳》法曲散如煙，幸與東塘句並傳。龍首鳳臆規模在，已閱滄桑九百年。(《太乙舟詩集》卷五，清咸豐四年孝友堂刻本)

【賀王小鵬儀曹擢荊州守次荔峰韻時同人公餞演劇太守獨有取於況龍岡判獄及湯玉茗勸農法曲有合於東坡荊州詩意輒為頌揚仁風】

（其一）龍岡當日亦儀曹，作守名乖撫字勞。賦免荒田除冊籍，水疏鄰郡靜波濤。抗言折獄心原苦，祖席徵歌意更豪。一種賦詩言志例，使君胸次故清高。

（其二）望裏雲煙四境收，城中臺閣足遨遊。渚宮寂寞空遺構，絳帳荒涼漫勝流。都尉誰勤搜粟事？堯咨不賦望沙樓。東坡如見王夫子，九扈從欣職肯修。(《太乙舟詩集》卷十，清咸豐四年孝友堂刻本)

孫爾準

孫爾準（1770～1832），字平叔，號萊甫，金匱（今江蘇無錫）人。乾隆六十年（1795）舉人，嘉慶十年（1805）進士，改庶吉士，授編修，官至閩浙總督，加太子少保銜，贈太子太師，謚文靖。文靖幼侍其尊人宏度中丞，遍歷黔、桂諸邊，其抱負已自不凡。迨入詞館，一麾出守，不數年即領節鉞。所至咨民疾苦，勸農功，興水利。學問淹貫，治官文書不假手於幕僚。工詩，尤長於詞。著有《泰雲堂詩集》。見《湖海詩傳》卷四〇、《清史稿》卷三八〇、《晚晴簃詩匯》卷一一八等。

【茶仙外舅監河時開渠得三陶盌一為役夫所瓿一完好者歸河督李公奉翰一口微損為外舅所藏底篆蔡邕字形質古樸開燕出以酌客因賦】

永濟河畔檣如麻，催提過閘傳金鞾。軍艘如山兀不動，深處劣可通艀艖。河隄謁者出行水，役夫百萬紛鍬鏵。釃渠引水不得達，鐵龍沈爪開渠窊。忽驚寶氣不可掩，明月出地生光華。瓿者棄擲若破甑，其一完好無纖瑕。中郎名字銘厥腹，什襲已入高明家。此盌脣邊有微損，蟾魄偶被浮雲遮。緜來人棄我獨取，貴比龍勺雞彝奢。綠野開堂出侑客，引滿傳玩生咨嗟。卵色天青初過雨，麴塵水淥微涵霞。孚尹玉質火氣脫，胎斑蘚蝕冰紋斜。柴哥官汝未足擬，波斯大食奚能加。穎陽餞別兩兕爵，碧山稱壽雙銀槎。近代流傳入吟詠，國初諸老揚詩葩。豈如此盌製作古，閱世有似恆河沙。想當石經始鑴刻，鴻都摹寫馳風車。門前定有問奇客，從遊載酒如侯芭。祗憐柯笛與焦尾，千載不復逢虁牙。物生顯晦信有數，賀汝遭際言非誇。今晨主賓盡豪儁，況復風日當清嘉。慶豐閘外酒船到，百壺傳送何煩賒。清商小部試娛客，舞態颭落山香花。汝若有知定棖觸，當筵按拍歌胡笳。是日演《文姬歸漢》故事。悲來酌汝合酩酊，詩成作字如栖雅。（《泰雲堂集》詩集卷二摩燕集，清道光刻本）

【遣懷（之四）】

玉溝楊柳萬絲斜，候燕來時客憶家。文起終當還北郭，溫岐早悔讀《南華》。移書好約東林社，排日閒尋杜曲花。但是逢場須作達，滿斟綠醑按紅牙。是日觀劇。（《泰雲堂集》詩集卷六聽鐘集，清道光刻本）

【齊州道中雜詠（之五）】

村盲負鼓趁墟場，愛說英雄紀小唐。爲是燕齊風氣勁，彈詞不唱《蔡中郎》。（《泰雲堂集》詩集卷十五拜恩集，清道光刻本）

陳春曉

陳春曉，字杏田，號覺庵，錢塘（今浙江杭州）廩貢。覺庵爲煦林孝廉子，孝廉歿都下，隻身扶櫬歸里。歷遊粵、楚、吳、皖，奉母教弟，備嘗艱苦。其孝友有足稱者。所著尚有《武林新樂府》、《風鶴吟詞》行世。著有《晚晴書屋詩鈔》、《覺庵續詠》、《讀漢書隨詠》等。見《兩浙輶軒續錄》卷一八。

【串戲】

衣冠輩，優孟技。學梨園，誇彼美。踏紅毹，著翠屣。態輕盈，飛燕比。忘卻是鬚眉，巾幗聊復爾。朱門海樣深，絲竹中宵起。堂中夫婿舞腰柔，簾底佳人笑臉喜。弟兄戲謔已堪嗤，更有而翁狎其子。蕩湖船，唱不止，問是誰家好喬梓。調笑當場至於此，不知人間有羞恥！（清·張應昌輯：《詩鐸》卷二十六，清同治八年秀芷堂刻本）

【武林樂府唱南詞】

唱南詞，三五逐。廢詩書，工絲竹。髹面而薰香，年少好裝束。結隊到人家，新詞雜絃索。妙手彈箏第一流，歌喉合拍無雙曲。鬢影釵光列後堂，兩行熠燿輝紅燭。絳紗不隔倍分明，驚鴻翩若時遊目。不博錦纏頭，但期餐果腹。歌罷快行觴，主人償酒肉。堪嗟子弟等優伶，漫說豪家與世族。君不見，破琴對使眞清流，王門不入名千秋，《鬱輪袍》唱終貽羞！（清·張應昌輯：《詩鐸》卷二十六，清同治八年秀芷堂刻本）

查　揆

查揆（1770～1834），一名初揆，字梅史，海甯（今屬浙江）人。嘉慶九年（1804）舉人，官順天薊州知州。梅史工駢儷之文，詩雄健清峭，得初白之雄健而加警，得樊榭之清峭而加動，是謂能轉法華不爲法華轉者。每賦一篇，必爲傑搆，宏麗雅健，不行俗蹊。爲人在通介之閒，雖極困窮，恥事干謁，數往來湖上，不妄與人交。著有《篔谷詩鈔》二十卷、《文鈔》十二卷等，劇作有《桃花影》傳奇等。見《兩浙輶軒續錄》卷二二、《國朝詞綜補》卷二二、《晚晴簃詩匯》卷一一七等。

【讀尤西堂弔琵琶劇本感蔡文姬事】

淪落搛教葬黑山，阿瞞高義得生還。底須笳拍鳴哀怨，不見琵琶入漢關。（《篔谷詩文鈔》詩鈔卷一，清道光刻本）

【自題桃花影傳奇】

顧誤周郎正少年，烏絲闌乞美人憐。閒吟香社頻中酒，纔按珠聲便撥絃。一曲春風劉刺史，今宵殘月柳屯田。《梅花讖》與《鳴鴻度》，家伎無從問矮箋。（《篔谷詩文鈔》詩鈔卷一，清道光刻本）

【章孃曲】章孃者，裴中丞家歌兒也。靚麗善鼓琴，工諧巧笑，傾倒一時。洎開閣被放江湖，流轉不知幾見，蓬萊清淺而朱顏已非復疇曩矣！比來杭州，不能自存，至爲人供灑掃役客。有以前事詰者，輒援琴流涕，商音激楚，朱絃迸裂而罷。東湖吳公子臺卿爲述其概，并繫以十絕句，誌司馬青衫之感，而屬和於予。春陰廳前，海棠方謝，意忽忽不自得，屬藁甫竟六首，簷雨淋浪，悵然閣筆，不復能續矣。丁巳三月七日，寒食識於西冷館舍。

（其一）京華回首路漫漫，小部梨園興已闌。解話河南房次律，不知誰是董庭蘭。

（其二）鬱金裙疊女兒箱，飽老猶能舞一場。多少琴心遺爨下，憑卿爲唱《蔡中郎》。

（其三）韋青歌丐付飄蓬，龍漢沉沉往劫空。不獨分香人已老，午橋莊在夕陽中。

（其四）重整梨雲踏《柘枝》，荔支紅醉習家池。邯鄲道上春如夢，垂老何堪怨餅師。

（其五）已卻摩登咒謾讕，嬾將綺障寫冰紈。團蒲笑指黃梅熟，翻觸禪心一味酸。

（其六）一聲檀板淚霑裳，醉倒惟應喚葛疆。滿地落花春去盡，傷心豈獨杜秋娘。（《篔谷詩文鈔》詩鈔卷五，清道光刻本）

【席上觀劇二絕句】

（其一）氍毹貼地舞腰輕，華鬘低垂似有情。昨夜杏花疎影裏，爲誰吹笛到天明。

（其二）風月河陽鬥酒鉤，堯卿杖鼓喜生謳。哀絃迸入吳江水，流盡吳王苑裏愁。（《篔谷詩文鈔》詩鈔卷五，清道光刻本）

【成太守席上醉歸口號（之二）】

釵挂臣冠夜未央，是夕演劇。江南詞客劇荒唐。東頭爲語狂司馬，可要公儀辱范滂。謂郡丞某。（《篔谷詩文鈔》詩鈔卷十一，清道光刻本）

【皺雲石用前韻并序】石爲恪順吳將軍贈家伊璜先生者，舊在樸園。園廢，石爲他人所得。陳曼生明府冀予歸之。先爲寫圖，沈小宛、郭頻迦各有詩，予重感其意而惜力之未逮也，聊同斯作，以誌不忘。

紛紛四鎮蟲沙屯，蝶粉去矣空琴尊。先生盛聲伎，其翹楚曰「蝶粉」，爲東平侯劉澤清所奪。《梅花讖》已付夢幻，《梅花讖》，先生自製院本。無愁天子齊東昏。樓船下瀨亦好事，樸園稍近烏夜村。大書深刻皺雲字，詩事有集貽家門。百年已歸沙叱利，欲以墨妙羈其魂。雲光出手太淋漓，英耶韶耶搖山根。旁人爭識到公石，譬如泡影猶留痕。連城不復償趙壁，世無廉藺將誰論？槎枒芒角出酒膽，飲三荷葉如翻盆。乞君爲題石請客，此詩此畫聊告存。（《實谷詩文鈔》詩鈔卷十一，清道光刻本）

【正月十日夜抵郡城明日為馬總戎壽觀劇踏雪回縣】

籃輿夫亦腳蹣跚，塵上爭愁后土乾。滏水遶城冰未泮，魷鐙滿市夜方闌。銀貂戲下窺都護，蒼鶻尊前舞契丹。不怕重門閉魚鑰，醉來衝雪踏春寒。（《實谷詩文鈔》詩鈔卷十九，清道光刻本）

盛大士

盛大士（1771～1839），字子履，號逸雲，又號蘭畦道人。鎮洋（今江蘇太倉）人。嘉慶庚申（五年，1800）舉人，官山陽教諭。精繪事，用筆似董思翁，而書畫家皆謂得婁東正派。文法唐賢，詩兼各派。其七古多法源西崑，而音節悽惋酷似吳祭酒。《海上》詩云：「青燐榕樹烽煙氣，赤色蘋花戰血痕」，一時稱爲絕唱。著述甚夥，刻有《蘊愫閣詩集》十二卷、《續集》二卷、《樂府》二卷、《文集》八卷、《駢體文》四卷、《粵東七子詩選》四卷，未刻有《大學古訓發微》二卷、《四史參解》十六卷、《泉幣考》八卷、《溪山臥遊錄》四卷、《停雲歸雅集》二十四卷等。見《國朝畫徵補錄》卷下、《春草堂詩話》卷三、《晚晴簃詩匯》卷一一四等。

【燈市春遊詞同厚夫樞曹作（之二）】

鐵撥琵琶醉舞筵，髲鬈蟬髩壓花鈿。自從環髻傳新製，小婦家家效阿錢。毛西河姬人曼珠，張姓，小字阿錢，豐臺賣花翁女也。幼甚慧，能效百鳥音，綰髮作連環，名百環髻，人多效之。（《蘊愫閣詩集》卷四，清道光元年刻本）

【燈市春遊詞同厚夫樞曹作（之八）】

咬春燕九集梨園，十棒元宵羯鼓喧。崑調居然小良輔，教師傳進景山門。景山內垣西北隅有房百餘間，爲蘇州梨園供奉所居。（《蘊愫閣詩集》卷四，清道光元年刻本）

【燈市春遊詞同厚夫樞曹作（之九）】

毬場逐隊去來頻，歷落星暉漸向晨。若使重逢倒喇戲，燈街猶有倚樓人。倒喇，金元戲劇名也。此技國初時尚有之，故竹垞、初白俱有《觀倒喇》詩，今則久未之見矣。（《蘊愫閣詩集》卷四，清道光元年刻本）

【澹僊曲有序】閩妓李澹僊色藝雙絕，負重名而性孤介，客有擲千金往聘者，落落不一當意。琴溪蕭某遊樵川，一見輒相憐惜。既而蕭將辭閩，願委身焉。蕭故貧，纏頭之費不滿什之二三，悵然中止。澹僊乃泣請曰：「妾薄命流落，君又不能振拔之，妾願以小像屬君攜歸，倩吳中諸名流題詠，使知青樓朱箔中有李澹僊其人者，妾亦可以無憾矣！」嗚呼！黃金欲鑄，神仙無速轉之丹；青眼難逢，鶯花有可憐之色。能無悼韋郎之玉簫、泣秋娘之金縷也。爰賦長歌，以誌吾感。

桃笙月冷芙蓉縟，清瑟宵彈羽霓曲。青衫紅袖兩傷心，瑤艸空階爲誰綠。桄榔花發可憐春，十里樵川漾翠鱗。蓮葉橫波迎畫舫，楊枝夾道曳香塵。金蟬鈿雀嬌羅綺，日出城南睡初起。澹掃修眉合喚仙，師師艷姓人傳李。蕭郎閩海憩吟鞭，解珮傳觴玳瑁筵。舊夢香丸情擾惱，新盟玉杵話纏綿。皓齒明眸謝雕飾，群花睥睨無顏色。鐵撥龍香孔翠穿，銀梭鴛縷流黃織。青粉牆邊悵落暉，腰肢瘦損六銖衣。願隨蕭史乘凰去，不共章臺柳絮飛。吳艚越舫停蘭澤，新水桃花送歸客。月影闌干燭影斜，與郎共此銷魂夕。了鳥窗紗翡翠籠，兜鞶情緒恨匆匆。酒因泣別痕餘綠，花爲傷春色更紅。離亭玉柱橫霑軾，唱斷驪歌淚盈臆。滄海難求十斛珠，青山恨少雙飛翼。崔徽風貌妒花嬌，應倩傳神盛子昭。裝就瓊花新樣錦，倩郎珍重載歸橈。但教尺幅青苔紙，賤妾才名備花史。差勝鴛鴦冢上碑，宿艸愁紅土花紫。一生憔悴爲情癡，郎亦如儂失意時。天涯海角憐知己，秋雨春風寫恨思。簪挑翠縷同心釧，手把紅羅定情扇。鈿鏡粧階畫裏身，伯勞飛燕時相見。渺渺江潭起白蘋，碧雲日暮客愁新。登樓王粲心情減，不獨飄零泣美人。（《蘊愫閣詩集》卷五，清道光元年刻本）

【都下春鐙詞（之七）】

星橋結綵流蘇帳，錦樹恒春寶相花。綰髻窈孃工度曲，象床醉倚拍紅牙。（《蘊愫閣詩集》卷十一，清道光元年刻本）

陳文述

陳文述（1771～1843），原名文杰，字雋甫，號雲伯，又號退庵，錢塘（今浙江杭州）人。嘉慶庚申（五年，1800）舉人，官安徽全椒知縣，有治蹟。詩少學梅村，遊京師與楊蓉裳尤多唱和，時有「楊陳」之目。後與族兄曼生同官江南，亦稱「二陳」。著有《頤道堂詩文集》、《碧城仙館詩鈔》、《秣陵集》、《西泠懷古集》、《碧城詩髓》等。戲曲方面，曾與查揆合譜《影梅庵》傳奇一種。見《湖海詩傳》卷四二、《兩浙輶軒續錄》卷二〇、《（光緒）重修安徽通志》卷一四五、《國朝詩人徵略二編》卷五二、《晚晴簃詩匯》卷一一四等。

【桂林留守行】爲瞿忠宣公作也。公諱式耜，字稼軒，常熟人。宏光中官廣西巡撫。永明王立，留守桂林。何騰蛟死，代爲督師。中涓柄政，藩鎮離潰，城破被執，不屈死之。墓在虞山拂水巖下招眞治左，有祠。

桂林留守人中英，早年建樹蜚英聲。黨禍世誦范滂傳，諫垣人賦中條行。東林獄解歸田里，憂患餘生差可喜。荷鉏自種虞山田，投竿日釣尙湖水。乾坤龍戰空茫茫，北都破後南都亡。秣陵花月單騎出，傳車夜走悲孱王。諸王誰抱中興志，魯王走死唐王縶。一片蒼梧日暮雲，猶是趙家乾淨地。失路王孫盡可哀，嫡傳惟賸永明來。諸臣倘有回天力，靈武何妨更築臺。君王轉徙封疆辱，庸臣蜩沸忠臣哭。覆轍何堪似昔時，殘棋又覆偏安局。澶淵未肯翠華臨，帝子匆匆去桂林。北宋威名倚宗澤，南朝氣節重王琳。重兵宿將空如掃，殘疆誰爲君王保。敵兵已入文昌門，將軍又死王家堡。辛勤百戰復梧州，江漢朝宗水共流。列鎮兵譁督師死，何騰蛟死，公爲督師。楚天雲黯不勝愁。虎符龍節君恩厚，從此專征付留守。力盡睢陽尙裹瘡，權深輔國仍牽肘。太息中涓左珥貂，空勞七疏別鸞梟。錦衣有獄賢良盡，鐵券無靈將帥逃。獸奔魚爛眞如此，從此人心眞去矣！獨將勁節重河山，自分孤臣惟一死。焦璉、李成棟威名世所無，戚良勳、胡一青苦口勸何如？渡河竟有張司馬，從此孤臣死不孤。張同敞與公同死。其人如玉心如鐵，三年誰掩萇宏碧。《浩氣吟》追《正氣歌》，千秋死繼文山烈。英風宰木墓門迴，龍漢滄桑莫更哀。朱鳥招魂歌楚些，何年華表鶴歸來。公死後，有雙鶴飛翔會元坊上。相傳是公去婦化鶴歸來。夫人同在桂林，先期病卒。公族孫菊亭孝廉作《鶴歸來》院本。（《頤道堂集》詩選卷十「古今體詩」，清嘉慶十二年刻道光增修本）

【讀詔寄都下諸侍御（之三）】

西京創樂府，協律制未備。梨園出唐代，本非盛德事。吳音矧靡曼，動心亦蕩志。其權竝鹽榷，其勢聯宦寺。外廷動薰灼，內府耗恩賜。失志易怨望，得意滋流弊。矇瞍掌律同，和聲襄上治。端冕聽虞韶，會見鳳皇至。待詔皆賢良，所宜言者二。（《頤道堂集》詩選卷十一「古今體詩」，清嘉慶十二年刻道光增修本）

【贈畢孝廉華珍兼呈鐵雲樊邨】

騏驥無凡毛，鸞鶴無凡羽。孝廉名公孫，才筆橫今古。在昔尙書公，於君爲伯祖。丹忱事純廟，海內幾開府。陶鑄盡英傑，勛業總文武。君祖貴介弟，博學趙歐侶。雅集王晉卿，文讌張功甫。法書與名畫，鈐印重璜琥。尊甫湛經史，箋注兼訓詁。書校劉更生，經拜臧榮緒。君才尤出群，矯矯若龍虎。銳意爲詩文，所師在韓愈。奇光五色石，勁筆萬鈞弩。頻年客京輦，鴻詞作雲雨。禮邸頗好賢，緇衣慰羈旅。歸臥婁江濱，盛年感出處。示我百首詩，墨瀋汚殘楮。方寸山嶽峻，杳冥鬼神腐。似生元和間，昌黎相晤語。吾友舒孝廉，奇文若岣嶁。金石相考擊，鸞鳳互歌舞。前輩高達夫，盛名洪玉父。新聲播梨園，齊名被菊部。黃河遠上詞，同向旗亭賭。更有蕭明經，絕業冠黌序。於君爲中表，於我久賓主。念君不去懷，關愛在心膂。譽君不去口，淵源詡門戶。君從吳苑遊，宿我蘭臺聚。讀君五言詩，感激深肺腑。國朝二百年，人物僅可數。名輩甚不乏，各自出機杼。方今海內才，各有五雜組。元音孰琴瑟，雅奏孰鐘鼓。東家鄭康成，北海孔文舉。此席吾豈敢，此論竊所取。願君德更崇，吾亦力同努。君其兢齊秦，吾亦守鄒魯。勿逐齊梁靡，勿學陰何苦。言詮落小家，何異誚童羖。他日丁敬禮，定文吾待汝。（《頤道堂集》詩選卷十三「古今體詩」，清嘉慶十二年刻道光增修本）

【玉蘭曲贈歌者陸玉蘭兼感隴西公子塞外】

玉蘭花發春風香，玉蘭花謝春雲涼。蘭芳玉潤花解語，一樹亭亭豔春雨。河東公子隴西豪，解賦燕蘭譜玉簫。清歌屢得周郎顧，壓倒長安花萬樹。綠章誰付小心風，吹散雙鴛一夢空。春光不度渾河水，從此玉關人萬里。腸斷斑騅送陸郎，吳宮結束又登場。尊前哀唱銅弦急，應憶桃花馬前雪。回首燕臺隔暮雲，金張門第黯生塵。不堪重唱西樓月，我識龍沙塞外人。(《頤道堂集》詩選卷十三「古今體詩」，清嘉慶十二年刻道光增修本)

【吳下遇梨園舊人】

露盤何處問銅仙，記得相逢繡嶺前。曾按新聲依禁地，偶聽殘夢話鈞天。苑城春柳低朝雨，宮井秋槐暗暮煙。譜到開元羽衣曲，祗應腸斷李龜年。(《頤道堂集》詩選卷十七，清嘉慶十二年刻道光增修本)

【小忽雷歌】唐時琵琶大、小忽雷名，至文宗朝鄭中丞始顯，事見《樂府雜錄》、《羯鼓錄》。今此器爲蓮龕方伯所藏，有篆書「小忽雷」三字，又有「建中辛酉臣滉製進」八字，蓋德宗時韓滉轉運江淮所進也。上刻孔東塘詩，東塘曾撰《小忽雷》院本，紀鄭中丞事，則本爲東塘故物。大忽雷舊爲楊鐵崖所藏，見《謝呂敬夫紅牙管歌序》，或亦尚在人間也。臨川樂蓮裳有此作，因和之。

君不見大忽雷曾伴鐵崖吹鐵篴，滄江泰娘拍紅牙，一聲怒製龍門石。君不見小忽雷何年流轉歸東塘，金元院本久零落，空餘扇底桃花香。建中辛酉臣滉製，轉運江淮五城置。德宗年號逮文宗，五十年前舊題字。浮花清渭漾魚罶，中使春遊試按鷹。一角紅墻閒佇立，琵琶聲識鄭中丞。鄭中丞，汝本何方女，何年入宮來？宮中隸何所？何年學琵琶，曾否氍毹習歌舞？鄭中丞，汝值深宮侍宵讌，梨香按曲歸何院？同時弟子知幾人，曾否平明掃金殿？鄭中丞，何事輕干九重怒，得毋法曲當筵誤？冰紋三尺折紅棠，錦衾付與東流去。溫明秘器出宮中，一角溝流御葉紅。分明漢代樊通德，來與伶元話故宮。小忽雷宮庭理新曲，檀槽雙鳳響迆邐，四條絃上人如玉。小忽雷曾向趙家修，玉環舊製今何處，太息風乾羯鼓樓。小忽雷偶向梁家奏，霓裳仙樂出人間，萬花齊放春如繡。小忽雷重到至尊前，仿佛錦袍出金鎖，君恩成就今生緣。我思忽雷名，亦有蟄雷義。家在西泠飫空翠，幾疊雲山靈隱寺。疑坐春淙合澗橋，滿耳龍泓語龍湖。七客寮中詩社開，海棠石壁掩春苔。石梁夢醒天台瀑，更憶當年大忽雷。(《頤道堂集》詩選卷十九，清嘉慶十二年刻道光增修本)

【西泠懷古（之五）】《東里懷洪昉思》：昉思名昇，字稗畦，居慶春門。少負才名，工院本，作《長生殿》傳奇，以國忌日貴人邸演此，爲言官所劾，逐歸。朱竹垞贈詩，所謂「海內詩家洪玉父，禁中樂府柳屯田」是也。著《稗畦詩集》。

絕代才人筆一枝，開元遺事譜新詞。洞天雲海陳鴻傳，鈿合金釵白傅詩。潦倒名場衫潑墨，蒼茫宦海鬢添絲。秋風昨夜梧桐雨，顧曲周郎感酒巵。（《頤道堂集》詩選卷二十一，清嘉慶十二年刻道光增修本）

【琅嬛師書中言以余集中長慶體詩付歌者被之弦索可挽吾杭南詞之習感而賦之】

（其一）一編《長慶》白香山，名在丹臺石室間。應勝唐人新樂府，旗亭風雪唱雙鬟。

（其二）青鸞小閣墨香微，萬里南雲一鶴飛。滇女如花應識字，教他唱罷織弓衣。（《頤道堂集》詩選卷二十三，清嘉慶十二年刻道光增修本）

【余在西湖為菊香小青雲友三女士修墓並於孤山建蘭因館女弟子吳蘋香為填南曲一齣漢上梨園多吳中名宿按拍悉皆協律楚女亦多有歌之者此詞場佳話也因題四絕句】

（其一）一卷離騷酒一杯，青山紅粉換妝臺。金釵弟子人如玉，第一嬋娟謝絮才。蘋香自寫讀騷飲酒男妝小像，自填《北新水令》一齣，託名謝絮才。江南樂部多被之絃索爨演，比之黃崇嘏。

（其二）香徑蘼蕪玉女碑，美人湖上雨絲絲。畫眉啼煞春山路，曾譜花簾絕妙詞。

（其三）玉簫聲裏夢如塵，十里紅樓倚好春。湘月初三花十八，家家兒女唱蘭因。

（其四）金粉難消罨綠苔，新聲重按《紫雲迴》。紅牙一樣雙鬟唱，絕勝旗亭畫壁來。（《頤道堂集》詩選卷二十五，清嘉慶十二年刻道光增修本）

【縐雲石歌】查伊璜孝廉樸園中石，即吳六奇自粵東運至者，事詳孝廉所撰《樸園記》及鈕琇《觚賸》。石舊在海鹽民家，梅史在都門勸余以八十千得之，未果，今歸海昌馬氏。此亦二十年前舊作也，因樊村言刪去，及今思之，究多佚事，足資文獻。蒐葺舊作，因並錄之。

停雲不散吳天碧，人指前朝孝廉宅。高臺已盡曲池平，一拳猶賸珠江石。珠江節鉞領樓船，控制東南海外天。讀到粵觚奇雪遘，才人軼事說當年。當年海內誰奇傑，鐵丐錚錚眞似鐵。風塵偶爾識英雄，雲煙過眼隨飄瞥。閉門秖願老柴荊，入夢梅花讖有靈。孝廉有《梅花讖》院本。半壁江山分黨局，詔書甘謝小朝廷。宏光南渡，以兵科給事中徵，不就。興亡轉眼悲朝暮，偶然五嶺遊蹤去。花首臺高蛺蜨飛，此來原爲羅浮樹。小隊郊迎帳部陳，馬前低首拜逡巡。誰知百戰威名將，即是當初乞食人。妻孥尙食躬行酒，傾心自訴銜恩久。不衊太白識汾陽，豈但淮陰酬漂母。幕府森嚴擁戟門，園林有石立斜曛。生平最抱襄陽癖，兩字淋漓署縐雲。是時史案消無跡，封章也出將軍力。興盡還歌歸去來，玉篴驪歌留不得。直下西江萬里船，歸來甲第忽巍然。材官鄭重將軍意，十頃還增下潠田。意中一石驚依舊，飛來眞箇同靈鷲。親題殘墨尙依然，天風吹得仙雲縐。別墅西州路不遙，守門無鶴任人敲。一株古樸前朝樹，午睡常分鶴半巢。微波水榭閒留客，譚詩說劍邀前席。花底流杯慣鬥茶，竹間傳響催行炙。孝廉居樸園中，客至，有所需輒以竹筩傳聲入廚下，須臾豐饌羅列，皆以大瓢自溪浮至檻下。主客互取之，終席不見一婢僕。見《樸園記》。四種新翻院本精，哀絲豪竹寄閒情。沉憂尙抱靈均意，婑媠親排十些名。孝廉自莊史案被釋後，肆意笙歌家伎，悉以些名之。楚些、柔些尤美。就中蜨粉尤嬌旖，留仙裙褶湘江水。按圖索驥怨東平，綠珠不教樓前死。泣別甘抛舊舞衣，愴懷最是阿叉歸。銷魂欲死尊前意，觀色成空悟後機。酒邊立遣蛾眉散，隨風處處飛花片。秖餘石友老空山，雲根深鎖芙蓉院。蜨粉，孝廉家伎，貌尤美。東平侯強索去，妹阿叉從行。侯妻妒，蜨粉因母之，間道使阿叉歸報。東平侯旋伏法，家亦籍沒，蜨粉不知所終。孝廉因是散遣聲伎。西子湖頭水又波，開堂講學意如何？翦燈手定門人錄，我惜孤忠沈似蘿。孝廉晚年講學於吳山之黃泥潭，杭郡守爲置几席五百。沈似蘿，見《門人小錄》。乙酉死郭溪之難。晚年無賴耽禪悅，紅閨同證無生訣。白業青鐙古佛前，西風吹得頭如雪。夫婦俱耽禪悅。重入春明感寂寥，曲師老大亦無聊。尋常燕玉矜豐艷，見慣司空興不豪。順治初孝廉入都，馮猶龍買數姬爲贈，不稱意，怏怏歸。左徒身後荒園暮，重來燕子雕梁誤。石不能言也愴神，繁華閱盡《鳴鴻度》。《鳴鴻度》，孝廉院本四種之一。萬竅玲瓏瘦骨寒，尙餘老物未摧殘。蔣家樂府風流甚，袍笏還宜再拜看。蔣心餘有《雪中人》院本。（《頤道堂集》詩選卷二十五，清嘉慶十二年刻道光增修本）

【黃崇嘏詩】崇嘏，臨邛人，年二十餘。工詩，善琴棋書畫。早喪父母，未字人，男裝依老嫗以居。以失火下獄。會周庠權知邛州，上詩云：「偶辭幽隱在深邛，行止堅貞比澗松。何事政清如水鏡，絆他野鶴在深籠。」庠召見之，稱鄉貢進士。祇對詳敏，因釋之，命於書院讀書。復獻長歌，益奇之。薦攝司户參軍，胥吏畏服，案牘一清。庠欲以女妻之，崇嘏乃爲謝狀，兼貢詩見意，云：「一辭拾翠碧江湄，貧守蓬茆但賦詩。自服藍衫居郡掾，永抛鸞鏡畫蛾眉。立身卓爾青松操，挺志鏗然白璧姿。幕府欲容爲坦腹，願天速變作男兒。」庠覽詩，驚問故，黃使君女也。已乞罷歸臨邛。墓在邛水故城西銅鼓山。見《五國故事》、《十國春秋》、《蜀水經》諸書。院本有《女狀元春桃記》，今不傳。

司戶攝參軍，鄉貢稱進士。不圖簿領中，有此奇女子。貞操卓青松，明姿皎白璧。野鶴出深籠，羽毛厲冰雪。胥吏畏神明，使君愛才儁。可惜非男子，烏紗攬蟬鬢。吏才妙若彼，詩才美如此。況工琴畫書，風流掩名士。俗稱女狀元，狀元如爾少。倘置臺閣間，鴻筆抒文藻。蹤跡苦人知，貞白安吾素。臨邛歸舊隱，相偕惟老嫗。青山問銅鼓，埋玉有遺墳。臨邛兩才女，何似卓文君。（《頤道堂集》詩選卷二十六，清嘉慶十二年刻道光增修本）

【故人舒鐵雲孝廉雅擅文章尤精音律曾與婁東畢子筠以過夏留京師取載籍中可驚可喜之事仿楊笠湖吟風閣體填院本數十齣自譜宮商按節可歌子筠客禮邸王頗好賢每脫稿即付邸中樂部爨演盛筵招兩君顧誤並以朱提潤筆鐵雲原本舊藏余家余子裴之攜至漢上將謀付梓身後遺編散帙不知為何人攫去至今耿耿今年春郭君蓮舫同舟至漢出手錄一冊見贈尚餘文君當壚通德擁髻博望訪星酉陽修月四齣蓋與鐵雲同客真州巴氏所錄也惜琵琶賺人面桃花二種不可得矣歲暮展讀感題四律】

（其一）濯足金盆舊有名，故鄉流滯感春明。旗亭杯斚王之渙，樂府琵琶高則誠。天上神仙原有數，世間兒女總多情。十年話舊吳王苑，殘雨瀟瀟夢不成。

（其二）賞音難得遇賢王，掃徑新開顧曲堂。燭暗朱門瑤瑟靜，花明玉殿羽衣香。銜觴盡許評華榭，墜箋何勞傍苑墻。更憶尚書老孫子，鄒枚舊侶記遊梁。謂子筠。

（其三）珍珠密字寫徘徊，不是才人肯愛才。崔顥已乘黃鶴去，王褒如訪碧雞來。江湖晚歲殘燈影，風雪天涯濁酒杯。絕似返生香一炷，詩魂重與返蓬萊。

（其四）不須重讀已辛酸，雙鬢蕭騷感百端。名璧竟歸原不易，遺珠再得事應難。更無南國蘭臺聚，余吳門齋名。君過，余輒談讌於此。何處西華葛帔寒。幾輩故人零落盡，謂樊村、仲瞿、子瀟、甘亭、頻迦諸君。一編殘墨沸汍瀾。（《頤道堂集》詩選卷二十九，清嘉慶十二年刻道光增修本）

【八月十四夜蕉園方伯招同家曼箴白堂公讌（之二）】

濟世眞如萬斛舟，政成歌歗自優遊。琴遵觴詠華燈夜，花月江山畫戟秋。小部梨園眞灑落，一時蓮幕盡風流。篴聲吹出南飛鶴，應向仙山進一籌。（《頤道堂集》外集卷三「古今體詩」，清嘉慶十二年刻道光增修本）

【月夜聽史文香度曲】

（其一）雙影春燈照畫筵，朝霞和雪十分妍。花飛玉屑香脣綻，紅暈脂痕笑靨圓。艷到雲容明似月，吹來蘭氣澹成煙。尊前領取銷魂意，多少閒愁到酒邊。

（其二）從來國色有光輝，盛鬋豐容似爾稀。明鏡自憐梔子艷，群芳都讓牡丹肥。重簾不卷春雲駐，四壁無聲白雪飛。一曲遊仙歌未竟，萬花吹滿五銖衣。

（其三）果然史鳳最娉婷，雞枕蓮燈許暫經。檀板一雙敲紫玉，畫樓三五指明星。柔情似水和愁訴，軟語如花倚醉聽。我比馮生更僥倖，流蘇拂面臥春屏。

（其四）白月窺人照綺櫳，滿庭春霧澹空濛。心香灰冷銷金鴨，畫燭花寒炧玉蟲。跌宕可能同素素，聰明眞不讓紅紅。曲終便掛孤帆去，臨別題詩記雪鴻。（《頤道堂集》外集卷八「古今體詩」，清嘉慶十二年刻道光增修本）

【秦淮訪李香故居題桃花扇樂府後】

（其一）烏絲小字寫吳綾，璧月詞工狎客能。劍外張郎有題句，干戈影裏唱《春燈》。船山題《桃花扇》句。

（其二）血淚分明染竹枝，梁園暮雪競題詩。桃花宮扇今猶在，誰續蘭陵絕妙詞。桃花扇在中州陳氏，蘭陵劉芙初曾見之。

（其三）湘筠小閣畫簾秋，惆悵前朝弔玉鉤。讀到嬋娟長慶體，夜烏啼上媚香樓。錢塘孫碧梧女士有《媚香樓詩》。

（其四）翠冷香消事可哀，百年紅粉已成灰。吳門近識張公子，覓得蛾眉小影來。近在吳門，見張生伯冶摹李香小影。

（其五）東下黃河起陣雲，衹餘殘淚哭三軍。十年五度揚州過，再拜梅花閣部墳。

（其六）板磯列戍事紛紛，畫角吹殘日暮雲。曾向鳩茲江上過，亂山斜日弔將軍。

（其七）軍中長揖騁雄譚，眼見旌旗百戰酣。太息英雄消暮氣，樓船東下左寧南。

（其八）立節須爭末路名，貴陽畫筆最縱横。女兒能作忠臣氣，奇筆何人寫芷生。方芷生，楊龍友妾，與龍友同殉難。

（其九）迷樓《山海》記新聞，九百《虞初》野史存。買得殘縑新樂府，南朝遺事總消魂。余買得無名氏《詠史樂府》，所載勝國遺事爲多。

（其十）亭亭仙影禮香龕，水繪荒園日暮探。我憶琵琶查八十，翦燈同譜《影梅庵》。余與查梅史相約譜《影梅庵》傳奇，記董小宛事。

（其十一）絳雲殘月感啼烏，一樣芳名重尚湖。記向西虞山翠裏，重題殘碣表蘼蕪。余訪河東君墓於尚湖之濱，重修且樹碣焉。

（其十二）往事梧宮跡已陳，滇池天遠五華春。梅村樂府《圓圓曲》，別有才人寫美人。舒鐵雲譜《圓圓曲》，未成。

（其十三）雲亭詞客最清狂，小傳閒繙壯悔堂。不寫英雄寫兒女，水天花月總滄桑。侯朝宗《壯悔堂文集》有李香傳。

（其十四）蜀棧荊門劫火新，英雄兒女各沾巾。董家譜出《芝龕記》，忠孝神仙別有人。《芝龕記》，董恒嵒所作，紀秦良玉、沈雲英事。

（其十五）煙雨凄迷夢蔣州，吳宮花草最工愁。今年大有消魂事，題遍秦淮水上樓。

（其十六）掌書捧硯坐桐霞，七字新題寫碧紗。解爲含光惜佳俠，鷗波仙子碧城花。

【附錄：小鷗波館題桃花扇詩】

〔錢塘女史管筠湘玉〕（其一）絲竹蒼涼酒一尊，南朝遺事寫溫存。江山誰墮新亭淚，花月空銷舊院魂。公子才名歸黨局，美人消息種愁根。不堪重話青溪事，落葉如鴉冷白門。（其二）江上青山翠黛浮，當年遺事水東流。玉臺已破菱花鏡，紅粉甘居燕子樓。複壁人遙梁苑暮，重門天遠秣陵秋。美人恨血燕支色，一握冰紈弔莫愁。（其三）軼事何年記板橋，才人細意譜冰綃。北來鼙鼓連三月，南渡煙花又六朝。水閣祇今聽暮雨，石城依舊上寒潮。新聲大有《離騷》意，一片滄桑付紫簫。（其四）漏舟歌舞事經年，狎客新詞十種箋。宰相無權驕節鎮，君王有詔選嬋娟。不聞戰馬嘶金鼓，終見宮車走翠鈿。讀到雲亭新樂府，南都遺事總淒然。（《頤道堂集》外集卷九「古今體詩」，清嘉慶十二年刻道光增修本）

【秦淮雜詠題余曼翁板橋雜記後】

（其一）南部煙花說舊京，宜春子弟有新聲。《板橋雜記》今猶在，曾與群芳署小名。

（其二）金陵自古帝王州，澹粉輕煙十四樓。六代江山同寂寞，秦淮煙景不勝秋。

（其三）舊院沉香別有街，家家水閣傍秦淮。山溫水軟人佳麗，三百年中幾玉釵。此詠舊院。

（其四）風露清秋澹暮雲，紅闌攜手話逡巡。一輪長板橋頭月，曾照當年擫篴人。此詠長板橋。

（其五）燈船紅影豔春痕，邀篴風流白下門。解向尊前揮彩筆，當年祇有杜茶村。此詠燈船。

（其六）寥亮仙音子夜歌，檀槽激楚奏陽阿。武威法曲今猶在，絕調琵琶響玉娥。此詠武威法曲。

（其七）翩翩弱態定驚鴻，小字簪花說最工。惆悵金陵蕩子婦，尚留小印識殘紅。徐翩翩，自署金陵蕩子婦。

（其八）漢宮誰似尹夫人，第一曾推尹子春。唱到江南腸斷句，青衫憔悴感風塵。尹春，字子春。

（其九）荒園飛絮損紅闌，愁說朱家翠袖寒。留得長隄種香草，至今人識馬湘蘭。馬湘蘭於所居後築隄，人稱湘蘭隄。

（其十）曠世閒情欲秀群，風流誰似李湘眞。玲瓏小印迴文字，自把貞心鑄美人。李十娘名湘眞，字雪衣，後易名貞美，刻印曰「李十貞美之印」。

（其十一）蕊芳豪氣問誰同，縱酒高歌孫武公。玉碎香消虹氣在，果然兒女有英雄。葛嫩，字蕊芳，歸孫克，咸同殉閩中之難。

（其十二）美人遲暮感流年，開寶繁華夢若煙。此是洛城張好好，題詩誰是杜樊川。李小大，字宛君，少事豪華，晚悲流落，曼翁以張好好比之。

（其十三）眉樓畫筆問如何，硯匣梅花染黛螺。福慧無雙人第一，曲中惟有顧橫波。顧媚，字眉生，又字眉莊，眉樓其所居也。歸龔芝麓，受尚書夫人封。

（其十四）青蓮山水證瞿曇，白嶽黃山次第探。記與琵琶查八十，翦燈同譜《影梅庵》。董白，字小宛，一字青蓮，歸冒巢民，有《影梅庵憶語》。查梅史約余同譜《影梅庵》傳奇。

（其十五）記取黄絁入道來，琴中花月最堪哀。昨從錦樹林前過，猶賸埋香土一抔。卞賽，字賽賽。後爲女道士，自稱玉京道人。梅村有聽女道士卞玉京彈琴歌。墓在梁溪錦樹林祇陀庵後。

（其十六）小妹桃根說妙年，畫蘭女子最嬋娟。有人曾賦秋花影，惆悵恒河浩劫前。玉京女弟曰敏，善畫蘭。梅村有「畫蘭曲亭亭，一翦秋花影。同在恒河浩，劫前彭甘亭」，題卞敏畫蘭句也。

（其十七）藥爐經卷共溫存，雙玉才名重白門。賸水殘山煙楮在，紅閨眞有范華原。范玨，字雙玉，善畫山水。

（其十八）頓老琵琶舊譜傳，琴心三疊寫秋絃。離鸞別鳳哀如許，薄命紅粧最可憐。頓文，字小文。頓老女孫，善琴，鼓別鳳離鸞之曲，佳人中之薄命者也。

（其十九）龍友才華舊有聲，馬嬌玉貌亦傾城。勸郎殉國全忠義，更有當年方芷生。馬嬌，字婉生，歸楊龍友，不知所終。方芷生歸龍友，勸之殉節，《板橋雜記》失載。

（其二十）郤聘詞高氣薄雲，含光佳俠有精神。一編樂府《桃花扇》，占斷秦淮二月春。李香，李貞麗女，俠而慧，與雪苑侯朝宗善，阮大鋮欲納交於朝宗，香力諫止。田仰欲以重金致香，香辭曰：「妾不敢負侯公子也！」卒不往。

（其二十一）遭際多應誤貴陽，修羅兵仗太猖狂。當年何不師毛惜，留取聲名第一香。王月，字微波，有殊色。曼翁詩所謂「月中仙子花中王，第一嫦娥第一香」者是也。歸廬鳳觀察蔡。香君後爲張獻忠所得，寵壓一營。復以事忤獻忠，斷其頭以饗群賊。嗚呼！等死也晚矣。

（其二十二）匹馬南還記舊恩，香丸何處弔芳魂。虞山詩裏留佳傳，女俠誰知寇白門。寇湄，字白門，歸保國公。京師破，脱身歸秦淮。

（其二十三）薰香小像寫生綃，詞客當年說二喬。記向影香庵裏見，月明和影自吹簫。沙嫩，沙才女弟也，人以「二喬」目之。曾居吳郡，半塘有小像，藏董氏影香庵。

（其二十四）竟作明妃別故鄉，箜篌夜月怨清商。潞王城畔題詩處，愁絕秦淮宋蕙湘。宋蕙湘，秦淮女子，南都破被擄，過衛輝，有題壁詩。

（《頤道堂集》外集卷九「古今體詩」，清嘉慶十二年刻道光增修本）

【後秦淮雜詠題秦淮畫舫錄後】

（其一）題遍吳門畫舫春，又從桃葉問芳津。斜簪散髮高情在，秋影樓頭舊美人。謝玉，秦淮舊人，高情俠氣，有馬湘蘭之風，所居曰秋影樓。

（其二）如此深情見亦稀，同心何處華山畿。埋香合有鴛鴦塚，連理花開蛺蜨飛。侯雙齡，吳人，與施生有終身之訂，格於假母，相約飲酖同卒，葬雨花臺。

（其三）花下枇杷久閉門，蘭陵消息夢無痕。煙江月冷湘娥泣，一曲青溪易斷魂。陶酉兒，與毘陵生有割臂之盟。既而生負之，乃自沈於秦淮。《青溪笑樂府》謂「逼於假母而死」，尚未得其實也。

（其四）歌舞當場酒一杯，娥眉奇氣更堪哀。多情誰似詹公子，買取千金駿骨來。姚磬兒，梁四家女伶。詹湘舲眷之。梁居奇磬謂詹曰：「君誠愛妾，妾不敢惜此生以辜君意。」遂病，不服藥卒。詹買其柩歸葬之。沈芷生《群峰集》有傳，《諧譯》亦載其事。

（其五）畫筆空勞點染工，尚留餘恨在春風。桃花潭水深千尺，不及羅巾一捻紅。王翹雲舊與春痕、秋影、艷雪齊名，嘗以舌血染絹素贈汪君，紫珊松壺道人仿桃花扇故事，加點綴焉，頻伽、竹士皆有詞。

（其六）秋影春痕一樣姿，分明舉舉與師師。我來正值梨花謝，惆悵埋香瘞玉時。艷雪舊與翹雲齊名，余至秦淮適逢委化，惆悵者久之。

（其七）東風吹放孝廉船，落日新亭敞別筵。肯脫簪笄資僕馬，名姬誰似董青蓮。董宛卿慕小宛之名，因以宛卿自號。桐城姚公子將賦計偕，困於僕馬，宛卿傾囊橐助之。

（其八）水閣停箏掩曲闌，天風吹袖羽衣寒。多情誰似徐司馬，修到文簫伴彩鸞。吳藕香識稼庭司馬於失意中，既而孑身自歸，甘列諸姬之末，稱宜家焉。

（其九）蘭摧蕙折掩修蛾，從古嬋娟恨事多。我識吳門王騎尉，綠波春水竟如何。周寶琴於七夕生有三生之訂，有湯某者以重貲啗其父，寶琴遂鬱鬱以死。春水綠波，寶琴與生觴政隱語也。

（其十）幽花香露濕冰紈，定有閒情賦曉寒。留得繡餘清課在，風流仿佛見湘蘭。馬又蘭，字閏湘，善畫蘭，小印曰「繡餘清課」。

（其十一）桃源初到已迷津，雨露餘香一樣春。燕子鶯兒各新嫁，宮家水榭更無人。宮雨香、露香同居聽春樓。

（其十二）青門才子最風標，孝穆文章重六朝。笛步秋花誰第一，雕闌移種美人蕉。趙小如，桐華女也，青浦邵子山以美人蕉比之。邵官中州，載與俱往。《邃步秋花譜》，邵所作也。

（其十三）一翦湘花已絕倫，凌波微步不生塵。那知別有穠華在，紅玉酣春絕世人。單芳、蘭小玉同居，蘭修玉潤，未易軒輊。

（其十四）吳娘風貌最清華，荳蔻香溫膩絳紗。七字新詩早移贈，春人嬌似未開花。吳蔻香「春人嬌似未開花」七字，余在吳門口占贈陸鬘雲句，捧花生借贈蔻香。

（其十五）畫舫新編有盛名，倚雲高閣最多情。情禪參透《紅樓夢》，曾識吳門高玉英。金袖珠，吳門人，居倚雲閣。高玉瑩，秦淮人，居吳門。兩人皆熟於《紅樓夢》。

（其十六）玉樹瓊枝定出群，芙蓉曼睩似文君。青衫司馬今何在，愁絕煙江日暮雲。文心，字馨玉，廣陵人。

（其十七）樂府新歌武媚娘，盧家原有鬱金堂。美人種罷宜男草，依舊湘花一種香。武佩蘭。

（其十八）國色天然數牡丹，瓊琚親見羽衣寒。許教寫韻軒中住，第一仙人是采鸞。吳玉徽，花明雪艷，兼通文義。曾以所居相假，為題停雲水榭額。

（其十九）欲與蘭嬰小字題，燕髾未鬌髮初齊。願兒自秘瓊蕤玉，好作蓮花莫染泥。吳玉齡、雙齡。玉齡字又香，余為易之曰幼香。

（其二十）瘦影幽香更一枝，藥爐煙澹夕陽時。樊川姓氏人猶識，臨別殷勤索我詩。張寶齡子蓉裳工韻語，乞余題詩，因與梁溪農部同名，更字之曰蓉卿。

（其二十一）玉樹瓊枝連苑栽，雙花鏡裏共徘徊。美人自古如名士，我識江東二陸來。陸素月、韻香。

（其二十二）澹粉輕煙是蔣州，《板橋雜記》泝前修。有人畫舫編新錄，惆悵春風十四樓。《秦淮畫舫錄》，車君秋舲所作，曾貽書乞余爲序。

（其二十三）我亦人間過半生，吳宮花月有虛名。偶來小住青溪曲，更與題詩唱石城。《吳門畫舫錄》，董君竺雲所作，錄中余詩爲多。

（其二十四）歸帆容易又江湖，回首前遊夜月孤。有約停雲新水榭，重來更與覓遺珠。淡句小住，聞見無多。珊網遺珠，當俟諸異日耳。（《頤道堂集》外集卷九「古今體詩」，清嘉慶十二年刻道光增修本）

【題吳清如廣寒秋樂府】

記從畫舫見雲英，一鏡春波照影明。信有才人嫁廝養，可無名士悅傾城。神仙慧業三生事，兒女悲歡一種情。七子騷壇最英絕，莫將花月誤才名。（《頤道堂集》外集卷十「古今體詩」，清嘉慶十二年刻道光增修本）

陸繼輅

陸繼輅（1772～1834），字祁孫，一字修平，陽湖（今江蘇武進）人。幼孤，生母林嚴督之，非其人，禁勿與遊。甫成童，出應試，得識丁履恆。歸告母，母察其賢，始令與結。其後益交莊曾詒、張琦、惲敬、洪飴孫輩，學日進。嘉慶五年（1800）舉人，選合肥訓導，以修安徽省志敘勞遷貴溪令，三年引疾歸。繼輅儀幹秀削，聲清如唳鶴，不以塵務經心，惟肆力於詩，清溫多風，如其人也。著有《崇百藥齋詩集》、《崇百藥齋文集》等。戲曲方面，作有雜劇《碧桃記》、傳奇《洞庭緣》，與莊逵吉合撰傳奇《秣陵秋》，爲吳階續成傳奇《護花幡》。見《清史稿》卷四八六、《晚晴簃詩匯》卷一一四等。

【萬十一護花幡樂府】

（其一）燕宛從消錦瑟絃，晶簾不枕道書眠。崔郎可也無聊甚，願作鴛鴦又羡仙。

（其二）蹙損紅巾入夢遲，封姨恩重兩心知。明年東苑春依舊，愁殺桃枝更柳枝。

（其三）擬乞司香願太賒，此生無分餌丹砂。惟應化作芊芊草，綠遍天涯儭落花。（《崇百藥齋文集》卷四，清嘉慶二十五年刻本）

【吳門曲為萬十一作】

柔桑遍南陌，盡日聞啼鳩。吳門有好女，日出不下樓。自言年十五，未識桂枝勾。十一弄長笛，十二彈箜篌。十三啓朱唇，一曲雙縑酬。雙縑知不惜，八口矜良謀。強顏爲君歡，背燭掩妾羞。詎識姹女錢，悲與嬰兒侔。頻年既溫飽，稍欲託蹇修。賤妾念恩知，父母貪營求。一朝逐鵶飛，清淚無停流。使君宰吳門，寧復聽此不？生女禁學伎，德重適山邱。使君發長歎，聽樂生煩憂。作俑伊何人，比屋聞清謳。紅顏諒多誤，慧業當自尤。十女活百人，禁止非嘉猷。耕織素弗習，饑寒定誰收。易俗自有本，望古心悠悠。（《崇百藥齋文集》卷四，清嘉慶二十五年刻本）

【自題洞庭緣曲並呈李兵備】

（其一）畫諾纔完日未徧，白雲如鏡照華筵。春鶯小部傳呼急，唱我黃河遠上篇。

（其二）醉牽歌袖醒先忘，卻聽人傳小杜狂。說與使君渾不覺，玉山筵上任頹唐。

（其三）百意憐才諱客痴，一燈選夢製新詞。少年枉自夸仙骨，愁絕文簫證道時。

（其四）親量玉尺贈明璫，水府能容詞客狂。欲酹一杯和淚酒，煙波夢影太微茫。

（其五）重翻舊曲觸閒愁，向譜《秣陵秋》曲，兵備命家伶習之。同把清尊話昔遊。恨我識公遲十載，一簾秋影獨登樓。

（其六）豪絲激竹動春潮，樂府新傳海上謠。《海上謠》，兵備所作。我亦歌聲出金石，尊前吹裂小紅簫。（《崇百藥齋文集》卷四，清嘉慶二十五年刻本）

【題蔣心餘先生四絃秋樂府】

苦竹黃蘆又幾秋，青衫長汝淚痕浮。琵琶一曲忽忽罷，愁絕歸人上水舟。（《崇百藥齋文集》卷五，清嘉慶二十五年刻本）

【虞美人・保緒製海燕記院本每夕挑鐙成一折輒抗聲而歌余臥聽之口占此解】

閒宵不放懨懨醉，夢比秋雲碎。傷心遮莫損朱顏，更不傷心何計遣長年。　　英雄兒女愁難寫，一例拋空罷。無端春影又關情，記得斜陽親聽落花聲。（《崇百藥齋文集》卷十三，清嘉慶二十五年刻本）

【唐建中年韓晉公所進大小忽雷相傳小者猶在人間為雲亭山人所藏繼蓮龕同年得之以贈劉燕庭郎中燕庭出視索詩】

（其一）風外煙雲劫後灰，吉金樂石費疑猜。是誰護取傷心物，留與人間譜可哀。

（其二）絕技由來少繼聲，隔牆省試鄭中丞。忽忽兩度羅衿淚，我覺生離更不勝。

（其三）官家聲律擅千秋，法曲曾煩天上求。一自抄羅檀進御，蜀中歲歲動邊愁。

（其四）干卿何事爲沾衣，鳳尾龍香是也非。試數一朝離別恨，眞妃仙去又賢妃。

（其五）金陵嫺雅似前朝，簾外春寒韻更嬌。招取柔儀宮裏月，流輝照我賦燒槽。

（其六）詞臣出鎮太忽忽，一曲琵琶聽未終。此日青衫尋舊淚，江南花落不相逢。悼蓮龕之亡也。

（其七）塡詞并憶孔東塘，一扇桃花淚萬行。又似檀槽無別恨，千年住世閱興亡。（《崇百藥齋三集》卷七，清道光八年刻本）

鄧廷楨

鄧廷楨（1776～1846），字嶰筠，江寧（今江蘇南京）人。嘉慶辛酉（六年，1801）進士，歷官閩浙總督、甘肅布政使、陝西巡撫等。蠏筠自詞曹出守，聲績甚著。其詩於藻麗豐縟之中存簡質清剛之制，其品第與雲左樓相伯仲也。著有《雙硯齋詩鈔》。見《清史稿》卷三六九、《晚晴簃詩匯》卷一一六等。

【觀劇絕句十二首】

（其一）斜封敕下玉妃來，露井桃花昨夜開。從此六宮無粉黛，樓東閒煞一枝梅。

（其二）金釵鈿合笑相偎，死死生生不化灰。卻怪玉魚從葬後，肯教方士重攜回。

（其三）山鬼羅衣詎等閒，倚樓讀罷淚斑斑。一杯自酹空同劍，要爾收京破祿山。

（其四）慷慨長歌更短歌，梨園白髮奈愁何？霓裳舊譜淋鈴曲，併入琵琶血淚多。

（其五）非想天連兜率天，梨花深院玉嬋娟。眉痕鬢影匆匆過，臨去秋波劇可憐。

（其六）斗帳垂垂疊浪紋，巫山十二夢朝雲。有人背立紅窗外，露溼泥金蛺蝶裙。

（其七）藕花香裏兩鴛鴦，閒理金徽勸玉觴。知否王孫春草綠，有人相對泣糟糠。

（其八）喁喁恩怨素心違，底事當歸卻不歸。君莫斷腸儂有意，嫁雞原要逐雞飛。

（其九）紅袖參禪悔昨非，散花天女愛花飛。從今撇下蒲團去，不著雲堂壞色衣。

（其十）險語驚人棒喝同，冷泉亭上滑稽雄。暫時辜負西來意，丞相新封益國公。

（其十一）漫灑英雄淚幾行，禪心壯志兩荒唐。天涯從此無拘管，一路西風米汁香。

（其十二）花天酒地度人難，雲水瀟湘倚醉看。便做神仙也辛苦，又攜甆枕下邯鄲。（《雙硯齋詩鈔》卷七，清末刻本）

宋翔鳳

宋翔鳳（1777～1860），字于庭，嘉慶庚申（五年，1800）舉人。泰州學正，丁憂服闋，改旌德訓導，保舉知縣。試吏湖南，以才幹爲大吏所知。歷任劇邑，以州牧致仕。咸豐己未（九年，1859）重宴鹿鳴，加知府銜。明年卒。翔鳳少跳盪，不樂舉子業，嗜讀古書，不得則竊衣物易書。祖父夏楚之，不能禁。比長，淹貫群籍，尤長於經，謂《大學》爲《禮記》四十九篇之一，首尾完具，脈絡貫通，無經傳之可分，無闕亡之可補，爲《大學古義説》上、下兩篇。又爲《論語説義》十卷。於孟子則有《孟子趙注補正》六卷，别輯《劉注》一卷。平生精治小學，爲《小爾雅訓纂》六卷，又有《過庭錄》十六卷，《樸學齋文錄》四卷。兼工詩詞，雋雅可誦。見《（同治）蘇州府志》卷八九、《清史稿》卷四八二等。

【虎坊橋雜詩十二首（之六）】

竟夕酣歌去，諸君總恨人。鵾弦聊一撥，羯鼓已三巡。人影留殘月，花香殢晚春。相從且休别，怕攫六街塵。鐵雲、蘅圃、子筠、家梧岡、

叔野雲山人俱精度曲，每酣歌泥飲，必三鼓乃散。(《憶山堂詩錄》卷五，清嘉慶二十三年刻道光五年增修本)

【虎坊橋雜詩十二首（之七）】

斷續官街鼓，騷人夢未成。起來無限恨，譜作不平鳴。銕雲、子筠同譜院本。四上招魂曲，千秋弔古情。忽聞呼宋玉，白月已三更。(《憶山堂詩錄》卷五，清嘉慶二十三年刻道光五年增修本)

【讀舒銕雲位新譜院本三種各繫一詩】

（其一）長安下弦月，凄冷照客帷。碧天幾萬尺，團欒知有期。蟾蜍不能語，顧兔情在茲。請君夜窗底，更譜月蝕詩。《吳剛修月》。

（其二）小來抱篇策，能誦《禹本紀》。雲漢萬古明，支祁幾回死。可憐窮源人，高歌尙燕市。夜起愁客星，漸歷南戒裏。《張騫訪星》。

（其三）掉頭去朝市，朝朝寫遠山。別史繼《虞初》，忽涉宮禁閒。百年歎禍水，一曲傾珠盤。參差及琵琶，爲我續續彈。《飛燕外傳》。(《憶山堂詩錄》卷五，清嘉慶二十三年刻道光五年增修本)

【望江南・葉懷庭遺像】

橫塘路，聞說住詞仙。破夢月沉珠箔冷，倚樓風定玉笙寒。法曲尙人間。　仙去後，此卷未叢殘。舊事青裙悲白髮，新聲紅豆記香鬟。風貌識溪山。(《浮谿精舍詞》，陳乃乾輯：《清名家詞》第七卷，上海書店1982年版，第43頁)

湯貽汾

湯貽汾（1778～1853），字若儀，號雨生，江蘇武進人。襲雲騎尉世職，歷官樂清協副將。引疾去官，嘗入東軒吟社。既而僦居江甯，葺精舍，焚香鼓琴，翛然有塵外致，海內名士多從之遊。咸豐三年（1853），江甯陷，賦絕命詞投城北李氏園池死，年七十有六。事聞，賜祭葬，謚貞愍。貽汾累世忠藎，居官有政績，風流文采，傾動一時。畫爲嘉、道後大家，與戴文節同稱絕藝、同完大節，齊名畫苑，上繼四王、惲、吳諸家。詩亦卓然作者，歌行尤勝，有沈毅之氣流露行間。清朝畫家工詩者南田最爲超絕，貽汾之俊健，殆堪追配。著有《琴隱園詩集》。戲曲方面，作有雜劇《逍遙巾》和傳奇《劍人緣》。見《國朝先正事略》卷四三、《歷代畫史彙傳》卷三二、《晚晴簃詩匯》卷一四〇、《(民國)杭州府志》卷一七〇等。

【贈女伶】

時樣花簪雀啄梅，蝶裙飛逐不離開。前番拙煞氍毹步，阿姊弓鞵錯著來。（《琴隱園詩集》卷四，清同治十三年曹士虎刻本）

【自題劍人緣傳奇】

（其一）舉世論交渭與涇，英雄終古會飄零。平原底幸逢朱亥，郭解何妨老白丁。豈有神仙能度世，祇應林壑可忘形。公侯不過榮朱紫，難得湖隄柳眼青。

（其二）幾見逢時似馬周，北平飛將那無愁。也知憂患中年集，可有勳名異日酬。入手三杯忘宇宙，橫腰一劍息恩讎。全腔熱血頻誰灑，珍重知音菊部頭。（《琴隱園詩集》卷七，清同治十三年曹士虎刻本）

【蔣耕侶小紅雪樓圖】

十年蔣詡在天涯，今日知君尚有家。三世交俱託文字，千秋人解說梅花。樓前白鶴都名士，畫裏青山識阿爺。絕憶開元多舊曲，幾時爲我按紅牙。謂心餘先生《紅雪樓》樂府。（《琴隱園詩集》卷十，清同治十三年曹士虎刻本）

【新夏與內子飲琴隱園（之一）】

蝶拍鶯簧柰老何，新詞手製惱情魔。小紅歌曼風光麗，大白浮頻笑語多。時侍女歌予《劍人緣》傳奇。長短吟箋多覆瓿，春秋佳日惜飛梭。塞翁幸有閒居福，不見沙場倦枕戈。（《琴隱園詩集》卷十一，清同治十三年曹士虎刻本）

【塞上閒居偶檢周伯恬儀暐孝廉在嶺南時為予作劍人緣樂府序】

拊髀依然負壯懷，唾壺擊缺悵時乖。孤忠可有天能鑒，一劍終無地可埋。忍把雲煙追往事，恐將詩酒畢吾儕。紅兒老矣周郎別，身在天涯夢海涯。（《琴隱園詩集》卷十二，清同治十三年曹士虎刻本）

【自題逍遙巾雜劇】

（其一）遊戲能工便是仙，相逢苦問去來緣。班龍輸卻騎茅狗，我自羞還舊洞天。

（其二）何處青山不愛君，勸君莫問葛仙墳。在羅浮。煙霞本是詩人物，豈用神仙手裏分。

（其三）介幘何須笑竹皮，蘿襟蕙帶雅相宜。若非菊畔因風落，料汝從無著地時。

（其四）望斷天山雪裏春，幾時重得話鱸蓴。唾壺擊缺誰相問，盡是吹笳聽角人。（《琴隱園詩集》卷十四，清同治十三年曹士虎刻本）

【朱茗山增見題逍遙巾傳奇以予今春遊蔚未獲識面為恨次韻答之】

久矣朱門厭曳裾，臨邛今尚客相如。一春不倦登山屐，百里偏遲問字車。羅雀我原荒逕冷，摶沙君亦故人疏。肯因顧曲來過否，美飲猶能解佩魚。（《琴隱園詩集》卷十四，清同治十三年曹士虎刻本）

【哭綬兒（之四）】

一臥滄江鬢未蒼，豈知先我熟黃粱。若教射虎身同健，或許屠鯨志共償。術士無靈羞舌在，騷人有淚痛琴亡。從今絲竹皆嵇散，兒工琴兼擅竹肉，予所著傳奇諸種，能按譜教婢子輩歌之。寂寞東山徑欲荒。（《琴隱園詩集》卷三十一，清同治十三年曹士虎刻本）

【七十感舊（之五十二）】

一裘三十載，三涅西華塵。寒鵲無枝栖，翻羨籠禽馴。長安索米艱，鬻畫資昏晨。世無洛陽令，僵臥誰相聞？亦有長者車，排闥來論文。刺字大於掌，自非尋常人。坐上不嫌滿，囊中豈辭貧？有酒必盡歡，燭跋恆宵分。萍逢感青眼，開徑羅嘉賓。奉爵共稱壽，筵前菊部陳。回頭蕭寺孤，清淚還紛紛。都門武陽會館，選人可居，適無空舍，乃寓虎坊橋即陞店。小松刺史於役，至都過予，知鬻畫爲活，還滄即寄助五十金。其後索詩徵畫者踵至，坐客恆滿。過從最數者法時帆祭酒，陳鍾溪侍郎，陳石士、劉芙初兩編修，丁若士明經，周伯恬、樂蓮裳、楊惕庵三孝廉，陳受笙、夏伯恬二茂才，管椒軒上舍，李芸甫工部，吳伯新庶常，程芝珆大理，吳碧崖鑾儀，呂仲英、趙季由二户部，吳蘭雪舍人，屠琴鴝大令，族子藝卿。張愛州守以予初度，演劇爲壽，知愛之感不忘也。（《琴隱園詩集》卷三十二，清同治十三年曹士虎刻本）

【七十感舊（之六十）】

我客有徐孺，鎖骨聆珊然。放衙厭清坐，相對手一編。梅州多佳士，佼佼李、楊、顏。談藝輒忘寐，各有筆如椽。酒既不嫌薄，烹亦不求鮮。知我喜吟友，諒我少俸錢。太邱有經史，長統無園田。時還曳珠履，偕至坐馬韉。銷夏酌蕭寺，尋秋詠高山。官閒母安健，此樂人垂涎。客我者嘉應徐又白有鎖子骨之異，繼至者嘉應李秋田、楊秋衡、顏湘帆並工詩文。興甯陳疇主講墨池書院。泰州仲雲澗，柘庵之兄，工填詞，著有傳奇十六種。皆常相過從，嘗偕盂蘭寺觀荷、神光山登高。（《琴隱園詩集》卷三十二，清同治十三年曹士虎刻本）

【七十感舊（之六十一）】

韓江艤六篷，一聽軍門角。鱷徙水犀閒，馬肥年穀熟。觀察我親知，政簡無留牘。花飄舞袖風，月避歌臺燭。且盡今日懽，共道此間樂。湘橋仙躅迷，粉黛爭芳馥。讀殘鸚鵡碑，醉倒鴛鴦褥。潮州謁鎮軍張公，邀同惠、潮觀察崔雲客景儀夜宴觀劇，雲客爲錢文敏公外孫，浣青夫人子。（《琴隱園詩集》卷三十二，清同治十三年曹士虎刻本）

【題金檜門德瑛總憲觀劇詩卅首遺墨】

（其一）撲朔迷離夢幻身，輸伊彩筆替傳神。尙嫌世態描難盡，描到描摹世態人。

（其二）不是鼇頭絕頂才，九霄唾落萬瓊瑰。風流漫認旗亭客，曾聽霓裳天上來。

（其三）煙雲變幻太無窮，顫盡宮花顧曲工。有幾開元遺老在，後堂曾醉管絃中。

（其四）無處重尋舊錦堂，白頭誰與話滄桑。悲歡賸有青山證，五十年前傀儡場。（《琴隱園詩集》卷三十五，清同治十三年曹士虎刻本）

【靖逆侯張公故居】

華屋潭潭錦樣春，繁華猶自說居民。幸逢聖世成名易，豈料侯門易主頻。青士尙知前代事，烏衣可識後堂人。越臺歌舞還如夢，誰向瓜畦訪隱淪。侯裔秉樞襲爵，後以散秩大臣官廣東副都統，罷歸京師。以在粵畜歌伶被議，嘗與予同官京江、廣州。（《琴隱園詩集》卷三十五，清同治十三年曹士虎刻本）

【寄㮘兒】

武昌雙鯉來昇州，云汝已過黃鶴樓。張甥仲遠令武昌，兒道出其地。衡陽失卻東道主，擬留家人於衡，今衡守伍仲常以憂去。八口那免危城投。

昨宵夢汝印懸肘，快見提戈戮群醜。別時羸瘦今何如，努力無忘忠孝後。我雖孤寂解自寬，晨昏賴有掌珠看。謂新育印兒。更有新來強意事，不教絲竹輸東山。有楚人王彩能歌余《劍人緣》樂府，願教演梨園。來年亮陰既免，可使登場。（《琴隱園詩集》卷三十六，清同治十三年曹士虎刻本）

楊夔生

楊夔生（1781～1841），初名承憲，字伯夔，號浣薌，江蘇金匱（今江蘇無錫）人。監生，官順天薊州知州。家世能詞，涉歷諸派，不專一格。著有《過雲精舍詞》二卷、《眞松閣詞》六卷、《續詞品》一卷、《匏園掌錄》一卷等。見《賭棋山莊詞話》續編卷五、《匏廬詩話》卷下、《清人詩文集總目提要》等。

【滿庭芳・秦淮水榭聽人度桃花扇樂府】

蕩屋春風，連江夢雨，碧光微逗朝絲。哀箏一拍，幾柱玉參差。寂寞寒濤東起，興亡恨、付與歌兒。人何處，荒涼酒社，鵾歡蔣侯祠。

相思，紅淚盡。幅巾短髮，重感棲遲。便沙才董白，唱遍新詞。總是風花無賴，春欲去、我正愁時。憑闌望，青旗腰鼓，惆悵六朝詩。

（《眞松閣詞》卷一，清道光十四年刻本）

沈兆澐

沈兆澐（1783～1886），字雲巢，直隸天津（今天津）人。嘉慶庚午（十五年，1810）舉人，嘉慶丁丑（二十二年，1817）進士，改庶吉士，授編修。歷官江安督糧道、浙江布政使，謚文和。著有《蓬窗錄》、《義利錄》、《實心編》、《仰止編》、《易義輯聞》、《尚論編》、《發聲錄》、《康文拾遺》、《織簾書屋詩文鈔》、《詠史詩鈔》等。見《清秘述聞續》卷三、《（光緒）重修天津府志》卷四三等。

【戲詠傀儡】

巧技曾傳始偃師，衣冠也自表威儀。登場爭羨頭高出，舉步全憑柄倒持。認假爲眞原戲劇，隨人作計總支離。聽來傳語多無味，可有胸中自吐詞。（《織簾書屋詩鈔》卷九，清咸豐二年刻本）

【為金蘭生二尹題其先德檜門先生觀劇詩冊】

霓裳記詠大羅天，傀儡相逢舞綺筵。北海尊罍消永夜，東山絲竹感中年。當場妙寫傳神筆，諷世眞逾詠史篇。遊戲詩成遺墨寶，漫將

遊戲視詩仙。（《織簾書屋詩鈔》卷十二，清咸豐二年刻本）

孫蓀意

孫蓀意（1783～？），字秀芬，號苕玉，浙江仁和（今浙江杭州）人。候選訓導震元女，蕭山高第繼室。苕玉幼而失母，其父授以詩法。年未及笄，即有詩若干卷。迨歸於高夫，亦名士也。閨房酬唱，彼此各稱畏友。有《貽硯齋詩稿》，苕玉兼擅倚聲，又有《衍波詞》二卷。駢體、尺牘，並皆佳妙。性愛貓，嘗集古今事實著《銜蟬小錄》，實閨閣中之未易才也。見《兩浙輶軒續錄》卷五三、《名媛詩話》卷四、《然脂餘韻》卷四、《靈芬館詩話》卷一〇、《國朝詞綜續編》卷二三、《清續文獻通考》卷二七四、《（民國）杭州府志》卷一五七、《晚晴簃詩匯》卷一八六等。

【賀新涼・題紅樓夢傳奇】

情到深於此。竟甘心、爲他腸斷，爲他身死。夢醒紅樓人不見，簾影搖風驚起。漫贏得、新愁如水。爲有前身因果在，拌今生、滴盡相思淚。憑喚取，顰兒字。　　瀟湘館外春餘幾。襯苔痕、殘英一片，斷紅零紫。飄泊東風憐薄命，多少惜花心事。攜鴉嘴、爲花深瘞。歸去瑤臺塵境杳，又爭知、此恨能消未。怕依舊，鎖蛾翠。（《衍波詞》卷二，清嘉慶十二年額粉盦刊本）

斌　良

斌良（1784～1847），字備卿，又字笠耕，號梅舫，姓瓜爾佳氏，滿洲正紅旗人。廕生，由主事官至刑部侍郎，駐藏大臣。笠耕名家貴蔭，少隨父達齋尚書浙撫任。阮文達方視學，從其幕中諸名士遊，即耽吟詠。後歷官中外，數奉使西北邊塞，山川行役，多見詩篇。集中與張船山、吳蘭雪、姚伯昂諸人唱和最多，亦蘭錡中風雅眉目也。著有《抱沖齋詩集》。見《後湘詩集》續集卷六、《國朝詩人徵略二編》卷六二、《晚晴簃詩匯》卷一二二等。

【戲題桃花扇傳奇後】

（其一）黨禍東林半激成，一時倜儻重侯生。如何國恥無人雪，門戶空嚴復社名。

（其二）翠樓天際響雲璈，蠻榼犀樽鬥豔天。珍果拋來心欲醉，仙郎帕底拾櫻桃。

（其三）排難翻令愈結仇，阮郎空費助纏頭。多情龍友殷勤護，半附清流半濁流。

（其四）丁家閣子水雲涼，鐙舫秦淮獨擅長。一自秣陵簫鼓歇，不堪回憶舊端陽。

（其五）王孫驄馬漫句留，碧玉生來只慣愁。楊柳板橋人去也，春光深鎖媚香樓。

（其六）草草南朝短夢過，中興事業託笙歌。深宮半夜傳中旨，不選熊羆選翠蛾。

（其七）半壁山河獨障難，孤忠力盡泣空壇。江流不轉留遺恨，嶺上梅花萬古寒。

（其八）無端鉤黨激紅裙，燕子樓頭泣暮雲。便面花穠人面改，平康佳話屬香君。

（其九）忠勇甯南肯拔都，貔貅無那乏軍儲。不聞清議安雄鎮，匡救翻憑幕府書。

（其十）粉冷香殘舊院春，金荃蘭畹總傷神。休輕鶯燕閒言語，勝國興亡記最眞。（《抱沖齋詩集》卷四「望雲陟岵集一」，清光緒五年崇福湖南刻本）

【正月十六日同姚鷹青太史徐星伯中翰陳太守俊千見亭太守麟慶城外觀劇向晚入城看鐙】

春風邀客共飛觥，花襲攔堂暢舞輕。弛夜漫愁魚鑰鐍，迴車猶聽鳳簫鳴。雪融繡陌疑過雨，雲埽浮嵐欲入城。聯臂踏鐙歸恰好，圓冰纔向畫樓生。（《抱沖齋詩集》卷十二「天閑勤字集二」，清光緒五年崇福湖南刻本）

【留別陟廷司馬四律錄二（之二）】

良朋諒直荷規箴，送抱推襟洽素心。燕子巢痕遊跡換，桃花潭水別情深。回車豈避朝歌邑，瀋陽向不准演劇。勵節曾辭暮夜金。漫悵連床疏軾轍，起居八座免遙臨。松岑前授秋卿，未得抵瀋，復改補京師容臺之任，太夫人可免跋涉之勞。（《抱沖齋詩集》卷三十三「瀋陽還京集一」，清光緒五年崇福湖南刻本）

【春日過天后宮遇董事余生金墀託向海船買書偶贈四截（之四）】

佛鐙權當春鐙看，賽會笙簧共賞音。萍水相逢程不識，烹魚時話

雪窗深。吟橋與余生時時過從。（《抱沖齋詩集》卷三十二「瀋陽還京集一」，清光緒五年崇福湖南刻本）

【三月二十七日行抵撫甯縣適逢村中天齊廟賽會鐙火熒煌笙歌徹夜村人觀劇圍繞廣場頗厭喧聒遂避至白衣庵禪寮小坐堦下植牡丹一株穠豔異常數十朵大如盤盂為關中所僅見寺僧鑿圓炙燭照之玩賞不置并言城北山中有椒園寺饒松栝花木之盛邀予明晨紆道過訪喜題方丈壁間】

清遊成邂逅，白板夜深撾。誰料清涼域，偏栽富貴花。穠香然燭照，翠管隔牆譁。明發都籃辦，雲堂細啜茶。（《抱沖齋詩集》卷三十三「瀋陽還京集一」，清光緒五年崇福湖南刻本）

謝元淮

謝元淮（1784～？），字鈞緒，號墨卿，松滋（今屬湖北）人。歷官廣西右江道。著有《養默山房詩稿》、《海天秋角詞》、《碎金詞》等。見《國朝詞綜補》卷三一、《國朝詞綜續編》卷一一、《晚晴簃詩匯》卷一二二等。

【題療妒羹傳奇後】

（其一）氤氳錯注鴛鴦牒，詞客偏傳《療妒羹》。世上庸庸何足數，最憐薄命屬傾城。

（其二）姿才絕世本仙眞，暫謫塵寰定有因。猶幸小青遭妒死，不教廝養誤才人。（《養默山房詩稿》卷二十七梁溪集，清光緒元年刻本）

【重過露筋感懷陶文毅公（其二）】

東風一夜轉銅烏，銜尾帆檣利挽輸。湖上神絃迎送曲，至今猶唱《禱冰圖》。《禱冰圖》傳奇，演文毅巡漕時事。（《養默山房詩稿》卷二十八楓覲集，清光緒元年刻本）

【嘯劍吟（之十四）】

大巧不若拙，大智不若愚。巧智有時盡，愚拙自守常安舒。西洋諸夷誇奇巧，察地觀天抉幽眇。自鳴鐘表測時辰，不如村媼意度隨口道。夜半生兒雖倉卒，揣量曾未差分杪。奈何戰鬥懾虛聲，轉畏船礮墮虛狡。逆夷每以船堅礮利恐嚇漢人。予前在上海，見浙江所獲夷人鐵礮二，各重七百餘斤，長僅五六尺，尾粗頸細，點放時須以繩繫其後，否則轉尾向前，如翻筋斗狀。喫藥一二斤，其礮口内三四寸，薄於礮頸者半，蓋其礮子最大，以之封門，半在礮口之外，燃火轟放，子雖遠擊並未紅透，不過墜地而已。是以各處所得夷人礮子，重者三四十斤，所擊之地，並無大損，而聞者色動，蓋爲虛聲所懾云。堂堂之陣正正旗，一勇能將千僞掃。試看粵東義民奮臂一呼集者皆忠良，陣誅伯麥如刲羊，義律突圍奔踉蹌。乃有廣州太守擁護使遁藏，至今院本傳詞場。廣東有戲目八十餘回，專記英夷犯廣時事。(《養默山房詩稿》卷三十一眞州集，清光緒元年刻本)

郭尚先

郭尚先（1785～1833），字元開，號蘭石，福建莆田人。嘉慶己巳（十四年，1809）進士，官至大理寺卿。以工八法名嘉、道間，作字甫脱手，輒爲人持去。片縑寸楮，咸拱璧珍之。中年以後，幾與董思翁方駕齊驅。在京時，索書者趾接於户，尚先每呼酒飲至醉，方濡染落紙，故生平應酬，書時有不經意處。惟署跋金石，鉤稽眞贋，手題掌錄，恆矜莊研究，不肯率意下筆，獨得晉唐無諍三昧。或以泥金盡書每冊餘紙，凝厚婀娜，並露毫端。著有《芳堅館題跋》、《增默菴詩遺集》等。見《國朝書人輯略》卷八、《晚晴簃詩匯》卷一二一等。

【觀桃花扇雜劇】

黃紙傳僉菊部頭，小朝天子竟無愁。未容舊院藏盧婦，誰解新亭泣楚囚？求劍忍教埋獄底，投鞭已報斷江流。可憐一代興亡局，結向秦淮十四樓。(《增默菴詩遺集》卷一，清光緒十六年刻吉雨山房全集本)

姚　瑩

姚瑩（1785～1853），字石甫，一字明叔，號展如，安徽桐城人。嘉慶戊辰（十三年，1808）進士，授福建平和知縣，調龍溪。俗健悍，械鬥仇殺無虛日。瑩擒巨惡，立斃之。收豪猾爲用，予以自新。親巡問疾苦，使侵奪者各還舊業。誓解仇讎，擇強力者爲家長，約束族眾。籍壯丁爲鄉勇，逐捕盜賊。有犯責，家長縛送。械鬥平，盜賊亦戢，治行爲閩中第一。調台灣，署海防同知，坐事落職，尋復官。父憂歸，服闋，改發江蘇，歷金壇、元和、武進，遷高郵知州，擢兩淮監掣同知，護鹽運使。先後疆吏趙慎畛、陶澍、林則徐皆薦其可大用。歷官湖南按察使。石甫濡染家學，才思飆發。其從祖惜抱先生嘗評其詩謂：「其求進於聲色臭味之外，然不可速成，俟其自至。此關未透，則只在尋常境界耳。」所以期許之者甚厚。著有《後湘詩集》。見《清史稿》卷三八四、《晚晴簃詩匯》卷一二〇等。

【乙酉重經平和士民遮留不已勉為再宿眾人演劇相賀詩以酬之】

昔年爲政愧甘棠，此日重經似故鄉。江海有蟲妨射影，兒童何事競焚香。稻田百級雲中秀，芬艸千家雨後黃。便與諸君留一醉，不須紅袖勸飛觴。（《後湘詩集》二集卷一「古近體詩」，清同治六年姚濬昌安福縣署刻中復堂全集本）

張祥河

張祥河（1785～1862），字元卿，號詩舲，江蘇華亭（今上海松江）人。嘉慶二十五年（1820）進士，官工部尚書。工書善畫，得董香光及其先天瓶居士家法，詩亦守婁東宗派。早歲筆力精悍，幾欲駕吳白華、王蘭泉而上。初刻詩稿十二卷，爲姚春木、毛申甫、王海客所參訂，多可錄者。續稿二十卷，雖吟興不衰，而多涉酬應。嘗自言爲詩喜對賓客，不耐苦思。曾謁姚姬傳於鍾山書院。著有《小重山房詩詞全集》。見《國朝詞綜補》卷三〇、《國朝詞綜續編》卷八、《清史稿》卷四二一、《晚晴簃詩匯》卷一二八等。

【高陽臺・與徐星伯曹玉水兩舍人集葉雨軿太守齋贈歌者似蘭次雨老原韻】

寫影花初，評香露晚，問誰鏤管生春。譜到離騷，湘君定是前身。窺簾月去瞢騰醉，送江潮、幾簇秋星。檃括二劇。恁盈盈，並入眉梢，異樣芳情。　　枯禪肯負填詞手，但盟心印素，證果知因。結佩天涯，飛來一片癡雲。蘼蕪夢斷楓橋路，蕩吳波、畫境非眞。莫銷魂，草草銜杯，有箇愁人。（《小重山房詩詞全集》詩舲詞錄卷二，清道光刻光緒增修本）

【李雲生太守憶長安傳奇書後】

（其一）鄜州月共古人看，舊址羌村土木完。新建拾遺祠於羌村。他日錦城祠祭日，神絃齊唱《憶長安》。

（其二）故交愕散畫師傳，萬里傷心邂逅邊。陷賊當年鄭司戶，更誰訣別到重泉。

（其三）丹心爲國爲朝堂，長恨何爲諷漢皇。野老吞聲曲江上，但傳侍輦及昭陽。（《小重山房詩詞全集》鶴在集，清道光刻光緒增修本）

【六月初九日萬壽聖節侍宴同樂園恩賞如意等件恭紀】

拜颺禮畢又分曹，同樂園中末坐叨。正大光明殿行禮畢，即趨同樂園觀劇，預派者四十六人，分東西邊入坐。樞禁前塵頻槖筆，曩充軍機章京時，曾直御園入次。液池新漲喜添篙。往還園中，均以船渡。隨班屬國恩尤普，詔許琉球國使臣翁俊、阮孝銓，西邊另間末坐。奏樂《鈞天》聽最高。今日《卷阿》賡盛典，駢蕃何止賜宮袍。（《小重山房詩詞全集》怡園集，清道光刻光緒增修本）

曹楙堅

曹楙堅（1786～1853），字樹蕃，號艮甫，江蘇吳縣人。道光壬辰（十二年，1832）進士，改庶吉士。由刑部郎中補授福建道御史，官至湖北按察使。少負才氣，滇、黔紀遊多精警之作。集中諸體，藻韻並饒，自是作手。著有《曇雲閣詩集》八卷、《附錄》一卷、《外集》一卷、《詞鈔》一卷。見《國朝御史題名》、《（同治）蘇州府志》卷八四、《清續文獻通考》卷二八〇、《晚晴簃詩匯》卷一三六等。

【秦中雜詠十六首（之三）】

供奉梨園弟子多，左坊教舞右坊歌。清明時節拋毬好，贏得官家笑拔河。（《曇雲閣集》詩集卷六，清光緒三年曼陀羅館刻本）

【乙巳新正試筆十首（之五）】

菊部風流擅一時，從教北地買臙脂。酒人零落雙鬢老，莫唱黃河遠上詞。（《曇雲閣集》詩集卷六，清光緒三年曼陀羅館刻本）

【立冬前二日夜】

夕陽絃管漫相催，是日友人招觀劇。歸後重傾縹色杯。風定月高開戶看，不知黃葉已成堆。（《曇雲閣集》詩集卷七，清光緒三年曼陀羅館刻本）

【重宴鹿鳴詩和太傅芝軒相國師原韻四首（之四）】

長物猶存子敬氈，滇池浙水幾多年。杏園開歲迎台席，菊部今番與綺筵。前月廿九日，召飲觀劇。回想雲山成舊蹟，幼客滇中，師時爲學使者。須知衣鉢有前緣。秋來同聽鐃歌唱，喜近重陽造牓天。（《曇雲閣集》附錄卷一古體詩，清光緒三年曼陀羅館刻本）

【玉京謠・贈歌者鎖兒】

密意緘銀鑰，數遍闌干碧，玉眞年紀。雪捥胡槽，口脂吹破紅膩。且莫把、金鏤箱開，等製就、沉香雙履。添淒思，銅鋪月冷，阿甄來未。　　雙文好借葳蕤字，擘蓮絲、看舞裙穩繫。鈿合收來，相思紅豆應寄。問甚時、纔得開籠，算只有、鸚哥能記。閒嬉戲，偷把畫屏風倚。《煙花記》：陳宫人有沈香履箱金屈膝。李賀詩：「屈膝銅鋪鎖阿甄。」萎蕤鎖，金鏤相連，見《錄異記》。素絲鎖蓮之帶，見《琅嬛記》。杜牧詩：「銀鑰卻收金鎖合。」庾信《鐙賦》：「舒屈膝之屏風。」（《曇雲閣集》詞鈔，清光緒三年曼陀羅館刻本）

梅曾亮

梅曾亮（1786～1856），字伯言，上元（今江蘇南京）人。道光壬午（二年，1822）進士，歷官户部郎中。伯言初爲駢體文，既聞姚惜抱古文之學，始專力於古文辭，論者至以姚、梅並稱。詩不逮其文，然質直渾樸，得詩教敦厚之旨。著有《柏梘山房全集》。見《國朝先正事略》卷四三、《清史稿》卷四八六、《晚晴簃詩匯》卷一三〇等。

【觀優】

（其一）玉貌歌童金縷衣，嬌嬈欲擬李師師。鄙人自笑多唐突，話到菖蒲著帽時。

（其二）漸民何自到頹波，貨殖書成竟奈何？十丐一髠同活計，齊民色目後來多。（《柏梘山房全集》詩集卷八，清咸豐六年刻民國補修本）

黄　釗

黄釗（1787～1853），字香鐵，鎮平（今屬廣東）人。嘉慶己卯（二十四年，1819）舉人，官翰林院待詔。有詩名，著有《讀白華草堂詩》。見《藝舟雙楫》卷三、《晚晴簃詩匯》卷一二八等。

【梨園伎】

燈月未上華筵開，飛車駿馬梨園來。梨園子弟顏如玉，藏在車箱當金屋。翩翩同上酒家樓，喚作相公教度曲。一曲未終已絶倒，狎客滿筵都叫好。起來勸酒太匆匆，耳畔低聲賣夭姣。纏頭到手向何處，脱去翩然似狡兔。酣呼呶飲正紛紛，擲牝黄金還不悟。酒闌燈灺起身歸，雪花如席滿街飛。街頭恰遇搖鈴卒，梨面冰鬚凍折骨。一錢肯作天魔舞，笑問官人可值得。（《讀白華草堂詩初集》卷三，清道光刻本）

【六篷船四十四韻】

海國噓蠻蜑，江城指螮蝀。蝦鬚排密邇，龜殼篷背如龜殼負穹窿。腰舫篷編篾，頭艙板蓋棕。全家慵撒網，遇客輒張罾。記買垂髫日，爭憐好面龐。開箱誇百寶，賽會盼雙忠。潮郡賽雙忠會，最爲繁麗。雀扇青迷蜃，鼉梁白幻虹。潮來人盡室，海立女皆童。賽會皆童女粧扮故事。駕舶從徐市，量珠看石崇。討標聊共角，賽會日有以銀牌爲犒者，謂之賞標，標多者侈爲門面。開樸敢相蒙。梳櫳謂之開樸，潮俗信神，賽會非童女不敢登場，畏神掊擊也。宿水鳧依藻，收香鳳挂桐。佳文鋪莞蓆，佳文蓆來自外洋。心字倚篝籠。鬼子教擎盞，矮燈式樣有以番鬼首頂荷盤者。蛇師代守宮。髫簪魚卵綠，五葉蘭似珍珠蘭，俗呼爲魚卵蘭。脣嚼蠣灰紅。檳榔包以蔞葉塗以蛤灰。巧舌雙聲罵，芳心一笑融。鉤輈調語滑，則劇媚情烘。藕腕籠金釧，花房引翠筩。舟中溲具以竹筩爲之。窺窗遮窈窕，記曲唱玲瓏。從此逾蘿蔦，無緣感梗蓬。佳辰常款款，良夜莫匆匆。入月圖難秘，行雲賦漫工。垂腰鬟雌霓，辮髮效雄風。蜑女逢人月皆不粧，梳惟辮髮作童男樣。客至鸚哥喚，婢叶平憐蜆妹充。船中無婢媼供役。客至喚茶，則幼女奉盤而進。紅牙鏤煙盒，鴉片煙盒有以象牙鏤者。銀葉托茶盅。茶盅製極小，以銀嵌蓮花瓣盛之。問姓多稱麥，蜑户多姓麥。傳餐每戒蔥。食忌五葷，防口過也。鷓鴣呼進炙，蝴蝶看抽篷。蝴蝶，篷式，中用篾篷兩翼，張白布爲帆，如蝶翅然。攘攘座頭酒，招招沙嘴䲧。廋詞徵爵蛤，兼味設魚熊。蔞葉郎心剖，棉花妾病同。楊梅瘡俗呼爲棉花。轉喉嗤翦翦，纏足學弓弓。蜑女亦有裹足者。繫艇纔榕樹，浮家本蓼叢。驚濤奔颶母，狎浪付艄公。館爲藏春稅，船因過夏空。潮地瀕海，四、五月至七、八月當防颶風，此數月蛋女多向城中賃屋避之，其船惟留艄公及老蛋婦守之，俗呼賃爲稅。籐皮新几褥，桃骨舊簾櫳。不信棲梁燕，還疑賃廡鴻。藥香鴉片咀，鼒信蠟丸通。遂有鴟巨約，能甘犢鼻窮。歡場看主客，僻巷寄衚衕。魚姊包長飲，蛋女有長主者謂之食長飯。鵶婁替短僮。傭媼俗呼爲鴉婆。門前認烏桕，江上自丹楓。一樣煙花窟，多生鮫鱷潨。佛頭銷易盡，鬼頭番銀俗呼爲佛頭。蛇足畫難終。姪席燈然鐵，迷樓鏡洗銅。慈悲開善眼，無數可憐蟲。（《讀白華草堂詩二集》卷五，清道光十九年刻本）

【桂山觀察招同朗峰總戎霽青太守汪司馬朱山人夜宴來鶴堂（之二）】

東海釣鼇客，南山射虎人。暫爲無事飲，仍是未閒身。老氣歌何

壯，朱山人度曲。新篇句有神。謂觀察登高諸作。屢陪尊酒雅，闊略見天眞。(《讀白華草堂詩二集》卷五，清道光十九年刻本)

【金閶】

河冰初泮雪晴天，吳市簫聲聽可憐。一塢窨花酣曉露，半塘燈舫鬧春煙。泰孃度曲催行酒，博士呼茶待品泉。勾玉灣頭舊時路，那禁回首憶華年。(《讀白華草堂詩二集》卷八，清道光十九年刻本)

【帝京雜詠（之三十九）】

廟側梨園祀喜神，琵琶絃索日翻新。莫教演到東窗事，長跪祠門尙有人。(《讀白華草堂詩二集》卷八，清道光十九年刻本)

沈學淵

沈學淵（1788～1833），字夢塘，寶山（今屬上海）人。嘉慶十五年（1810）舉人。弱冠登賢書，房師潘朗齋鎔以國士期之，延纂《蕭縣志》。留署中者三年，與諸名士揚榷古今，研究經史。夢塘見人不作寒暄語而雋永恬上，令接之者客氣自消。所交多奇士，而與陸萊臧尤莫逆。萊臧服官於閩，招之往。夢塘固好遊，萊臧築來夢亭居之。旋制軍孫平叔重脩省志，聞夢塘名，亟延之纂脩，列牘奏聞。前後遊閩八年，傾其士夫。後林文忠持節三吳，貽書促之歸，所詢鄉邦諸事，無不爲之指陳利弊。而蓬蒿三徑，手自一編，絕不一詣公庭。小闢止雨莊，頗有泉石之勝。所著有《桂留山房詩集》。見《瀛濡雜志》卷四、《國朝詞綜補》卷二六等。

【建甯雜詩十首（之八）】

焙芳亭畔漱清波，北苑頭綱似碧螺。苦憶江鄉二三月，春鐙初演採茶歌。元至元、大德間武夷山督造貢茶，創焙局，稱爲御茶。園中有焙芳亭諸勝。《西湖遊覽志》：仲春上旬，福建漕司進第一綱臘茶，名北苑試新。吳下產茶絕佳，以洞庭碧螺春爲第一。余鄉二三月間，鄉人試鐙，搬衍雜劇，佐以俚曲，謂之採茶鐙。(《桂留山房詩集》卷十一，清道光二十四年郁松年刻本)

【臨江仙・題鐙謎錄】

戰茗徵瓜容易了，紗籠夜色搖紅。擘箋縷縷試春風，辛虀題孝女，酸醋浸曹公。　謎語春鐙翻雜劇，福王時，阮懷寧進《春鐙謎》諸劇。冰紈細字偏工。歌殘玉樹戍樓空，興亡千古事，一笑付雕蟲。(《桂留山

房詞集》，清道光二十四年郁松年刻本）

【洞仙歌·為李研香太常題三十四歲小象圖中有伶人桂郎並坐】

翩翩裙屐，向東華夢裏。銷受春風度三載。盡楊枝，笑撚桂樹潛留，渾不記，少箇伊人眉黛。　　秦樓消息近，油碧雙雙，陌上花時緩相待。愁絕鄭櫻桃。一曲旗亭，把紅豆、零星敲碎。只不合歸來醉如泥，況如此鬑鬑，齋期休再。（《桂留山房詞集》，清道光二十四年郁松年刻本）

袁　翼

袁翼（1789～1863），字穀廉，寶山（今屬上海）人。道光壬午（二年，1822）舉人，官玉山知縣。詩以工秀勝，晚遘亂離，漸歸蒼老。亦工爲駢文，門人高安朱舲爲之箋注。著有《邃懷堂詩鈔》。見《晚晴簃詩匯》卷一三一。

【宮人斜雜感（之九）】

長平墓上草如茵，帝子殘碑訪未眞。賸有梨園天寶曲，當場猶演費宮人。（《邃懷堂全集》詩集前編卷三，清光緒十四年袁鎮嵩刻本）

【陳厚甫先生招飲粵秀書院奉陪辛庵學使師賦呈（之二）】

少微星引使星光，豪醻今宵罄百觴。鏡水已聞歸賀監，銅符重見屬王郎。令嗣處州太守。江山絕妙招公隱，詩卷分編恕我狂。以詩稿屬爲編次。度出金元新院本，玉簫檀板唱珠娘。（《邃懷堂全集》詩集前編卷四，清光緒十四年袁鎮嵩刻本）

【送黃韻珊孝廉北上春官並題南浦圖即用其見贈原韻】

（其一）鏤月裁雲構艷思，圖分主客互評詩。西泠夜雨談耆舊，南浦春波感別離。如冠九宮贊繪《南浦圖》贈行。檀板流傳洪、蔣曲，君著《帝女花》等傳奇五種，膾炙人口。草堂組織宋元詞。君著《拙宜園詞集》。荷花生日錢郎宅，記取紅兒捧硯時。小集錢筱南先生寓齋，宮贊復題詞圖上，小荷、遠香兩女史磨墨捧硯。

（其二）酒痕猶漬黑貂裘，羈跡虔南未共遊。及第花先通吉夢，愛才風亦送歸舟。竹傳芳信金錢卜，桂傍仙宮玉斧修。越水吳山詩料富，離愁一點記沙鷗。君先旋里，再赴禮闈。（《邃懷堂全集》詩集後編卷二，清光緒十四年袁鎮嵩刻本）

【憶江南（之四）】

中秋節，船泊錦帆涇。雙盒黃柑傳阿姥，十番紅袖打雛伶，衣惹桂花馨。（《邃懷堂全集》小清容山館詞鈔卷二，清光緒十四年袁鎮嵩刻本）

吳　淮

吳淮，字樗臺，湖南湘陰人。道光丙午（二十六年，1846）舉人。性跅弛能文，自比馬周、陳亮。所撰古今體詩，沈雄俊邁，高出一時。湘鄉曾國藩鄉舉時，淮與相遇長沙，投詩云：「有子足擔天下事，不才隱著茂陵書。」後廣西兵事起，國藩以一身繫天下安危者二十年，人咸謂淮爲知言。著有《愚村詩鈔》。見《（光緒）湖南通志》卷一七七。《無錫花蒲鞵船歌》之作者吳淮，或即此人。

【無錫花蒲鞵船歌】

錦帆三月江南曳，海棠爲楫蘭爲枻。問渡誰將桃葉賡，呼船競説蒲鞵麗。蒲鞋一女貌如花，歌作新鶯鬢作鴉。碧玉佳名人共贈，綠珠小字客先誇。煙花看慣揚州景，江面往來逐蓬梗。密地傳情蹴鳳頭，無言送媚流蛾影。翠螺一斛黛如煙，殿腳分明吳絳仙。玉貌暗宜窺月下，雪膚明恰照筵前。筵前綠蠟凝花處，低唱淺斟奈何許。切切年華問破瓜，箜篌斜抱嬌無語。清歌一曲淚成行，小袖青衫易斷腸。花月新聲憐子夜，琵琶幽怨續潯陽。斂衽曲終陳姓氏，自言儂是良家子。連理枝頭花不開，飄萍水面身如此。水面飄萍命不猶，此身幾度木蘭舟。桃花渡口誇人面，飛絮天涯惜盡頭。守風去歲瓜州口，舊侶相逢各招手。也是停橈喚渡人，可憐老作長年婦。（清・張應昌輯：《詩鐸》卷二十六，清同治八年秀芷堂刻本）

龔自珍

龔自珍（1792～1841），字璱人，號定盦。一名易簡，字伯定，更名鞏祚。浙江仁和（今浙江杭州）人。父麗正，由翰林出守徽州，歷官蘇松太兵備道。自珍幼聰明，能讀等身書，又獲聞其外大父段玉裁六書音韻之學，自命甚高。科場例，凡翰詹科道子弟別爲官卷，較民卷易入彀。自珍不屑藉門蔭，以縣學生就民卷中式。嘉慶戊寅（二十三年，1818）恩科本省經魁，屢上春官不第，狂名滿天下。既購洞庭別業，又買崑山徐侍郎秉義故宅居之。道光己丑（九年，1829）成進士，以知縣用。改中書，擢禮部主事，丁父憂，掌書院，以暴疾卒。著有《太誓答問》一卷、《春秋決事比》一卷、《説文段注札記》

一卷、《定盦全集》二十卷等。見《(同治)蘇州府志》卷一一二、《晚晴簃詩匯》卷一三五等。

【己亥雜詩三百十五首(之四十五)】

梨園爨本募誰修?亦是風花一代愁。我替尊前深惋惜,文人珠玉女兒喉。元人百種、臨川四種,悉遭伶師竄改,崑曲俚鄙極矣。酒座中有徵歌者,予輒撓阻。(夏田藍編:《龔定庵全集類編》,中國書店 1991 年版,第 373 頁)

【百字令·蔣伯生得顧橫波夫人小像蘄予曰君家物也為填一詞】

龍華劫換,問何人料理,斷金零粉?五萬春花如夢過,難遣些些春恨。京師某家劇樓,有楹帖一聯曰:「大千秋色在眉頭,看徧翠煖珠香重遊贍部;五萬春華如夢裏,記得丁歌甲舞曾睡崑崙。」相傳尚書作也。帳彈春宵,枕欹紅玉,中有滄桑影。定山堂畔,白頭可照明鏡? 記得腸斷江南,花飛兩岸,老去才還盡。何不絳雲樓下去,同禮空王鐘磬?尚書與錢尚書同在秦淮日賦詩云:「楊柳花飛兩岸春,行人愁似送行人」,一時傳誦。青史閒看,紅妝淺拜,回護吾宗肯?漳江一傳,心頭驀地來省。忽憶黃石齋先生在秦淮之事,曲終及之。(夏田藍編:《龔定庵全集類編》,中國書店 1991 年版,第 440 頁)

夏之盛

夏之盛(1792～1842),字松如,浙江錢塘(今浙江杭州)人。諸生。幼喪父母,刻苦自勵。性閒淡而行敦篤,能爲文章,尤敏於詩。每燕集,分曹賦詩,酒未半而詩已成,與汪遠孫結東軒吟社。所遇不偶,海夷之訌,避兵新安,憂憤以死。著有《留餘堂詩鈔》初、二集八卷。見《兩浙輶軒續錄》卷二〇、《晚晴簃詩匯》卷一二四、《(民國)杭州府志》卷一四六等。

【雛伶篇】

五紋袴,雙丫髻,嫋嫋婷婷十三四。不嫻鍼黹但嫻歌,專憑絃索爲生計。一解。名不隸樂部,身不歸青樓,春風一曲彈箜篌。見人嬌癡掩口笑,蘼蕪生小安知愁。二解。去年厲禁申官府,驚鴻瞥逝紛無數。事定還復來,朱門侑芳醑。兒童蕩心目偷覰,嗚呼,童牛之牿教宜豫!三解。(清·張應昌輯:《詩鐸》卷二十六,清同治八年秀芷堂刻本)

葉廷琯

葉廷琯（1792～1869），字調生，號十如居士，別號蛻翁。江蘇吳縣人。廩貢生，候選訓導。弱冠才譽籍甚，錢塘陳大令文述賞之，妻以女。淡於榮進，潛浸樸學，一以考佐經史爲營。又嘗甄錄同時未刻詩爲《存殁二集》，凡百六十餘家。著有《楙花盦詩》四卷、《吹網錄》六卷、《鷗波漁話》六卷等。見《（同治）蘇州府志》卷八四、《晚晴簃詩匯》卷一三三等。

【讀劫灰錄李定國傳感題】

運終陽九得斯人，殘局天南繫一身。諸葛出師同盡瘁，定國因觀伶人演武侯出師事，感而歸明，見《丹午雜記》。後屢攻緬甸，欲救桂王，即秉此志。祝宗祈死亦成仁。難存絕域流離子，足愧中朝反覆臣。鼎足何騰蛟、瞿式耜堪合傳，平心未敢薄黃巾。（《楙花盦詩》卷上憶存草，清滂喜齋叢書本）

吳振棫

吳振棫（1792～1871），字毅甫，一字仲雲，號再翁，錢塘（今浙江杭州）人。嘉慶甲戌（十九年，1814）進士，改庶吉士，授編修。官至雲貴總督。爲詩思深力厚，風格老蒼，嘉、道以還，爲一大家，祁文端尤推重之。歷官清介，耄歲歸休。其洽熟故事，有《養吉齋叢錄》二十六卷、《餘錄》十卷，另有《花宜館詩鈔》等。見《清史稿》卷四二四、《晚晴簃詩匯》卷一二六等。

【王蕉園都轉定柱招集也可園聽歌感賦】

先公曾此遊蹤寄，花竹相逢倍有情。冠蓋幸陪無事飲，管絃翻憶舊時聲。尊前殘月銜山近，堂下春泉濺雪輕。名士濟南零落盡，更誰聞笛感淒清。阿雨窗先生官山東運使時，先大夫在幕中時也。可園初落成，與沈芷生、黃小鄉、桂未谷，家秋鶴、竹虛諸先生相倡和，而鹺署有自演樂部，賭酒徵歌，極一時之盛。（《花宜館詩鈔》卷五「古今體詩」七十三首，清同治四年刻本）

梁紹壬

梁紹壬（1792～？），字應來，號晉竹，錢塘（今浙江杭州）人。道光元年（1821）舉人。工填詞，客死粵東。自編定詩十六卷，餘稿爲居停主人所留。著有《兩般秋雨盦隨筆》。見《兩浙輶軒續錄》卷三〇、《國朝詞綜續編》卷九、《晚晴簃詩匯》卷一三〇等。

【燕臺樂府**梨園伶**】

軟紅十丈春塵酣，不重美女重美男。宛轉歌喉裊金縷，美男妝成如美女。樓臺十二醉春風，過午花梢日影紅。此際香車來巷陌，此時脆管出簾櫳。簾櫳掩映嬌妝束，場屋頻頻滾絃索。須臾照眼花枝明，飛上九天歌一聲。歌聲未罷歡聲滿，就中誰得秋波轉。曲罷翩然下座旁，猶留粉暈與脂香。憑將眉語通心語，好把歌場換酒場。酒樓攔得人如玉，自占藏春最高閣。閒泛鵝兒弄斝尊，不容鸚母窺簾幙。承顏伺色最聰明，射覆、藏鉤靡不精。欲即偏離拋又近，情無情處動人情。情多不及黃金貴，幾束吳綾謀一醉。夢裏溫柔鏡裏人，甘心竟爲他憔悴。憔悴青衫興已闌，一鞭又跨別人鞍。試看花底秦宮活，誰念車傍范叔寒。（清・張應昌輯：《詩鐸》卷二十六，清同治八年秀芷堂刻本）

魏 源

魏源（1794～1857），字默深，湖南邵陽人。道光二十四年（1844）進士，高郵州知州。湛深經術，博精掌故，海內利病，瞭如指掌。晚寓東園，歿於小菴。著有《海國圖志》一百卷、《書古微》十二卷、《俄羅斯聘盟記》一卷以及《古微堂詩集》等。見《（光緒）湖南通志》卷一八八、《清史稿》卷四八六、《（民國）杭州府志》卷一七〇等。

【**都中吟十三章**（之六）】效白香山體。

西苑閉，西苑開，纏頭金帛如雲堆。人海緇塵無處浣，聊憑歌舞恣銷遣。始笑西湖風月遊，不及東華軟紅善。欲禁梨園廢宴遊，潤色承平懽太鮮。唐代曾賜曲江遊，賞花釣魚詩酒餞。行宮歲歲海淀左，城中西苑蒼苔鎖。瑤島青空春色深，花落何人護龍舸！楊士奇，高士奇，金鼇退食雍容詩。天光魚鳥承清淑，豈不勝聽肉竹絲！律禁職官狎優賤，難禁士夫暇豫宴。靈沼、靈囿民同樂，曷閉梨園開西苑！（《古微堂詩集》卷四，《魏源全集》第十四冊，嶽麓書社2011年版，第99頁）

【**都中吟十三章**（之九）】效白香山體。

罷南府，罷南府，樂府侏儒傳自古，渥丹秉翟簡兮舞。忽聞天上汰樂部，月殿《霓裳》散如雨。從此宮中奏《雲門》，歲省侏儒米萬數。魚龍漫衍何所戲，化人偃師何所舞！女樂革自乾隆中，道光更詔裁伶工，恭儉盛德如天崇。西域文康來拜手，聖祖神孫千萬壽。高宗御製《和白居易樂府・上陽宮人曲》有曰：「國初女樂沿明季，康熙女樂不盈千。雍正僅存十之七，乾隆無一女樂焉。」（《古微堂詩集》卷四，《魏源全集》第十四冊，嶽麓書社 2011 年版，第 100 頁）

馮　詢

馮詢（1796～1871），字子良，番禺（今屬廣東）人。嘉慶庚辰（二十五年，1820）進士，歷官吳城同知，署九江饒州知府。天資聰穎，癖好韻語。政餘吟詠篇什甚富，時而皋鶴長鳴，時而春鶯自囀，時而風雄虎嘯，時而月冷猿啼，邊幅壯闊，不名一體，格韻深古，風格雄渾。道光間爲嶺南詩人之最。著有《子良詩存》。見《（光緒）廣州府志》卷一三一、《晚晴簃詩匯》卷一二八等。

【贈歌者】

（其一）最風塵處又逢君，別久翻疑夢裏身。江上琵琶天上月，與君同作異鄉人。

（其二）窄窄青衫太瘦生，酒痕重檢尚分明。十年前事休提起，恐有旁人掣淚聽。（《子良詩存》卷一，清刻本）

【秦淮曲】

泛舟入秦淮，淮影何迷離。淮中日落未落時，兩行樓閣炫玳瑁，一片水波澄琉璃。水光漸黑鐙光起，照見秦淮盡紅紫。紅紫霓裳雙鬟鴉，美人度曲客勿譁。細數金陵前代事，重吟玉樹後庭花。歌舞擅場文學府，終古風流屬斯土。一語南朝愧北朝，可惜才多頻易主。鶯花六代歸何人？松柏千官剩古墳。舉頭還見秦時月，忍使豪情遂消歇。聽歌忽報夜已闌，頓覺蕭蕭淮水寒。千年舊國情難已，幾輩新亭淚未乾。興廢從來類如此，莫指秦淮爲禍水。有恨雖然是女兒，無愁畢竟惟天子。繁華閱盡水悠悠，且整蘭橈出石頭。紅樹青山君莫顧，秣陵煙景易悲秋。（《子良詩存》卷三，清刻本）

【張小庾貳尹席上看刀戲歌】

鼕鼕畫鼓鏘金鉦，伎人曼衍百戲呈。轉丸運索不快意，寶鞘突出騰光精。我聞兵者是凶器，胡爲乃以刀爲戲。伎人重戲不重刀，戲不擇器技益高。鉎澀入手柔如膏，一刀徐徐兩刀疾。三四五刀梭亂擲，花團雪聚鳥翅偏。猛虎跳臥蛇蜿蜒，鏗然擲地詫刀吼。滿視地中卻無有，刀乃峭立伎人手。忽復見刀不見人，刀影亦化爲白塵。此時人刀慘無色，但聽滿堂聲唧唧。張侯愛刀開舞筵，可惜坐中無呂虔。伎人食力拼力盡，力盡望誰爲汝憐？嗚呼！棘門灞上亦戲耳，區區一刀何足齒。刀頭取辦卻英雄，君不見，王郎貴以拍張起！（《子良詩存》卷八，清刻本）

【偕同人集百花洲觀劇賞秋】

寥落江干感不勝，佳遊有興輒思乘。林亭蘇圃三秋月，鼓吹梁園五夜燈。與古爲徒人亦戲，及時行樂老猶能。聲聞謝絕誰知我，一笑登場已退僧。（《子良詩存》卷二十一，清刻本）

項廷紀

項廷紀（1798～1835），後更名鴻祚，字蓮生，錢塘（今浙江杭州）人。道光十二年（1832）舉人。喜填詞，工小令，能自度曲。每自度一闋，即付姬人歌之，其風流自賞如此。嘗語人曰：「吾詞可與時賢角，詩不足存。」家不戒於火，奉母北行，中途又遘水厄，母與從子俱沒。號躃歸，幽憂之疾益深。春官不第，旋病卒。嘗自訂詞稿，爲之序曰：「不爲無益之事，何以遣有涯之生。」著有《憶雲詞》四卷、《補遺》一卷。見《清續文獻通考》卷二八一、《（民國）杭州府志》卷一四六等。

【高陽臺·詠馬湘蘭硯硯背有雙眼並王百谷小篆星星二字馬自銘云百谷之品天生妙質伊以惠我長居蘭室】

豔曲題裙，明鄭之文作《白練裙》院本，演百谷湘蘭故事。清聲碎玉，湘蘭理鬢，墮一寶釵，徐語侍兒曰：「久不聞碎玉聲矣！」消磨何限歡場。俠骨飄藷，當時留贈蕭孃。雲腴鑱得如人膩，埽輕塵、澹寫瀟湘。好收藏，小字星星，舊署王昌。　銀鉤慣寄相思札，問頭陀知否，百谷有小印，曰王頭陀。宿願應償。淚眼盈盈，紅絲不繫柔腸。可憐片石經塵劫，數秣陵、遺事蒼涼。最難忘、煙月妝樓，孔雀庵旁。湘蘭故居在金陵孔雀庵側。（《憶雲詞》乙稿，清光緒十九年許增榆園刻本）

張際亮

張際亮（1799～1843），字亨甫，榜名亨輔，建寧（今屬福建）人。道光乙未（十五年，1835）舉人。亨甫遊京師，曾賓谷聞其名召飲，同坐皆名士。曾食瓜子黏鬚，一人起爲黏去。亨甫大笑，明日投書責曾以財利奔走寒士，廉恥俱喪，負天下望，以是得狂名。閩省鄉試，主試官途中相約，張際亮狂士不可中，而際亮已易名亨輔。拆卷，疑其名，及來謁，果際亮，主試愕然。姚石甫因事被逮，亨甫待之淮上，從至京師，石甫旋亦昭雪出獄。其氣節肝膽有古烈士風，事多類此。著有《思伯子堂詩集》。見《東溟文集》文後集卷一一、《清史稿》卷四八六、《晚晴簃詩匯》卷一三八等。

【聽友人家伎彈琴感賦】

（其一）金猊沈水散輕煙，簾幕新涼好拂絃。莫奏悲風兼送遠，天涯秋色兩人前。

（其二）吹到涼颸響落霞，紅闌干外有飛花。康郎何苦鍾山去，六代園陵日易斜。

（其三）房相清名早罷官，金徽摧絕董庭蘭。不如消渴臨邛客，壚畔芙蓉一世看。（《思伯子堂詩集》卷五，清刻本）

【九日觀演劇口占】

海城秋色又如此，問君不飲何爲耳。江南子弟好顏色，爲我當筵歌舞起。欲雨未雨天不高，西風絲竹聲蕭騷。持杯盡醉擲杯去，徑踏鼇頂淩煙濤。（《思伯子堂詩集》卷六，清刻本）

【余既作前詩時九月四日也是日鄭雲麓開禧員外招同吳蘭雪嵩梁舍人郭蘭石尚先編修許萊山邦光學士曾白亭承基孝廉暨余同年何君式玉集飲寓齋歸則既夕矣因召盲者奏雜劇為樂更賦一首柬員外】

我來燕市悲歌無屠狗，太息騷人醉我百杯酒。高秋風淒日色薄，廣院微塵散衰柳。當筵主客各豪俊，縱談不覺時已久。歸燃兩炬照獨坐，急呼奴子進盲叟。大絃長笛錯雜奏，激昂鉦鼓壯聲有。方今西方太白高，羽檄日夜勤我后。已從塞外簡士卒，更向輦下擇戎右。羈懷作惡欲南行，縣官徵車不敢走。平生八尺本骯髒，兵書百卷每在手。關河形勝畫能詳，下馬露布筆不負。胡爲望闕阻請纓，孤館閉置同新婦。苦思郊原空闊處，草短兔肥鷹可取。西山秋氣颯爽來，一笑仰天問重九。世事何當話是非，英雄亦恥老戶牖。夜闌城上角幽咽，曲罷告去揮以肘。明朝持報鄭當時，吾詩聊用覆甕瓿。（《思伯子堂詩集》卷七，清刻本）

【書後湘吳伶傳後】

（其一）二百年來明月秋，鳳城孰與按《涼州》。王郎慘死吳郎夭，但憶清歌總白頭。

（其二）桑乾河水即天涯，千里難歸一素車。誰遣龜年傳法曲，江南子弟半無家。

（其三）青天雁語北風涼，金椀銀釭擁夜長。併出英雄兒女淚，一聲檀板有滄桑。

（其四）豪竹哀絲感謝安，中年身世醉難寬。相逢不必王曇首，容易秋墳聽笛殘。

（其五）沈璧河中濁浪狂，傳烽塞外捷書忙。江湖放逐劉司馬，獨向風塵哭順郎。

（其六）彩筆無緣侍玉清，旗亭畫壁狎娉婷。樽前唱斷須臾事，傳出才人足涕零。

（其七）三疊《霓裳》譜細箋，聽風聽水意纏綿。人間天上今多憾，玉貌同時兩少年。

（其八）舊人尚與對何戡，只覺當筵酒不酣。試撤寇家花蠟燭，淚猶如此客誰堪。（《思伯子堂詩集》卷七，清刻本）

【十五夜作】

一年月好今宵始，百里山行去歲忙。去歲是夜自玉山至常山。漸覺雍容成倦客，尙虛朝請側諸郎。清歌倍切桓伊感，是夕觀劇。博塞眞登彥道場。愁病不將歡笑廢，醉看煙火坐西廊。豪氣元龍悵漸除，周郎年少飲醇如。相從半月呼盧雉，何處東風問鱖魚。舊夢桃花流水遠，新愁桂樹故山疎。天涯照遍團欒影，傾倒金尊莫負渠。（《思伯子堂詩集》卷十，清刻本）

【玉松丈復次前詩韻招飲觀戲劇仍走筆次韻報之】

丈人若明月，清輝滿懷想。百篇何灑落，浩氣自蒼莽。我慕梅市尉，去此欲安往。水閣動炎風，客懷變淒快。昨宵渡山塘，涼煙送孤槳。昨龔木民大令招泛虎邱。醉來不知曙，日高已三丈。願觀偃師戲，何侈木雞養。一笑愧鶢鶋，乃受鐘鼓享。（《思伯子堂詩集》卷二十四，清刻本）

【王郎曲】名長桂，春臺部歌者。

天下三分月，二分在揚州，一分乃在王郎之眉頭，彎彎抱月含春愁。春愁多種揚州土，付與歌兒更倡女。王郎生小住新城，瓊華照影春無主。瀟湘雲曉秋始波，盈盈一帶如銀河。雙眸剪水清怨多，臨風不語天奈何。偶然一笑天爲和，紅潮上頰生微渦。團圝寶鏡汝何物，常照懽愁顏半酡。我見王郎日，王郎已二十。婀娜身輕鎖子骨，衣香曉著花露溼。人言前時結束乍登場，能使坐者忽起成癡立。哀絲豪竹歌臺清，王郎按歌嬌娉婷。裊如語燕將啼鶯，高下不斷傳春情。春情且如此，春愁復餘幾？十年奔走豪家子，五侯七貴皆懽喜。驄馬並頭油壁車，門前日夜馳流水。門中曲堂交綺疏，堂上七尺紅珊瑚。後堂塵掩百琲珠，妖姬美妾絕世無。御史中丞老尚書，手題紈扇爲汝娛。不數吳桐仙，誰言夏秋芙？往年王紫稼，見汝恐不如。使我慷慨萬感俱，使我一歎三長吁。君不見長安歌兒好顏色，王郎一出誇傾國。如何文采風流映八荒，飄零京洛無人惜？《鬱輪袍》，歌不得，琴久碎，器且滌。但傳王粲賦登樓，那比子雲官執戟？龍虎風雲夢未醒，話向王郎涕霑臆。或言揚州兒，不如揚州女。吟詩作畫態楚楚，千金宛轉通一語。邇來鹽筴疲，粉黛亦苦飢。青樓晝閉蝴蝶飛，杜秋紅淚盈羅衣。乃知豔色同爲天下重，貴賤苦樂猶有時。王郎王郎汝當勸我一杯酒，富貴回頭幾是非，人生冉冉行易衰！（《思伯子堂詩集》卷二十七，清刻本）

【眉仙行】名雙壽，四喜部歌者。

蘇州錢氏子，眾人呼眉仙。眉仙昨日嬌可憐，眉仙今日愁萬千。十三十四月欲圓，十八十九連下弦。江流東逝難西還，人生才高須少年。少年不稱意，老大眾所棄。一樣垂楊大道旁，春來嫋娜秋顦顇。且言眉仙昔同師，小字蓮仙情最癡。翠袞紅頰青長眉，歌臺一出人嗟咨。十年過眼成黃土，賸有劉郎兩鬢絲。不聞唱渭城，但聞雨淋零。當年豪客亦已逝，人間何處尋旗亭。畫堂銀燭燒春星，忍見眉仙重醉醒。眉仙況復非娉婷，嗟我那得辭飄零？我昔遊三山，洪濤浩渺不可攀。群仙待我蓬閬閒，足踏赤鯶行屢艱。我昔叩九閽，閶闔高高虎豹蹲。仰視不見重雲昏，手持玉斧修桂根。嫦娥爲我苦歎息，惜我當初好顏色。兩行對詠霓裳人，一時見汝羞傾國。如何蟾兔搗藥各長生，汝墮塵埃鬢將白。金粟重開不得食，走遍天涯少棲息。夜夢天帝來相呼：下土小子何太愚！徵歌縱酒合竄黜，況乃薄視富貴如泥塗？世間萬事等電露，傷今弔古胡爲乎？杜秋娘，田順郎，前人託興徒慨慷。毋將千載低徊淚，灑向杯乾粉暗場。欲覺未覺天蒼茫，中宵坐起憂旁皇。嗚乎眉仙，我今與汝誰故鄉？（《思伯子堂詩集》卷二十七，清刻本）

何紹基

何紹基（1799～1873），字子貞，號東洲，一號蝯叟。道州（今湖南道縣）人。道光丙申（十六年，1836）進士，改庶吉士，授編修。其論詩以厚人倫、理性情、扶風化爲主。所爲詩根柢深厚，盤鬱而有奇氣，多可傳之作。書法爲世所重，得其片楮，珍若拱璧。著有《東洲草堂詩鈔》。見《清史稿》卷四八六、《晚晴簃詩匯》卷一三九等。

【觀音寺公宴】

甫拜君恩宴鹿鳴，還憑佛閣萃簪纓。數來佳士花枝淡，無日不聞諸公誇今年得士之盛。看遍奇山酒盌清。一水樓臺皆畫本，寺閣臨水。深秋弦管即春聲。藕丈撫黔以來，除請主司外，各署俱終歲不得演劇。邊州飽閱昇平象，月落城頭別緒生。（《東洲草堂詩鈔》卷十，清同治六年長沙無園刻本）

【雲生太守款留一日由淩雲山回醉後作】

讀書千載幾東坡，又泛扁舟訪薜蘿。異樣雲山嫌入畫，殢人風雨耐聞歌。石門翠墨蒼寒甚，樂府新聲激烈多。古抱今懷都放卻，酒闌獨步看明河。時見贈石門頌碑及自製傳奇四種。（《東洲草堂詩鈔》卷十五，清同治六年長沙無園刻本）

【十八日當是消寒第二集小詩寄濟南（之三）】

小小斜川屋幾間，如仙眷屬不知寒。歌聲忽自蘆中出，止當漁舟泊雪灘。牛仲遠善度曲。（《東洲草堂詩鈔》卷十九，清同治六年長沙無園刻本）

【吳門觀鐙詞以題為韻時辛未正月初十日第五孫信曾開蒙上學課師為松江姚叔文秀才此詞命兒孫同作姚師亦欣然有詠（之三）】

昨日開場大雅班，招邀入社兩眉攢。街頭獅虎魚龍影，便作鰲山鳳輦觀。昨德靜山招於湖南會館觀劇，歸途頗見各色小鐙綵。（《東洲草堂詩鈔》卷三十，清同治六年長沙無園刻本）

譚　瑩

譚瑩（1800～1871），字兆仁，號玉生，南海（今屬廣東）人。道光甲辰（二十四年，1844）舉人。歷官瓊州教授，加内閣中書銜。玉生幼穎悟，於書無所不窺，尤長於詞賦，爲阮文達、翁文端所激賞。以文行矜式鄉閭，性坦率，與人交不作應酬語，若與論學術是非、人品心術邪正、詩文得失，咸推勘入微。凡所譏訶，悉中癥結。著有《樂志堂詩集》十二卷、《續集》一卷、《文集》十八卷、《續集》二卷。兩修邑志，一修府志。府志稿未就而卒。見《（光緒）廣州府志》卷一二九、《國朝詞綜補》卷四六、《晚晴簃詩匯》卷一四五等。

【論詞絕句又三十六首（之二十）】專論嶺南人。

不唱吳歈唱嶺歈，集名。堂開顧曲見薛始亨撰傳也須臾。金琅玕傳奇寫桄榔下，見《中洲草堂集》附詞自序。實與升菴格調殊。王阮亭謂：喬生詩似用慎脩格調。陳子升。（《樂志堂詩集》卷六，清咸豐九年吏隱堂刻本）

【論詞絕句又三十六首（之二十七）】專論嶺南人。

琵琶楔子傳奇寄閑情，合大樗堂外集評。解賦無題詩百首，見《番禺志》。固當秦七是前生。王隼。（《樂志堂詩集》卷六，清咸豐九年吏隱堂刻本）

【論詞絕句又三十六首（之三十三）】專論嶺南人。

曲付玲瓏舊酒徒，官場滋味困倪迂。并《茶嵁舍詞稿》【花犯】觀劇戲作語。茆煙箐雨茶嵁舍，便算羅浮與鼎湖。見《味辛堂詩鈔》自序。倪濟遠。（《樂志堂詩集》卷六，清咸豐九年吏隱堂刻本）

【論詞絕句又四十首（之八）】專論國朝人。

奉敕填詞教小伶，人非曾覿海野卻曾經。我如十五雙鬟女，把酒東風祝不停。吳綺。（《樂志堂詩集》卷六，清咸豐九年吏隱堂刻本）

汪士鐸

汪士鐸（1802～1889），字振庵，號梅村，江寧（今江蘇南京）人。道光庚子（二十年，1840）舉人，賜國子監助教銜。梅村覃精樸學，著述數十萬言，遇亂半燬棄，行世者皆精洽翔實，卓然可傳。由經腴史，根柢既深。所爲詩樸屬微至，擇言尤雅。所謂學人之詩，其所蘊者厚也。著有《悔翁詩鈔》。見《晚晴簃詩匯》卷一四三。

【有感】

氣必足帥志，力必足舉事。德必足忠勤，才必足副意。更能際遇佳，巍然成偉器。不農復不商，巧言工文字。諧俳下儕優，適用不如吏。坐失駒隙時，強爭蠅頭利。蝎蠹其靡集，正士所鄙棄。宜其宋虞閒，日以儒爲戲。歸德各邑優扮在陳絕糧，子路想及樊遲農圃。孔子云：「事已如此，不如尋蓬老伯討蒸餑食。」（《悔翁詩鈔》卷五，清光緒張士珩味古齋刻本）

【代芝生記夢時大府禮聘芝生專司名法芝生將去鄂垣故戲題其揚州夢傳奇】

（其一）海上樓臺畫裏山，無端噩夢到柴關。漢皇自愛西王母，那識雲中有阿環。

（其二）媿殺牛衣與練裙，廿年心事淡浮雲。蘅蕪懷盡秋宵永，妙術今無李少君。

（其三）排比干支過畫橋，周秦虛演漢唐嬌。卻因楚客工詞賦，始憶前身謚玉簫。

（其四）碧雞坊裡見無雙，楚舞吳歈兩未降。白馬不來黃棘死，哀蟬落葉永陽江。

（其五）頗笑燕齊夥謫仙，棗如瓜巨藕如船。裴回汶上荒祠在，留得前賢閔子騫。

（其六）霸陵不見挽車人，電火仍留劫外身。襄野迷塗初返後，秋鐙通德話蘭因。

（其七）清秋月下見羅敷，借問民閒有故夫。松影石壇風露冷，漫移香夢到江湖。

（其八）春過天台萬樹花，未逢劫運已蟲沙。再傳師是窮禪客，隱語迷離作楚些。（《悔翁詩鈔》卷十五，清光緒張士珩味古齋刻本）

林昌彝

林昌彝（1803～1876），字惠常，號薌谿，侯官（今福建福州）人。道光甲辰（二十四年，1844）進士。薌谿研精經術，著有《三禮通釋》及《小石渠閣經說》。薌谿《論詩絕句》一百五首，於嶺南三家欲祧藥亭而配以二樵，又進蔣苕生退趙甌北，皆具有別裁。另有《衣山房詩集》、《射鷹樓詩話》等。見《晚晴簃詩匯》卷一四五。

【湘山雨霽松花會圖一百韻為伊初賦】圖中人物千數經歲繪成。

東海尋花客，南遊選佛場。佛從天竺至，花散法壇香。雲板鳴秋月，霜鐘響晚涼。偶傳青鳥信，來訪白雲鄉。玉闕騰金碧，琳宮敞畜皇。錦披紛物采，藻績麗詩章。憶昔三湘遠，論年萬壽長。拂雲排古寺，拔地起雕梁。縹緲瓊樓矗，玲瓏寶扇張。畫欄橫瀏亮，金額點輝煌。法鼓聞中夜，僧鐃落上方。竹深皈佛殿，松老定禪房。寶塔香花界，蓮臺舍利光。石龕藏日月，曇鉢淨陰陽。珠獻牟尼串，盤傾般若湯。漫勞憂苦海，欲渡問慈航。鐵馬鳴蕭寺，銅龍掩畫廊。空山煙染翠，古洞石生蒼。露洗嵐圍遠，雲環玉牖忙。時參空覺性，儼上翠微岡。月色騰夭皎，心燈接渺茫。鳴騶駐冰苑，聽鐸拜蘭堂。杯茗饒清潔，爐煙篆吉祥。虎谿消水讖，龍女咒金剛。劇喜梨新翦，應憐蔗倒嘗。碧餐菱藕嫩，細嚼柿榴芳。曲港逢娃女，長隄遇窈娘。冶遊公子騎，素豔美人妝。款款泥金箑，溶溶白玉槳。附羶屯蟻密，逐隊嘯蜂狂。花結芙蓉沼，藤乖薜荔牆。野雲來漭瀁，山雨忽淋浪。橋臥長虹貫，洲迷白鷺藏。電鞭驚烱灼，雷鼓半低昂。蛟怒飛層漢，龍喧撼八荒。丹楓過舴艋，紅蓼隱硫磄。片霎晴雯斂，斜暉古刹旁。煙花超地肺，簫鼓振天閶。綵幟爭鮮綺，珠旃動頡頏。牌分齋戒字，禮肅釋迦坊。鷲嶺嶄巖碧，麟峰嵂崒黃。玉竽仙羽立，金蓋皀旛颺。星炳韋馱甲，雲拖彌勒囊。豢龍施雨露，伏虎挾風霜。雕聳雙盤翅，羊迴九曲腸。鑒觀明有赫，福汝壽而康。爛漫銀樓壯，氤氳寶氣煬。彩螭蜷甲乙，丹鳳奏宮商。曲演《雙珠記》，歌傳《百寶箱》。自從騎白鹿，不解唱《黃鏖》。淅淅瓶花動，悠悠錦旆揚。觀音滄海月，王母紫霞觴。直訝屏開雀，兼疑曲引凰。須彌藏芥子，至道鑄粃穅。琪草朝初發，瑤臺夜未央。香溫新篤耨，簾捲舊瀟湘。吸露袈裟濕，排空殿閣望。仰瞻檀象現，俯聽佩聲鏘。玉甑炊紅粟，金瓶灑綠楊。慈悲眞浩浩，歡喜互穰穰。法駕驂鸞鶴，明星露角亢。靈山緣可證，慧海業難量。巒岫輕煙豁，郊原蔓草瀼。春風開芍藥，夏木鬱沙棠。秋露鷗波渺，冬冰豹谷戕。詞源應峻茂，畫境樂徜徉。句似雕龍得，才難繡虎償。東瞻雄太華，西望盡瞿塘。北顧呑吳嶽，南旋定楚疆。扶搖鵬翼闊，排蕩雁聲揚。始向清湘入，頻登白石礓。亂泉飛玠瓘，幽谷數篔簹。屼屼披蓮崿，嵾嵾削劍鋩。水聲眠象伏，山勢鬥雞強。抹弄藤蘿短，牽攀梓漆良。鼪鼬逢客拜，蝙蝠見人翔。桂影寒凝綠，松聲珮雜璜。爰攜青竹杖，重步碧橋莊。野燒連天艶，漁燈隔溆茫。澗花難辨色，山鳥乍啼吭。瑪瑙搖低瀨，琉璃照去檣。巨靈開壁壘，雷斧擢榑桑。誰謂蠶叢險，疇書錦字彰。筆能搖五嶽，樹已蔭千章。瑞氣籠金地，祥煙匝寶箱。珠喉眞婉婉，玉磬亦琅琅。共摘穿籬菜，爭傳辟穀方。鬅松垂石髮，瀟灑坐禪床。幾世梅花福，頻年粉署郎。圖爲何允菴繪。夢初迴翡翠，煙欲罩鴛鴦。傾倒詞三峽，菑畬學五倉。珊瑚紅采采，緗帙碧洋洋。雪案臨青玉，霜驄勒紫韁。尋僧來海島，過時渡沅漳。纚纚祇園樹，煌煌寶相裝。佳人調管樂，仙子奏笙簧。風日徘徊好，遊觀紀載詳。河沙千億劫，書法十三行。繡佛曾齋月，披圖獨倚篁。高人清不寐，松露冷衣裳。(《衣讔山房詩集》卷四，清同治二年廣州刻本)

【論詩一百又五首(之十一)】

劇奏《長生》出涕潸，宮商樂府重《金鐶》。《大樗集》工樂府，宮商不差脣吻，其七古《金鐶曲》最佳。《四嬋娟》與《天涯淚》，播遍旗亭唱小鬟。武康洪昉思昇。(《衣讔山房詩集》卷七，清同治二年廣州刻本)

【論詩一百又五首(之二十四)】

錄著《談龍》頗自誇，詩章風味小名家。矜才到底傷輕薄，科第如開頃刻花。益都趙秋谷執信。秋谷著《談龍錄》，多譏刺阮亭。秋谷以國服未除，觀演《長生殿》劇落職。(《衣讔山房詩集》卷七，清同治二年廣州刻本)

【論詩一百又五首(之四十五)】

荃蘭哀怨譜孤絃，牛耳齊盟孰比肩？莫聽淒涼江醴曲，千秋魂斷柳屯田。臨桂朱小岑依眞。小岑工塡詞，有《人間世》傳奇、《分綠窗》劇，其《弔柳》一劇，最爲悽愴。(《衣讔山房詩集》卷七，清同治二年廣州刻本)

姚 燮

姚燮(1805～1864)，字梅伯，號復莊，鎮海(今屬浙江)人。道光甲午(十四年，1848)舉人。詩骨雄健，文筆清新，尤精繪事。復莊生具異稟，五歲能賦《鐙花詩》。稍長，讀書十行並下，自經史百家以逮道藏釋典，靡不周覽。公車北上，都中士大夫及海內名輩爭相延納，交日益廣，才日益肆，著述日益多，若《復莊詩問》、《駢體文榷》、《疏影樓詞》、《疏影樓續詞》、《玉樞經籥》、《胡氏禹貢校補》、《蛟川詩繫》、《詞學標準》、《今樂考證》等。戲曲創作方面，作有傳奇《梅心雪》、《退紅衫》等。見《兩浙輶軒續錄》卷三五、《晚晴簃詩匯》卷一三七等。

【同友人聽葉十五元封彈琴其姬人以琵琶箏瑟等和之賦贈長歌】

四月之杪櫻桃紅，初荷葉綠當南風。豈在玉關在金谷，脆何如燕悽如鴻。轉如翡翠狎蘭語，闌干一重煙一重。遠移瑤思入天際，白雲挂眼疑湘峰。主人袷衣踞中座，侍有鬟者鬟瓏璁。花影忽從屏角轉，黛氣不與簾絲通。但見粉牆萬篠綠，貼我薄袖搖青葱。使人心作寸寸水，旖旎到極非人工。党家銷金乃瓦子，若令狐氏眞英雄。君絃一墜變大石，日方未西愁曲終。起注壺酒竭一海，令臣綺想於斯窮。昨宵襆被湖上寺，水天夢醒聞有鐘。年華浩蕩逝以瞬，枯寥者佛吾願傭。安知色欲兩天界，眞梵不毀摩夷宮。遠楊撒地青濛濛，濕嵐生罨晚將虹。餘音抗激益紆促，迴颷萬里驚弱蓬。四十九絃一抹靜，客猶兀坐神肅恭。口瘏手棘遍《巴里》，曾不自諒爲蚓蛩。技於所至神可通，區區況在凡耳聾。攜燈過湖星滿渚，只怨渚上無芙蓉，何以媚我騷之胸？（《復莊詩問》卷二，清道光姚氏刻大梅山館集本）

【八懷詩（之六）】

《曲子先生陸》：大曲笛管笙，小曲琵琶箏。賣曲城南樓，花柳圍燕鶯。一曲一餅金，積金恣霍揮。金盡白髮生，日暮無家歸。有子徙他鄉，有女嫁窮戶。行路逢舊群，避面不相語。酒爲先生壽，先生爲我歌。病馬嘶西風，自覺哀音多。酒亦不能醉，哀亦不能止。明日城南樓，共傳先生死。（《復莊詩問》卷六，清道光姚氏刻大梅山館集本）

【秋夜席上聽女伶王雙雙琵琶贈以長句】

千二百聲不可召，天地森霧閉元竅。擁鬟仙女調八琅，吁絕方壺鐵壁峭。八月九月鴻雁翔，西湖蘆荻如潯陽。秋色莽迴一千里，拂落五指皆成霜。五指霜欺四絃水，絃作星流指雲委。六窗蓉桂殊笑啼，斗室魚龍爭譎詭。先生欲作騷客騷，蕩子惟憐美人美。美人佳酒月滿天，此境在世誠可憐。梧桐高拂銀河煙，鳳子獨媚春娟娟。癡童短夢自騎馬，鄰嫠酸淚當流鉛。變音忽作落葉響，座客都生別離想。尾聲忽轉旖旎歌，燭將炧矣情如何？美人爲絮心爲波，蕩搖不定還挼摩。美人爲花心爲鏡，花不模糊鏡光定。鏡花波絮一刹那，春情不敵秋懷多。美人已去月已落，嬝嬝西風吹綠蘿。（《復莊詩問》卷七，清道光姚氏刻大梅山館集本）

【聽陳老髯琵琶】

不作楊枝旖旎鶯，共調花角鳳皇箏。日方閶闔瓊霄麗，風有邊關鐵馬聲。多少女郎從汝死，只看潦倒奈予情。當年供奉開元李，想似吾髯白髮生。（《復莊詩問》卷八，清道光姚氏刻大梅山館集本）

【櫻桃街沈氏壚醉後感歌贈錢伶】

縱有白蓮華，未忍喻汝窈窕粧。況無九曲珠，何以肖汝宛轉腸？叵羅滿春酒，碧色蒲桃香。勸之不肯飲，流淚向我沾我裳。自言產吳門，髫年亡父母，僥倖弱姊存。撫儂長大及二九，姊死斷近親，孑焉餘此羈孤身。遭強賺鬻燕京地，鬻向梨園充子弟。朝鞭成一舞，暮撻成一歌。但求延喘羞則那，登場隨例相嬝婀。雌氣如閹雄氣阻，南望蘇臺渺風雨。那博黃金脫鬼囚，悔抱朱顏受天蠱。六萌車子錦馬高，同輩妒儂聲名豪。誰知肝腑積寒雪，沐浴鶯魂但鵑血。我聞生語心鬱攸，押衙磨勒今何求？清門子孫半珠玉，多少埋頭此中哭。願攜佛座慈悲缾，灑露荒墳甦死肉。攜生出戶同看天，斗斜月正孤臺懸。佩腰有劍不鉏惡，換心無藥難希仙。我亦淪落厠汙賤，與生苦作風目憐。吁嗟乎！生且不必悲，茫茫人海將告誰？不如千樽百斝日向醉鄉住，酒外風波任狂鶩，一線階凹有駿路。（《復莊詩問》卷八，清道光姚氏刻大梅山館集本）

【觀演長生殿院本有作】

鈴騎漁陽遞戰書，上皇悽絕馬嵬車。竟將煙月沈天寶，那有蓬萊幻海墟？殄夏原難仇妹喜，防秋應悔仗哥舒。佳人粉黛才人筆，收拾龜年涕淚餘。（《復莊詩問》卷八，清道光姚氏刻大梅山館集本）

【傀儡】

紛紛傀儡遞喬裝，幾輩優遊識退藏。俗士文章冠帶券，豪門階廡馬牛場。夢尋死鹿蕉都壞，眼惜奔駒日共忙。我慕東鄰編葦叟，科頭跣足傲羲皇。（《復莊詩問》卷八，清道光姚氏刻大梅山館集本）

【觀石氏夫婦演技】

虛堂平拓十弓地，置酒同看漢京戲。兩行八燭人臂粗，左右分照紅氍毹。沈沈月上夜將半，花影先撩酒光亂。有夫繡帽短後衣，有婦梳鬟鬖髻低。睇交口駢作清嘯，若哀猿語饑兒啼。鸞蹲鳳舉相搏撠，怒風西來倒牆壁。倒地非壁還疑雲，掃出芙蓉萬燈碧。就中一燈如大罌，火輪旋舞香孩嬰。嬰孩七歲刀百觔，以手弄之鴻毛輕。刀光爲虹繞燈白，虹芒逼樹千葉零。葉聲四颯秋雨聲，座有醉者神皆醒。刀光忽離燈忽合，金翠浮圖千仞立。嬰孩飛落浮圖巔，趨向筵前向人揖。與酒一杯蒲伏受，婦也趦趄奪杯走。擲杯杯在空中停，不溢涓滴杯能平。夫也睢盱睨杯叱，叱杯杯在空中行。眼色朦朧月一晃，空杯仍落嬰孩掌。闔堂拍手都嘆奇，値得纏頭百金賞。五陵俠少邯鄲倡，緣竿走索眞濫觴。朱門横行得爾輩，出奇制勝誰能當？雕搜六鑿窮天巧，亦衹終生謀一飽。美人誰惜掩面啼，壯士難堪拊髀老。爾曷不爲干將雄？莫耶雌冶鑪變化。青蛟螭爾曷不爲？聶隱娘、磨鏡叟，荊棘關河雙衛走。羊蹄牛肉雖肥薌，俯首而食還足傷。技窮之鼠愁無糧，媚人以技安能常？酒闌人散碧天曙，城角孤星罥芳樹。眞仙上藥不可求，且拽雕弓射銀兔。（《復莊詩問》卷九，清道光姚氏刻大梅山館集本）

【蓮郎曲】

煙心月動梨花飛，東風撩亂胡蝶衣。素輝如雪灑寒色，罘罳射影生漣漪。阿蓮玉質年方弱，燕子身輕善迴掠。婉孌軍容效洗梁，管膩絃柔不能縛。鉦鼙颯沓綢杠開，蓮郎結束登場來。銷金闆戟綠沈甲，翻身落鶻驚龍媒。楮花剪紫低垂鬌，故倚雕鞍作嬌困。可憐廣座千人心，攝入横波春一寸。忽張錦陳交兩軍，迷離五色盤奇雲。雲爲衣帶雨爲汗，鬱之塵氣皆奇芬。花兒秦嫿稱能武，未必當時艷如許。柳陰日墮早收場，猶若虛空挾飛舞。群鶯絮語聲如簧，不差粲黍爭羽商。獨刪常格製偏勝，眼中儕輩誰能頏？技雖神妙終何補，應悔聲名餌辛苦。花前勞汝酒一杯，若感深情致愁憮。薊門雨過沙草青，贏車笑我九市行。惜無伯玉四絃在，賺人來聽梁州聲。卿乎卿乎爾自惜，逐漸歌臺換尊席。舊日何戡半老蒼，幾見黃金鑄顏色。（《復莊詩問》卷九，清道光姚氏刻大梅山館集本）

【飲輔國公園亭歌者絳兒索詩書四絕句】

（其一）水閣銀燈照雨絲，樹光流袂綠差差。簨聲軟與春搖弄，我憶江南舊柳枝。

（其二）蝴蝶銖衣颭玉叉，櫻桃含露媚初花。只堪今夜無蟾影，辜負涼痕滿碧紗。

（其三）偏對愁人唱懊儂，鵲華春秀褪眉峰。舊痕未浣羅巾淚，又向尊前漬一重。

（其四）晴色中宵上畫屏，貼波蓮葉動疏星。迷茫吹到風鸕語，可是江湖夢裏聽。（《復莊詩問》卷十，清道光姚氏刻大梅山館集本）

【王上舍電章樂愚軒席上聽吳伶歌】

天門飛軨停華鸞，湘篁綠瘦風漪寒。小姑無郎怨山黛，背燈狎夢攜琅玕。蝴蝶醺然貼花影，雪氣彈膚不如冷。繁紘蟋蟀凄管鳥，畫燭樓臺幾人醒？眼前芳緒抽正長，江南春煙蘅蕪香。深樽未使意沈匿，屏風面面通玉潢。靈眸四轉珠散光，去筵一丈無留霜。旖旎束縛難為狂，月魄自定雲魂忙。歌殘夜悄更續酒，蘭息吹溫客爭受。苦余犖确胸有冰，亦化輕颸媚纖柳。（《復莊詩問》卷十一，清道光姚氏刻大梅山館集本）

【夜宴青瀫水榭聽八琵琶合奏月兒高曲】

樓臺不暝煙作漪，藻香滿郭蘿屏低。美人亭亭隔荷葉，衫光拂拂當楊枝。金尊酒滿客初醉，夜渚月明瀫鵜睡。江遠星稀思雁翔，風靜窗疎看螢墜。羅紈接座含迴情，斜柱十三抽鈿箏。一人一曲遞相奏，誰拚默坐終宵聽。三十二紘八十指，折軸量聲互停止。侍酒鴉童神若癡，貼壁蛾兒氣先死。教師點拍紘始鳴，推宮卻羽歸一聲。濫響齊抹《白翎雀》，乳舌乍調黃毛鶯。縷縷絲絲經緯析，琤琤琮琮玉泉滴。緩忽相追忙轉閒，動與依依靜脈脈。東筵西筵平睇交，高燈下燈遊絲飄。吹雲過肩各翻袖，抱瓊置膝都齊腰。紅桂金魚脫宮鎖，憔悴嬋娟委秋鬌。仙臺潑露么鳳啼，闊海霏塵素鸞彈。凌波欲來猶未來，百迴搖曳空青開。沈思及細倏如會，纏愁漸緊難容猜。此曲生平吾聽寡，何料當前盡能者。生憐粉黛彫尹邢，一例文章誤董賈。手持大白重酌斟，翠簾半下涼沈沈。湖心西寺送鐘梵，城眉北斗橫瑤簪。山川寥寥渡無鵲，水天迢迢夢須鶴。有技若此神乎神，今夕之遊樂莫樂。（《復莊詩問》卷十二，清道光姚氏刻大梅山館集本）

【妓有鼓四十二絃琴者】

畫浦靈槎夢醒時，坐看織女弄機絲。水天獨月群鷗唼，花海深燈暗雨吹。香土已消瓊樹影，俗聲可廢玉溪詩。寒簧別有仙傳秘，未許成連按譜知。（《復莊詩問》卷十三，清道光姚氏刻大梅山館集本）

【貓兒戲】謂六、七齡女童演劇者。

其形至雛，其性至黠。居然自優，能狙能鶻。三寸之燭，八尺之氍。鼓之舞之，其樂于于。幼則用憐，長則用棄。色雖善魔，往將誰媚。貓兒貓兒，假豹之皮。去豹之皮，群鼠相欺。（《復莊詩問》卷十三，清道光姚氏刻大梅山館集本）

【纖紅曲聽女伎雙琵琶作】

珠藤梟香石，畫色蒨濃翠。柔風一縷薄颸之，兩萼纖紅露春媚。幕氈挂月紅燈高，嶽色照杯青溶搖。桃根姊妹並娟秀，纈眸上醉生倦嬌。風煙塞北嘗千苦，宛轉偏能作吳語。如弄一手雙槽鳴，百迴推卻無出聲。客心如絲繞聲入，客心自亂聲自清。窈言窕笑若放誕，不輕身許非寡情。胭脂滿路紅心草，蝴蝶無霜半黃老。驀地東風吹柳花，依約江南夢痕小。詰朝驅馬高唐州，平沙落日空爾愁。紅闌天際不可見，一雁微茫下遠洲。（《復莊詩問》卷十四，清道光姚氏刻大梅山館集本）

【浮香閣雨夜聽歌示萬六】

選色襟懷已逝波，桃花夢短奈春何。倚屏錦瑟如蘭瘦，拍竹涼煙上鬢多。昔社深樽淹歲月，此時飄雁滿關河。騷心苦到無香拾，聊遣蛾眉壽太阿。（《復莊詩問》卷十六，清道光姚氏刻大梅山館集本）

【詣女郎王雙雙殯詞】雙雙，武林王氏女，工琵琶，稱浙西第二手。乙未五月，以病亡，年僅十四。附於乩，自謂瑤天仙樂使者寶缾仙子後身。里人於其殯所卜休咎，多奇驗，因以香火神事之。己亥冬日，過其地，感而有詩。

茱楞綠短曉雪沒，草在頹牆半黃色。餓雞三五叫枯樹，破戶傾欹縛荒荻。蘭幃燭淚拋狼藉，幡紙迎風颭斜壁。桐棺五尺無題字，潦草深塵搶釵舄。大駟高車五陵客，四散紛紛如落葉。當時碧玉年嬌怯，不愛依花弄蝴蝶。強因覓食賣歌舞，怨意時時露眉頰。菱湖未結鴛鴦窟，苦雨連宵妒明月。卷施糜爛心不死，松柏枝柯是貞骨。聞向瑤天偶塵謫，刼滿神還五雲闕。箕鸞迭奏步虛詞，晝翳銖衣降飄瞥。醵錢翦楮各祈禱，八口粊糠賴粗活。傳言弟妹愼嬌護，莫倚東風博憐惜。薜荔霜寒山鬼泣，黯黯西泠去油碧。纖鶯語闥花明席，銀蠟華屏醉春夕。可憐昔日藏嬌地，斷柱零欂洞幽漆。虛無忽盎旃檀氣，惝怳投懷語幽咽。出門翹首向空闊，晚景蒼涼去無極。湖流江水各自急，初月東南日西北。向來難昧此胸臆，何忍無言聽長別。（《復莊詩問》卷十八，清道光姚氏刻大梅山館集本）

【聽歌】

巡江戍海客兵多，淒咽群鴻掠雨過。慚媿蕭閒如我輩，側身花裏聽清歌。（《復莊詩問》卷二十一，清道光姚氏刻大梅山館集本）

【贈錢伶二章】

（其一）下車無一語，覽手兩逡巡。昔事淒難憶，相逢恐未眞。關山沈晚色，花柳入殘春。那得天池水，從君洗袂塵。

（其二）欲知別來事，但看此容顏。誰信鶯都老，如何雁不還。客裝餘趙筑，鄉夢斷吳關。我亦飄零者，能無淚點潸。（《復莊詩問》卷二十七，清道光姚氏刻大梅山館集本）

【觀技】

袖中三峽濤，涌出月輪高。狡於兔之脫，翩如鴻也翱。驚人殊突兀，玩世託牢騷。何羨解牛者，砉然工奏刀。（《復莊詩問》卷二十九，清道光姚氏刻大梅山館集本）

【陳生彈琵琶詩】

花髻天街舞對山，出塵狂態俗難扳。一生教妓貧能食，半夜聽烏月滿關。我涕待揮君與雪，人心好靡遇終慳。夕陽柳絮春魂亂，絡指勞紘那復閒。（《復莊詩問》卷三十三，清道光姚氏刻大梅山館集本）

【過方河里憶舊時曲社】

歡場一散不易聚，誰肯晴天料風雨。佳人一老不再妍，眉黛能留幾春嫵。昔時來住西風帆，泥聽清歌遂久淹。小紅庭院黃華局，慘綠兒郎白紵衫。酒半停箏開翠簾，兩頭月子橫柳尖。柳背殘蛙狎水語，箏心么鳳生雲嫌。我醉制情頗自嚴，如斯良夜終難堪。投樽竟欲痛淚下，觸袖便有奇香黏。年華恐逝輸金買，意氣爭豪忍病耽。只今十年不過此，獨樹重門認猶是。斷釵零舄埋古塵，小石疎闌換誰氏。拂頭斜日烏鵶飛，泱眥空天白雲駛。傳聞俊侶無一存，半苦飢亡半兵死。近吾清齋謝羅綺，蕭瑟襟懷託禪被。敢憐墮夢有高樓，轉媿他鄉猶蕩子。翦燈絮語借泉留，葬玉青山隔城指。秋懷感觸誰喻知，秋影都殘煙蓼枝。僅餘白髮何戡在，謂邵翁某，嘗在社中司笛者，年近八十。寄食平康作教師。（《復莊詩問》卷三十四，清道光姚氏刻大梅山館集本）

【霓裳中序第一・柳翠井巷訪玉卿不遇聽馥郎歌四聲猿第二折紀以慢聲吊古傷今憐春怨別寸心不知何許也】

苔煙蕩暗濕，曲巷春人幾銷歇。怊悵西湖舊別。記怨響流紅，鶯嬌簧舌。珠欄一折，隔晚山江上千疊。空留取，酒邊月影，貼夢到梧葉。　　愁絕。背燈拍。又聽唱青藤詞闋。銀床無限凄切。怕井水生波，美人夜咽。管停垂倦纈。似欲帶、曉雲傍蝶。還回袖，笑折梨花，點冷一肩雪。（《疏影樓詞》，浙江古籍出版社 1986 年版，第 47 頁）

【湘月・宿春畹樓聞隔花度曲聲】

畫樓織瞑，恁蘅蕪艷綠，秋色催換。鳳小鸞纖，記那夕、十二春燈屏扇。夢蕩嫣雲，衾浮涼水，靜極生幽惋。晶簾無月，一蛩隔竹啼緩。　　偏又苦調櫻桃，箏弦曳出，是誰家庭院。想犤蟬鬢泥燭影，一息蘭絲吹怨。細入花心，輕搖酒力，響抑聽微斷。如歌回紇，相思水遠山遠。（《疏影樓詞》，浙江古籍出版社 1986 年版，第 57 頁）

【浪淘沙・歌樓逢戴琴生即送其歸洞庭】

宛轉縷金裳。漫唱秋娘。酒襟吟鬢看凄涼。不信湖樓三載別，減盡清狂。　　踠碧柳絲長。遠色微茫。雲邊隱隱見吳江。春水白蘋明日路，誰勸行觴。（《疏影樓詞》，浙江古籍出版社 1986 年版，第 108 頁）

【慶宮春・春日淡巖邀同小譜飲度心香室水榭聽女郎王雙喜琵琶有感湖上舊遊】

初暖烘花，薄晴媚鳥，畫簾不鎖春愁。舊夢山香，新聲水調，爲誰宛轉勾留。四欄人悄，隔衣影、雲波乍流。慢疑前度，疏柳西泠，月上洄舟。　　泥他翠鬟青眸。更倩東風，添寫嬌柔。明去蘇堤，夕陽芳草，酒邊莫唱《梁州》。恐伊小小，也凄咽、香魂玉鉤。弦停響遠，不盡纏綿，消與蘋鷗。（《疏影樓詞》，浙江古籍出版社 1986 年版，第 110 頁）

華長卿

華長卿（1805～1881），字枚宗，號梅莊，晚號米齋，天津人。諸生。祖蘭，乾隆庚子（四十五年，1780）舉人，官安徽知縣，有循聲。工詩善畫，著有《篁影山房遺稿》。長卿紹家學，道光辛卯（十一年，1831）舉於鄉。舅沈兆澐督江糧儲，爲幕中客十載，縱遊吳、越、楚、皖、齊、晉、中州，足跡半天下。咸豐癸丑（三年，1853），選開原訓導，纂《盛京通志》三十六卷。同治六年（1867）告歸，士民請留不得，泣送者至數千人。奉天學使王家璧奏保，賞加國子學正學錄銜。光緒六年卒，年七十有七。著《古本周易集注》十二卷、《尚書補闕》一卷、《毛詩識小錄》四卷、《春秋三傳異同考》四卷、《唐宋陽秋》六卷、《説雅》六卷、《史駢箋注》八卷、《三國兩晉南北朝年表》二卷、《正字原》六卷、《説文形聲表》六卷、《津門選舉錄》一卷、《韻籟》四卷、《方輿韻編》五卷、《時還讀我書屋文鈔》、《梅莊詩鈔》共三十二卷、《黱香館詞鈔》一卷等。見《（光緒）重修天津府志》卷四三、《晚晴簃詩匯》卷一五二等。

【津沽竹枝詞（之八）】庚寅。

新來菊部唱涼州，年少王孫爭一遊。攜得梨園佳子弟，四更同醉酒家樓。（《梅莊詩鈔》卷二庚庚集上，清同治九年刻本）

【三十初度述懷（之七）】

送客扁舟泛五湖，空庭月白一身孤。連番快睹新文陣，累日爭邀舊酒徒。絕少閒情歌子夜，素喜觀劇，兼習南北詞曲，自壬辰後絕跡歌場矣。驟驚噩夢到姑蘇。時聞外祖母卒於姑蘇官署。蓼莪既廢何堪讀，振觸當年《陟屺圖》。（《梅莊詩鈔》卷三庚庚集下，清同治九年刻本）

【金陵懷古（之十）】

宮闕傾頹蔓草荒，莫愁湖水綠茫茫。孱王有意爲陳主，駑馬無知問阮郎。開府干戈同演劇，隔江燈火笑移防。可憐一曲薰風殿，不及桃花豔李香。（《梅莊詩鈔》卷八白門集，清同治九年刻本）

【觀劇有感】

世事眞如傀儡場，忽然甲冑忽宮妝。英雄叱咤風雲起，兒女纏綿

粉黛香。白面塗成工笑謔，黃金用盡變炎涼。俳優一樣垂紳笏，何必銅山煮爛羊。（《梅莊詩鈔》卷十白門續集，清同治九年刻本）

【和舅氏樂官山詩】

（其一）劫灰燒起秣陵煙，忍向池頭奏管絃。都學海青拚一死，可憐腸斷李龜年。

（其二）楊花飛向李家明，楊花飛、李家明，皆南唐樂工。絲竹摧殘血淚聲。俊骨埋香心不滅，山頭時有杜鵑鳴。

（其三）五鬼詞華唱輓歌，梨園笑倒敬新磨。楚金兄弟歸梁苑，念到家山痛若何。

（其四）焚香午夜誓登壇，竟灑淋漓碧血寒。誰展澄心堂上紙，替他優孟寫衣冠。（《梅莊詩鈔》卷十白門續集，清同治九年刻本）

【四十初度（之五）】

飲讌平原十日留，中秋後一日到濟寧，二十八日登舟。月華如水送行舟。解裝屢下陳蕃榻，聯袂重登太白樓。同榜科名悲電掣，同榜成進士者五十四人，有罷官謝世者。中年絲竹感風流。連日有歌伶侑觴。眼前莫負秋光好，折取黃花當酒籌。（《梅莊詩鈔》卷十二借帆集，清同治九年刻本）

【讀味塵軒詩集有懷李雲生大令文瀚】

（其一）海內論交道，何人同性情。南遊得知己，夏間由蘇赴杭之紹興，得交翟端卿明府。西望有長庚。刺史多循吏，清才副盛名。皖江曾倚櫂，低首拜宣城。

（其二）我友皆君友，謂高寄泉、馬鶴船、邊袠石、丁柘塘。君詩勝我詩。拙稿二千餘首，僅刻《瓊言集》一卷。未曾觀妙畫，先得讀傳奇。《繡鳥記》、《紫荊釵》。書達三千里，神交十二時。葭蒼人不見，何以慰相思。（《梅莊詩鈔》卷十五貸春集，清同治九年刻本）

李佐賢

李佐賢（1807～1876），字竹朋，利津（今屬山東）人。道光乙未（十五年，1835）進士，改庶吉士，授編修。歷官汀州知府。竹朋中歲辭官，以書畫金石自娛。所編《古泉匯》，搜羅宏富，號爲專家之學。何子貞嘗曰：「君有詩人之性情而不爲詩，何也？」所作寄興攄情，自適其適。有《石泉書屋詩鈔》。見《晚晴簃詩匯》卷一三八、《清秘述聞續》卷一五等。

【觀劇】

優孟何需辨假眞，空中色相夢中身。誰知演劇同觀劇，都是登場傀儡人。（《石泉書屋詩鈔》卷五，清同治四年刻本）

【新樂府并序（之十）】

《兵戈戲》：兵戈戲，兵戈戲，歌舞場爲爭戰地。爲鵝爲鸛陣圖開，大戟長槍逞利器。龍爭虎鬥鯨鯢吞，但誇有勇不尚義。喧闐金鼓震雷驚，斬將搴旗人辟易。黃童白叟並黎民，觀者如堵盡得意。上自都門下村寨，司空見慣都不怪。我來觀劇三歎息，歎息人心風俗壞。登場歌舞歡喜緣，兵凶戰危人所戒。喜樂凶危風馬牛，胡爲混同無分界。況今烽火遍郊野，驚聞風鶴來戎馬。蘄免鋒鏑幸偷生，刀兵爲戲胡爲者。觀劇惟願先止戈，何妨後舞復前歌，庶幾春臺共樂人民和。（《石泉書屋詩鈔》卷七，清同治四年刻本）

寶鋆

寶鋆（1807～1891），字佩蘅，索綽絡氏，滿洲鑲白旗人。道光戊戌（十八年，1838）進士，授禮部主事。官至武英殿大學士加太子少保，贈太保，謚文靖。文靖性耽吟詠，持節攄懷，興會飆舉。著有《奉使三音諾彥紀程草》、《塞上吟》、《典試浙江紀程草》、《還轅紀遊草》等。見《清秘述聞續》卷八、《清史稿》卷三八六、《晚晴簃詩匯》卷一四二等。

【追憶杭城風景宛在目前作杭州竹枝詞十二首（之十二）】

秀華洪福總仙班，杭城優戲，止此二班。牛鬼蛇神菩薩鬘。秀華多雛伶，洪福皆壯年。一片江湖歌舞地，問誰把酒坐吳山。即城隍山，高據城中，江天在望，惜未親到，故因戲戲言之。（《文靖公詩鈔》浙省還轅紀遊草卷二，清光緒三十四年羊城刻本）

【路遇鄉人賽社適演武劇戲成一律】

庸碌偶登場，雄風吹大王。鬚眉原冒濫，旌旆自飛揚。豈是楊無敵，渾疑石敢當。似君眞負腹，搔首問穹蒼。（《文靖公詩鈔》奉使三音諾彥記程草卷一，清光緒三十四年羊城刻本）

【煙郊】

古社枌榆比屋稠，喧闐簫鼓答神庥。賽社演劇。五槐舊館不知處，滿地蒼煙白露秋。（《文靖公遺集》卷一，清光緒三十四年羊城刻本）

【放言二律用怡神所觀劇韻】

（其一）清怨誰彈錦瑟絃，瞢騰搔首問青天。叱羊初起驚頑石，初起，黃初平兄。跨鯉琴高得大年。兩戒河山紛向背，一朝周召各親賢。茫茫今古難窮詰，遊戲何妨快目前。

（其二）刀光飛雪劍橫秋，醽醁紅酣寫翠愁。天上有星皆拱北，河中之水向東流。用莫愁曲句。風雲萬變蛟龍戰，花鳥三春鶯燕儔。俯仰乾坤同一劇，何如高踞鳳麟州。（《文靖公遺集》卷六，清光緒三十四年羊城刻本）

【即景四截句疊前韻（之三）】

翠箔晶簾歌舞樓，人醒人醉任天遊。古今興廢賢愚事，應有飛仙暗點頭。觀劇。（《文靖公遺集》卷八，清光緒三十四年羊城刻本）

【鄉間賽會甚肅詩以嘉之】

（其一）預防鵝鴨惱比鄰，兵法居然部勒人。楊柳陰濃言笑寂，夕陽簫鼓賽明神。

（其二）紅顏白髮路分明，酒熟茶香少市聲。觀劇幾人高位置，木香棚間牡丹棚。

（其三）黃金四目古風敦，嘉會山前山後村。指日麥秋償夙願，馨香誰更愛雞豚。

（其四）青瑣朝班界有無，碧雲深處訪浮屠。峰腰覽悉農鄉趣，擬畫西山春社圖。（《文靖公遺集》卷九，清光緒三十四年羊城刻本）

【恭邸怡神所以優劇召飲賦詩申謝並呈適園主人蘭孫協揆】

（其一）邸第樓臺盛管絃，輝生錦地接花天。共欣仙樂娛清聽，勉策神明學少年。雲閃龍星占夏大，長雩十餘日矣。是日辰刻微雨。雷鳴羯鼓緬唐賢。唐賢相宋璟，羯鼓擅長，樂懸有此，何勝慨慕。雍熙嘉會超常格，脫略王前與士前。

（其二）英雄兒女冠千秋，掃蕩人間萬斛愁。曲文獨出冠時，有推倒豪傑之概。杯泛雲霞分露潤，廚香櫻筍足風流。主賓膠漆歡無極，昆仲間平世罕儔。是宴醇邸同慶邸心泉貝子，均代主人酬酢，情文周至。寄語長庚仙供奉，遠過學士畫瀛洲。(《文靖公遺集》卷九，清光緒三十四年羊城刻本)

【適園觀劇次日詩來謂扶掖弋腔有三益焉存正聲防浮蕩濟窮苦言真摯而意悱惻讀之誰不怦怦因次原韻藉供一噱】

循蜚疏仡倫官在，雅謔眞宜冠笑林。特地提攜彰厚德，鈞天感動有同心。師雄村店梅誰夢，諸葛祠堂柏易尋。載誦王詩思廣播，擬書萬本管揮金。(《文靖公遺集》卷九，清光緒三十四年羊城刻本)

【讀鑑園主人春仲會飲觀劇集句再步元韻】

蔞蒿滿地蘆芽短，詩愛髯蘇生動姿。勝景山輝兼水媚，仙翁神靜亦天隨。露桃旖旎紅含笑，煙柳翩娟翠掃眉。空色色空渾不計，銜杯且醉太平時。(《文靖公遺集》卷十二，清光緒三十四年羊城刻本)

【怡神所小飲觀劇敬和鑑園主人原韻】

不知今夕是何年，錦瑟崢嶸五十絃。簫倚鳳凰歌並妙，觴飛鸚鵡酒爭傳。蕊珠宮峻尊詩聖，王與醇邸及心翁慶邸均好吟詠。群玉峰高悅眾仙。姻族諸賢蹌蹌濟濟。我亦蟠桃花底客，歲星學步大羅天。(《文靖公遺集》卷十二，清光緒三十四年羊城刻本)

【再疊怡神所招飲觀劇元韻】

喜值羲皇熙皞年，雅宜急管趁繁絃。春生竹葉金杯漾，夜永蓮花玉漏傳。素履安閒眞古佛，紅塵遊戲即飛仙。怡神得所宮庭法，遠勝三唐白樂天。(《文靖公遺集》卷十二，清光緒三十四年羊城刻本)

蔣敦復

蔣敦復（1808～1867），字純甫，一字超存，號劍人，寶山（今屬上海）人。諸生。劍人詩慷慨激昂，沈雄鬱勃，有把酒問天、拔劍斫地之概。才既奇特，性尤兀傲，以狂名著，落魄江淮間。奇窮復罹奇禍，以至削髮逃方外。及返初服，舉博士弟子員，豪氣已減，低首傭書，猶好談兵事。上書當道，多不見用。晚乃得一席地，特以羈縻之耳。著有《嘯古堂詩集》、《芬陀利室詞集》等。見《國朝詞綜補》卷五三、《晚晴簃詩匯》卷一五九、《春在堂隨筆》卷一等。

【題家清容太史冬青樹樂府後】

（其一）淒涼鞠部聽誰能？南宋湖山問老僧。一樹冬青風雨黑，四條弦上咽紅冰。

（其二）九死難存趙氏孤，傷心塊肉浪花麤。碧孃空唱平元曲，崖海魂歸陸秀夫。

（其三）空坑戰後作纍囚，莘七孃詩恨墨留。一紙家書呼百五，他年柴市骨誰收？

（其四）莫問先朝買卦人，願將薇蕨殉孤臣。橋亭若比橋山路，腸斷攀髯竟絕身。

（其五）參軍帳下歷間關，如意光寒戰血斑。披髮西臺眞痛哭，富春一角趙家山。

（其六）鈴語馱花破驛昏，曲題金縷斷芳魂。水雲歸去黃冠老，絕代明妃古佛門。

（其七）行歌樵牧夕陽中，麥飯棠梨祭故宮。獨有王孫擅碑板，大元年月寫來工。（《嘯古堂詩集》卷一，清光緒十一年王韜淞隱廬刻本）

【琵琶行】辛丑春，余以避人，屏跡南匯蕭寺。有叩關客，挾琵琶直入，鼓再行，遽爲激楚之音。余察其人亦有心者，乃笑曰：「盡君之伎，當爲詩以張之。」於是復呼一少年，鼓《卸甲》、陳隋諸調，相與命酒擊節，極懽而罷。走筆成此，亦名之曰《琵琶行》。

兩年不聽琵琶聲，琵琶人去難爲情。樂天琵琶感遲暮，梅村琵琶調尤苦。一樣琵琶鉛淚傾，爲君別作《琵琶行》。是時元夜節已過，落鐙風裏鐙欲破。彈出交輝鐙月光，承平樂事聲悠揚。須臾少年揖客至，妙手云是名父子。轉撥鵾弦一兩彈，已覺泠泠指下寒。沙場萬馬勢騰踏，酒酣忽卸大王甲。帳下虞兮不忍歌，楚聲四面何其多。移宮別按陳隋調，《後庭玉樹》秋風老。門外韓禽兵氣驕，臙脂井底春紅銷。坐中恐有客不樂，曼聲復似前溪曲。楊柳樓臺綠幾圍，夕陽簫鼓伎船歸。子弦零星老弦急，入破裂繒出裂帛。一面琵琶八面風，浪浪海水青天空。抱琴我昔空山麓，吳市短簫燕市筑。妓堂品劍霜花飄，美人勸我紅檀槽。平生惜少此絕藝，失意彈詞《廿一史》。倦遊寂莫來江天，煩君爲我銷愁顏。方今海內苦鋒鏑，請以琵琶去擊賊。（《嘯古堂詩集》卷五，清光緒十一年王韜淞隱廬刻本）

【雲車謠】常州俗祀隋將陳杲仁，每四、五月間，迎神出巡，輒以幼女扮演故事。有似鞦韆架式者，或縛置鐵竿上，一人肩而行，謂之雲車。一或蹉跌，立可殞命，是亦不可以已乎？

蜨衣曬粉紅烏炙，蟾珠冷抱紺魂泣。黑風飛碎五霞裾，鶴背瑤姬冰骨裂。十三翠娃嬌可憐，黃金買斷花如煙。彩繩生縛姮娥死，雲車縹緲仙乎仙。仙乎不得語，芳犀摧散入雲去，斑斑淚作臙脂雨。（《嘯古堂詩集》卷六，清光緒十一年王韜淞隱廬刻本）

【黃研北司馬仁顧卿裳太守夔招入吟秋詩社分詠（之二）】

《老伎》：當筵誰擲錦纏頭，傷別傷春祇自愁。楊柳有絲三月暮，琵琶無語四弦秋。定情恩重殘脂盝，繡佛鐙明舊畫樓。若把名花比顏色，芙蓉霜後更風流。（《嘯古堂詩集》卷六，清光緒十一年王韜淞隱廬刻本）

【題湯雨生都督貽汾孤笠圖】雨生與宜興周保緒進士相友善，作《雙笠圖》。保緒歿，乃爲是圖。

畫君團團之雙笠，十年漚鷺盟初結。東南豪傑有幾人？海內周郎此相識。畫君孤笠之寥寥，將軍白髮風飄蕭。撫弦絕響廣陵散，對之使我朱顏彫。秣陵城中萬人海，如此江山寓公在。一笠長留碧水濱，一笠飛去青天外。文章有道交有神，俗子那復知其眞？雌雄劍氣倏相遇，君著有《劍人緣》傳奇，與余外字暗合。我亦江湖戴笠人。（《嘯古堂詩集》卷七，清光緒十一年王韜淞隱廬刻本）

【一萼紅・吾鄉楊麗生綺年韶思頗喜倚聲往時余為審定宮調辨析微芒妙悟擊節久不得音耗填此寄懷】

茜窗深，記瓊簫度曲，眉恨暗侵尋。玉夜初涼，檀膏半注，微聽蓮漏沈沈。斷魂處、年華似羽；臏花外、殘夢託幽禽。楊柳青煙，海棠紅雨，池館春陰。　　誰想倦遊詞客，甚江湖載酒，蘭雪題襟。扇底歌闌，綃邊淚聚，惜別何況如今。自空按、《霓裳》舊曲；聽風水、誰爲覓餘音？閒趁齋魚粥鼓，直恁飄零。（《芬陀利室詞集》卷一綠簫詞，清光緒十一年王韜淞隱廬刻本）

【離亭燕・小青題曲圖】

碧海青天孤影，黃土紅顏薄命。似此銷魂眞絕代，一樣多愁多病。

憐我更憐卿，兩兩鴛鴦難並。　　夢裏從伊僥倖，畢竟癡情誰勝。肯替傷心人寫照，可有風流玉茗。翦燭小窗幽，夜雨棃花空打。（《芬陀利室詞集》卷五白華詞，清光緒十一年王韜淞隱廬刻本）

【貂裘換酒·題鐵雲山人䴵笙館修簫譜傳奇四種】

《卓女當鑪》：賦賣長門未？歎長卿、蕭蕭四壁，謀生何計。門對青山酤綠酒，似此美人名士。令千古、魂銷心死。妾自蛾眉郎犢鼻。算神仙眷屬同遊戲。茅店冷，夕陽裏。　　前驅負弩重來矣。想當年、側身傭保，累卿蕉萃，富貴於人原自有，肉眼輸他女子。看一輩、王孫而已。吟到白頭愁薄倖，道鑪邊舊事休忘記。琴綠綺，幾知己。（《芬陀利室詞集》卷五白華詞，清光緒十一年王韜淞隱廬刻本）

【燭影搖紅·樊姬擁髻】

白髮青尊，兩朝舊恨誰能憶。聰明兒女最傷心，擁髻悲遙夕。蘿屋昏釭四壁。翠衫扶、纖蛾怨抑。舞休歌歇，酒冷香銷，淒然而泣。　　卌載滄桑，夜深祕事譚宮掖。趙家姊妹總承恩，日影昭陽惜。紅粉江山浪擲。老柔鄉、脂妖盪魄。緐華一霎，天上人間，空成陳跡。（《芬陀利室詞集》卷五白華詞，清光緒十一年王韜淞隱廬刻本）

【瑤臺第一層·酉陽修月】

萬古銷魂愁易老，三秋桂夢飄。高寒絳闕，天空眇眇，海碧迢迢。幾番員又缺，賺幾番玉瘁花蕉。試回首，奈《霓裳》歌斷，銀漢牆高。　　應教。莊嚴七寶，水精雲母匠心雕。山河小影，星辰昨夜，風露中宵。上梁文早就，願大千遍滿休凹。倚璚簫。看素娥欲下，廣袖紛招。（《芬陀利室詞集》卷五白華詞，清光緒十一年王韜淞隱廬刻本）

【大江西上曲·博望訪星】

黃河東走，落天上、一曲一千餘里。銀漢秋高通地脈，有客乘查而至。摘袖星青，鳴機錦綠，舵轉紅霞尾。浩然風露，不知今夕何世。

從此傳遍人間。七月七日，牛女長相會。恩緒神仙猶未斷，脈脈盈盈一水。色界分明，情天縹緲，雲海愁無際。平生鑿空，歸來還報天子。（《芬陀利室詞集》卷五白華詞，清光緒十一年王韜淞隱廬刻本）

朱　鎮

朱鎮，字靜媛，臨桂（今廣西桂林）人。舉人况祥麟室，近代著名詞人况周頤祖母。爲詩頗有深味，著有《淡如軒吟草》。見《名媛詩話》卷五。

【題長生殿傳奇】

君臣倉卒誤傾城，羅襪空留死後名。難占泰陵抔土地，悔當七夕誓來生。（清·蔡殿齊編：《國朝閨閣詩鈔》第六冊《澹如軒吟草》卷三，清道光嫏嬛別館刻本）

【論曲】

一曲琴聲兩意投，當罏貰酒不知愁。相如空有《長門賦》，卻使文君嘆《白頭》。（清·蔡殿齊編：《國朝閨閣詩鈔》第六冊《澹如軒吟草》卷三，清道光嫏嬛別館刻本）

朱景素

朱景素，字菊如，一作淡如，縣丞桂榮女，巡檢單洪誥室，上元（今屬江蘇）人。詩筆微婉，古詩尤妙。著有《絮雪吟》。見《名媛詩話》卷一〇。

【題長生殿傳奇】

綠楊若再過三春，定與江梅作比鄰。寄語玉妃休悵怨，六軍翻是爾功臣。（清·蔡殿齊編：《國朝閨閣詩鈔》第十冊《絮雪吟》卷四，清道光嫏嬛別館刻本）

貝青喬

貝青喬（1810～1863），字子木，江蘇吳縣人。諸生。有幹濟才，壯年嘗佐揚威奕將軍戎幕，不避艱險，冀有所樹立。既而無成功，乃往遊京師。歸，復之浙、之黔、之滇、之蜀，足跡半天下。庚申之變，青喬自浙迎母去。杭城再陷，母子相失。青喬出沒死生，尋母不獲，不得已就直隸制軍劉公之聘。未及相見，道卒旅邸。青喬嘗問詩法於朱孝廉綬，綬卒後十餘年，青喬繼起，稱詩吳下。著有《半行庵詩存稿》、《咄咄吟》等。見《（同治）蘇州府志》卷八四、《晚晴簃詩匯》卷一四八等。

【村田樂府擬范石湖體二首（之二）】

《演春臺》：前村佛會歇還未，後村又唱春臺戲。斂錢里正先訂期，邀得梨園自城至。紅男綠女雜沓來，萬頭攢動環當臺。臺上伶人妙歌舞，臺下歡聲潮壓浦。腳底不知誰氏田，茱蹋作齏禾作土。梨園唱罷斜陽天，婦稚歸話村莊前。今年此樂勝去年，里正夜半來索錢。東家五百西家千，明朝竈突寒無煙。（《半行庵詩存稿》卷一，清同治五年葉廷琯等刻本）

【觀演長生殿雜劇】

譜按霓裳李阿瞞，梨園舊部此重看。雄關警報兵何急，內殿酣歌讌未闌。一代浪誇初政美，三唐早識中興難。金錢會裏琵琶曲，彈向江南淚不乾。（《半行庵詩存稿》卷六，清同治五年葉廷琯等刻本）

【咄咄吟（鐃歌髣髴起江津）】

鐃歌髣髴起江津，畫舫中添滿座春。唱罷梨園新樂府，芙蓉湖上月如銀。

阿彥達、容照、楊熙等，皆喜唱崑腔。幕友、家丁，從而和之凡數十人，唱《長生殿》雜齣者尤多。中秋夜，會飲黃婆墩畔，歌聲月影，輝映上下，而將軍不聞也。初，侍衛珠勒亨額、常恆、長壽等奉旨帶往浙營，故亦自居於小欽差之列，而阿彥達以其武員也，頗輕之，珠勒亨額等恆相怨懟。及聞阿彥達讌集唱曲，乃往挾制之，容照從旁勸解始散。翌日，珠勒亨額等稟明將軍。將軍查問阿彥達，阿彥達諱爲珠勒亨額等訛詐。珠勒亨額等亦懼，乃與阿彥達和好，將軍亦遂寢其事。（《咄咄吟》卷下，民國嘉業堂叢書本）

【咄咄吟（饗到牛郎亦濫叨）】

饗到牛郎亦濫叨，紅毹爭看鄭櫻桃。隔河應被天孫笑，巧賺團花古錦袍。

容照，尚書那彥成少子也。初回匪張格爾之亂，曾奉使軍營。後因失機，降職三等侍衛。將軍舊與熟識，故優禮之。性豪侈，尤喜男色，常欲於梨園中擇一佳麗，而苦無説以招致之。無錫北門塘有牛星廟，時駐兵其地，容照謂褻瀆神明，理宜款謝，乃製一錦袍獻諸神座，遂借此名演劇，以召致小伶云。（《咄咄吟》卷下，民國嘉業堂叢書本）

魏燮均

魏燮均（1812～1889），初名昌泰，因慕鄭板橋之爲人更今名。字子亨，一字伯柔，又字公隱，號鐵民。奉天鐵嶺（今遼寧鐵嶺）人。貢生。工詩，擅書法。

著有《九梅村詩集》。見《晚晴簃詩匯》卷一六〇、《清人詩文集總目提要》。

【鄰叟招飲彈琴作歌醉聽有感】

主人愛客情，相對勸飛觥。爲我歌一曲，醉彈琴數聲。因思少年日，聽唱琵琶行。轉眼風流歇，蕭蕭白髮生。（《九梅村詩集》卷十躬耕集，清光緒元年紅杏山莊刻本）

【家子循與于生兩山郭生鏡泉招飲酒肆】

都學乘風破浪遊，不期握手向皇州。姓名問罷知鄉里，于、郭二生俱海城人，與余初相識也。歌管聽殘上酒樓。是日先邀觀劇。難得歡場成雅集，況兼豪士半名流。座有劉杏林廣文，郝賡臣、郝紫垣兩明府，李蘭泉布衣。相逢轉恨東歸急，未盡平原十日留。（《九梅村詩集》卷十二燕遊續草，清光緒元年紅杏山莊刻本）

【營川絕句（之七）】

酒坊絲管日無休，更有燕姬勸客酬。歌舞夜深猶未散，人人都醉入迷樓。（《九梅村詩集》卷十四餘生草，清光緒元年紅杏山莊刻本）

史夢蘭

史夢蘭（1813～1899），字香崖，號硯農，樂亭（今屬河北）人。生六月失父，幼受母王氏教，端謹如成人。家故富饒，藏書數萬卷。肆力瀏覽，凡群經諸史百家之説，靡不淹通，而尤嗜宋、明儒者之書，一言一動，奉爲師法。道光二十年（1840）舉於鄉，選山東朝城知縣，以母老不赴。築別業於碣石山，名曰止園，以奉母著書爲樂。同治八年（1869）湘鄉曾國藩總督直隸，設禮賢館，遍徵畿南北通儒碩士，一再招之，不應。迫於敦促，始一往見。爲論古今學術得失及地方利病大端，益爲國藩所器。一時幕僚如方宗誠、吳汝綸、游智開皆慕與之交。國藩欲留以主講蓮池書院，卒以母老辭，不就。合肥李鴻章繼督直隸，開畿輔通志局，於保定之蓮池延貴築黄彭年主其事，復手書招致夢蘭，仍以家居奉母爲辭，僅爲之删定志例而已。定州王灝有刊刻《畿輔叢書》之舉，以古今藝文考相屬。游智開守永平，以纂修府志相屬，皆設局於其家，往返函商，其見重如此。夢蘭學無偏倚，平生著述甚富，不名一家，有《疊雅》十三卷、《遷安府志》二十卷、《撫寧縣志》十二卷、《異號類編》二十卷、《雙名錄》一卷、《筆談》二卷等。詩沖和樸厚，無輕佻噍殺之音，有《爾爾書屋詩草》。見《碑傳集補》卷五〇、《晚晴簃詩匯》卷一四三等。

【琉璃河鐵篙歌】

長虹百尺驅黿鼉，行人指說琉璃河。上有一鐵倚橋柱，傳是梁臣撐船之物同摩挲。我來下馬細審諦，魁然重足千鈞多。上歧下銳形勢古，其修詎止身三過。誰能操此作舟楫，《齊東野語》眞堪呵。古來鑄鼎象物皆有以，此非鎭水將云何？鐵篙當緣鐵槍誤，亦如琉璃、劉李相傳譌。昔者彥章臣梁著臣節，五代雜傳難同科。胡爲叛逆如存孝，彼偏得譽此遭訶。世俗演劇，恆譽李存孝而毀王彥章。千古是非任顚倒，謬悠之口多偏頗。試聽趙家莊上中郎曲，孰將《漢書》列傳陳縷覼。今朝欲辨鐵槍事，濡毫聊作鐵篙歌。（《爾爾書屋詩草》卷二「七言古」，清光緒元年止園刻本）

龍啓瑞

龍啓瑞（1814～1858），字輯五，號翰臣，臨桂（今廣西桂林）人。道光辛丑（二十一年，1841）一甲一名進士，授修撰。歷官江西布政使。翰臣肇韻學，擅古文，著作斐然。詩不拘一格，寄託遙深，著有《浣月山房詩集》。見《清史稿》卷四八二、《晚晴簃詩匯》卷一四四等。

【鴛鴦戲蓮沼篇】

鴛鴦戲蓮沼，無有亂群時。一朝入羅網，逼我混雄雌。雄雌那可混，貞節性所持。都門美優伶，學歌名早馳。百金娶新婦，旖旎傾城姿。歌師太不良，作計欲居奇。朝夕相逼迫，鞭撻將橫施。新婦聞此聲，洞房雙淚垂。歸房謂阿婦，卿意一何癡？我今實累卿，便當長別離。卿歸即再嫁，勿嫁優伶兒。若遇富家子，春閨畫娥眉。綺羅得自專，遊宴多娛嬉。我死卿猶全，永訣從此辭。愛惜好容華，無復相顧思。新婦聽未畢，流淚沾裳衣。同心已彌月，此語君何爲。再嫁與爲娼，失節無參差。君既爲我死，黃泉誓相隨。黯黯黃昏後，寂寂人語稀。可憐並蒂花，竟作一夕萎。墓木自連結，孔翠相環飛。誰信貞烈死，共疑魂魄歸。歸來語世人，同穴安足悲。（《浣月山房詩集》卷五外集，清光緒四年龍繼棟京師刻本）

【讀芝龕記傳奇得秦良玉沈雲英二女帥詩各二魏費二宮人詩各一】

（其一）英雄蓋代出釵裙，愧殺鬚眉有此君。卻恨淩煙高閣上，當年未畫女將軍。

（其二）奮呼弱臂請長纓，再造唐家志未成。千載錦江城外水，桃花流作戰場聲。

（其三）血淚殷紅濺雪衣，倉皇奪得父屍歸。木蘭儻佩將軍印，萬里巖疆合解圍。

（其四）手馘梟頑快復仇，女郎大義熟春秋。歸來自設宣文帳，不羨書生萬戶侯。

（其五）昭陽院裏望烽塵，倡義從君尚有人。不見玉河橋畔柳，貞魂長護漢宮春。

（其六）黃虎營中劍影寒，妖星夜隕陣雲寬。隱娘匕首今何在，應化英雄一寸丹。（《浣月山房詩集》卷五外集，清光緒四年龍繼棟京師刻本）

王慶勛

王慶勛（1814～1867），字叔彝，一字菽畦，上海人。浙江候補道。叔彝承家學，鋭志文藝，兼嗜韻言。所作詩，詞旨森秀，睥睨皮、陸，而五律尤所長。與江弢叔同時，弢叔學山谷，叔彝則學劍南。著有《詒安堂詩稿》、《沿波舫詞》等。見《國朝詞綜續編》卷一九、《國朝詞綜補》卷五〇、《晚晴簃詩匯》卷一五八等。

【閱桃花扇傳奇題後】

詞場頓與戰場聯，潦草乾坤太可憐。名重豈爲才子福？情癡易結美人緣。六朝桃葉憑題鳳，一嶺梅花欲化鵑。丁字簾前曾小泊，不堪絃索似當年。（《詒安堂詩稿》初稿卷三槎水往還集上，清咸豐三年刻五年增修本）

【伏日彝齋席上贈歌者】

糟邱頓變溫柔鄉，玉簫吹酒酒花香。絳袖朱唇未寂寞，醉中盈耳惟宫商。點拍何妨律更細？仿佛《霓裳羽衣》製。美人香草譜離騷，趙瑟秦箏盡輿隸。響遏行雲雲不流，清風飛入江邊樓。不知赫赫日炎午，六月虛堂似早秋。（《詒安堂詩稿》初稿卷四槎水往還集下，清咸豐三年刻五年增修本）

【題肖英玉簫記院本】

本應名士悅傾城，底事天公轉欠平。春意做成紅豆劫，淚絲消得紫雲情。閒懷豈諱關兒女？癡願何曾隔死生。忍笑才人心狡獪，已將悲感寫分明。（《詒安堂詩稿》初稿卷四槎水往還集下，清咸豐三年刻五年增修本）

方濬頤

方濬頤（1815～1889），字子箴，號夢園，安徽定遠人。道光甲辰（二十四年，1844）進士，改庶吉士，授編修。歷官四川按察使。平生喜讀杜、韓、蘇三家詩。著有《二知軒詩鈔》、《二知軒詩續鈔》、《夢園書畫錄》等。見《清秘述聞續》卷一五、《晚晴簃詩匯》卷一四五等。

【鳩茲泛舟書所見（之二）】

遊人盪槳去復來，我舟欲返仍遲徊。忽聞歌聲出水面，江城吹落五月梅。梅花笛配紅牙拍，甫調絲竹又金石。樓臺度曲果何人，云是此間關吏宅。江湖鎖鑰權在官，官苟無吏盤詰難。侵漁坐致厚資擁，優遊方幸法網寬，日日笙歌繞畫欄。（《二知軒詩鈔》卷五，清同治五年刻本）

【感懷絕句十二首（之十）】

優孟衣冠本不殊，重來度曲錦氍毹。試看精衛曾填海，逐浪隨波媿也無。（《二知軒詩鈔》卷七，清同治五年刻本）

【詠老十六首（之十三）】雙江吟社題。

《老伶》：纏頭菊部少年行，幾度繁華已下場。楝子風低翻蝶板，梨花雨重澀鶯簧。哀絲豪竹都成夢，賸粉殘脂欲斷腸。見慣司空偕髮白，《渭城》重唱倍淒涼。（《二知軒詩鈔》卷十，清同治五年刻本）

【梨園弟子行】

梨園弟子重色藝，盛衰儼若關時世。謾云面目本非眞，但覺齒牙能帶慧。學得新腔娛俗耳，穠杏夭桃取姿媚。而今雙鬢已蒼蒼，憔悴風塵淚沾袂。爲言乞食向京師，正値國家全盛時。笙歌鼎沸萬花舞，大羅天上爭酣嬉。法曲元人傳院本，紅牙按譜難增損。忠佞貞淫摹畢肖，移宮換羽何深穩。須知五代有伶官，莫作俳優雜伎看。兒女情腸勝巾幗，英雄氣概媿衣冠。乾嘉以後風斯變，競愛流鶯千百囀。弋陽竟許壓崑山，胡琴手擘歌聲顫。楚咻共道能翻新，又誇絕調出西秦。自從菊部人材少，塗抹東施也效顰。日日華堂奏絃管，筵開玳瑁朝參懶。靡曼專工濮上音，清高孰問廣陵散？白霓衫子月華裙，妝點雲鬟豔十分。頓使黄金聲價貴，丰姿綽約最超群。超群果否眞翹楚，品題偏與分門户。冷落喧闐大不同，可憐一樣嬌眉嫵。三十年中數教坊，花天酒國費評量。分明買笑徵歌地，渾似爭名奪利場。雷同附和無眞識，朱門倚仗吹噓力。奔走天涯老大悲，過眼繁華空記憶。我爲梨園感慨生，哀絲豪竹愴人情。濫竽不是知音者，怕聽何戡唱《渭城》。(《二知軒詩鈔》卷十一，清同治五年刻本)

【金陵兩哀詩有序（之二）】道光庚戌，予將作嶺南之遊，先由菊江沿流而下，至金陵度夏，得交兩人焉，曰湯雨生都督，王蔗鄉茂才。雨生招飲獅子窟，索予題其先人遺集。瀕行，復爲予書扇畫梅。年已七十餘，豪飲不衰。新構園亭，座客常滿。蔗鄉長予四歲，骯髒有奇氣，工古、近體詩，尤長於駢體文。每一篇出，輒付梓人刊之，士林翕然傳誦。與予初見於桃葉渡口，即慷慨願結兄弟歡。嗣是沽酒評花，過從殆無虚日。蔗鄉善歌，當酒酣耳熱時，唱大江東去，響遏行雲。秦淮兩岸麗人，皆憑闌傾聽，及斆其歌，《紫釵記》、牡丹亭諸豔曲，則又清脆玲瓏，如出雨喉舌焉。自言平日登場度曲，雖老伶工弗能及，抑可謂極文人之狡獪矣！夫雨生以忠臣後裔，由廕得官，棄文就武，實非其本意。顧名滿天下，交遍公卿，投老白門，溪山亦爲生色。若蔗鄉，不過窮措大耳！而自予視之，一儒將，一豪士，顯晦不同，而性情則合，何意於飄蓬泛梗中，獲交此兩友，忘年、忘形兼而有之，致足樂也。咸豐癸丑，賊匪下金陵，兩人果并以身殉。時予家居，逼近賊氛，日有風鶴之警，欲哭以詩而不可得。今年延丁裕吾先生課孫，先生與兩人同鄉里，暇時詢癸丑死難事，始知雨生作絕命詞，自投獅子窟池中；蔗鄉則於城破後手刃二賊，與之俱仆。嗚呼！予交兩人十年前，歡聚幾何，便爲永訣？且别後曾無尺一之書以稍通情愫，及其捐軀徇節，義復不能招魂江上，負我良友多矣！秋窗感事，走筆書此，并補作兩哀詩。

《王蔗鄉金洛茂才》：不願爲吏願爲儒，氣概早已雄萬夫。優孟衣冠任遊戲，讀書何必小節拘。不拘小節節乃大，生死分明忘利害。吁嗟乎！驚才絕豔埋蓬蒿，抑塞磊落殊自豪。笑它鳥獸紛散逃，獨拋彩筆握寶刀。壯哉青衿不屈撓，大呼殺賊賊爲卻，練光閃處頭顱落。手提兩頭顱，身陷豺狼穴。取義成仁無玷缺，今朝方顯書生節。紅板橋頭七板船，萍蹤遇合非偶然。令我傷心邀笛步，君嘗僑寓於此。拔劍欲續王郎篇。魂兮來往鍾山巔，眼看石頭城將穿。何人收骨青溪邊，嶺南老友長涕漣。(《二知軒詩鈔》卷十一，清同治五年刻本)

【薌谿閱長生殿院本七疊前韻予亦聞歌有感八疊前韻答之】

裂石穿雲調徵角，宛轉圓亢曼聲作。高氏抑揚六觚掘，花房露惹遊蜂渴。春心漫鎖葳蕤死，棖觸良材半焦尾。天瓢傾雨風息箕，醉拍銅斗欄前噫。磨牛陳跡幾寒燠，珠女蜑船歌竟宿。宛唱步虛消水禍，遭際艱危玉成我。揭來綺室鳴箏坐，那知畫壁旗亭下。疇昔聚奎承渥澤，雞婁龍頸仙品擇。沆瀣肺胃眞相知，短昴卜夜兩不疑。管絃未畢辭燕臺，路迷觜徑誰挈纗？秋參詎止千里違，越井岡頭鎖寥落。點鬼簿添新樂錄，桃柳芳妍酒勛策。叟也茶星仰沖德，改張琴瑟十指力。卻慚捩翼淩滄波，耳聽瑤軫喚奈何。（《二知軒詩續鈔》卷五，清同治刻本）

【次韻薌谿聽謝伶彈箏】

（其一）白髮詞人傳阮流，傅玄、阮瑀皆有箏賦。居然皮裏有陽秋。偶拋鉛槧論絲木，媿我才難敵柳州。劉夢得有與柳子厚論箏書。

（其二）銀甲教成十二齡，鵝黃拚醉玉雙瓶。年來載酒江湖慣，不遇秦青眼漫青。

（其三）憶否拏舟笛步邊，月光如水夜調絃。團雲散雪渾疑夢，腸斷青溪二十年。

（其四）金絲瓊柱好評題，蠻鳥由它格磔啼。簫鼓喧闐潮已落，遊人都過半塘西。（《二知軒詩續鈔》卷五，清同治刻本）

【題楊小坡組榮鸚鵡媒傳奇聯句】

瘦月枯林風瑟瑟，謙。天釀瓊霙寒意勒。挑燈枯坐共沈吟，箴。殘編太息才人筆。淮水滁山好因果，謙。紅絲默繫雙飛翼。西域靈禽作蹇修，箴。優婆夷配優婆塞。記得當年製曲時，謙。兩行銀燭寫烏絲。奇情拍碎紅牙板，箴。豪興傾翻碧玉卮。換羽移宮都絕妙，謙。崔盧獨數君年少。自從烽火起南天，箴。嗚咽吹笳不成調。伯勞飛燕倏分離，謙。鎩羽噍音增怛悼。九年炎海劇相思，箴。一抔黃土今誰弔？脫帽狂奴欲問天，謙。可堪一讀一潸然。駿鸞已向蓉城去，箴。賸有新詞被管絃。謙。（《二知軒詩續鈔》卷九，清同治刻本）

【讀樊榭山房集自注云明季廣陵包壯行製燈有名號包燈因憶前在鞮芬室觀燈劇主人云包松溪太守所製為補作二截句】

（其一）想見蕪城全盛時，七龍五鳳共爭奇。而今留得包家樣，亂舞春星入酒巵。

（其二）金吾不禁自年年，照徹霓裳幾隊仙。帝里風光猶髣髴，主人情重敞離筵。（《二知軒詩續鈔》卷九，清同治刻本）

【清明日伯符招集懷勺齋得詩四首（之四）】

遏雲聲調數何戡，謂歌者楊叟。遮莫搔頭傅粉慚。怪底伶工辭日下，遂教風氣變江南。雅音至竟淫哇別，俗耳焉能法曲諳。老去追蹤桓子野，酒懷都爲管絃酣。（《二知軒詩續鈔》卷十五，清同治刻本）

俞　樾

俞樾（1821～1907），字蔭甫，號曲園，德清（今屬浙江）人。四歲隨父鴻漸遷仁和臨平，母姚口授四子書，過目不忘。道光三十年（1850）進士，改庶吉士。咸豐二年（1852）散館，授編修。五年簡放河南學政。罷職後僑居蘇州，主講蘇州紫陽、上海求志各書院，而主杭州詁經精舍三十餘年，最久。課士一依阮元成法，遊其門者咸有聲於時。東南遭亂，典籍蕩然。樾總辦浙江書局，建議江、浙、揚、鄂四書局分刻《二十四史》，又於浙局精刻子書二十二種，海內稱爲善本。著述宏富，有《春在堂全集》。戲曲創作方面，作有傳奇《驪山傳》、《梓潼傳》，雜劇《老圓》等。見《清史稿》卷四八二、《（民國）杭州府志》卷一七〇等。

【馬沒村社曲】去嚴州二十七里，地名馬沒，其俗十年一賽社神。綵棚六七坐，相對演劇，八九日乃止。遠近來觀者，延一飯，具酒肉，日數千人。以人之多寡，占歲之豐歉。余過此，適遇之，因紀以詩。

炊煙起共浮雲高，萬夫競走山之坳。山中隱隱鼓與鼙，雜以人語如秋濤。有客爲我言，此地洵樂土。水處爲漁蠻，陸處爲牛戶，十年一擊神祠鼓。治地先平碌碡場，分曹競奏雲翹部。客來醉飽不論錢，有肉在簝飯在釜。夜深共數尊前籌，今番人較前番浮，一巫起舞群巫謳。言神大歡喜，錫爾無疆休。縲絲絲滿籰，積粟粟滿篝。我聞客言頗錯愕，此舉可稱樂上樂。海內雕劬非從前，乃令豪舉在村落。日暮人散朱顏酡，魚龍曼衍看如何。待取一十五年後，小溪又聽迎神歌。小溪距此數十里，亦有此會，十五年始一舉。（《春在堂詩編》乙甲編，清光緒二十五年刻春在堂全書本）

【唐棲水嬉曲】

棲溪春水明如鏡，歲歲水嬉今歲盛。花果欣逢比戶豐，其民皆以花果爲業。村民早鼓先期興。先期童稚習歌謳，土穀祠邊眾聚謀。《拜》、《殺》、《荊》、《劉》看曲本，《拜》、《殺》、《荊》、《劉》爲元曲中四大家，見朱竹垞《靜志居詩話》。旂、盔、雜、把製行頭。戲具分旂、盔、雜、把四箱，見李斗《揚州畫舫錄》。畫船彩幟風前颭，兩兩相維成巨艦。百寶莊嚴貫月槎，萬花絢爛移春檻。一時簫鼓鬧如雷，齊向長橋河下來。後舞前歌花世界，東舷西舫蜃樓臺。樓臺歌舞來相續，小與酬勞殊太薄。片片蜂糖玉帶糕，條條鳳蠟金花燭。是日諸船皆向余舟演劇一齣，犒以糕餌及燈燭。燭龍入夜更蜿蜒，燈火高高下下懸。竟可地名星宿海，錯疑身到燄摩天。清明時節沿成例，是會皆在清明前後。點綴昇平殊有意。巧借隋宮水飾圖，別翻唐代梨園戲。我偶輕舟到此維，翁孫四代共扶持。水嬉亭畔聊乘興，不是風流杜牧之。（《春在堂詩編》丁巳編，清光緒二十五年刻春在堂全書本）

【吳中重修唐六如居士桃花仙館并祔祀子尚金公公名絅嘉興人明初為蘇郡守因請減賦得罪而死者也為賦四絕句紀其事（之三）】

吳中才子自聯翩，更念蘇州太守賢。歎息後人論成敗，梨園止演況青天。（《春在堂詩編》己壬編，清光緒二十五年刻春在堂全書本）

【題黃韻珊孝廉桃谿雪傳奇後】永康吳絳雪名宗愛，國初才女也。工詩畫，兼有國色。康熙十三年耿精忠叛於閩中，其部將徐尚朝犯永康，宣言曰：「以絳雪獻者，免邑人凶。」懼，謀行之，以紓難。絳雪遂行至三十里坑，投崖而死。事越百五六十年，志乘無徵，吳康甫大令爲永康丞，始表章其事，屬黃孝廉譜此曲。

（其一）曾向秦臺泣鳳皇，孝廉曾作《帝女花》傳奇。紅顏碧葬更淒涼。春風寫入黃荃筆，卅里坑邊土尚香。

（其二）綺年才調女相如，翰墨留題遍國初。一擲危崖千古事，眉樓羞殺老尚書。龔芝麓尚書有《題絳雪畫冊》詩。

（其三）記昔看山到永嘉，永康城外屢停車。來遲未遇哦松客，誰與城西訪杏花。吳康甫大令作永康丞，訪知城西由義巷即絳雪故居。余兩至永嘉，距康甫作丞時二十餘年矣。

（其四）離令悲歡任意編，傳奇體例想當然。我今更定瑤華譜，續得佳人命一年。傳奇事實與本集不甚合，院本體裁也。余編次《絳雪年譜》，寄康甫大令刻之本集之前，較陳琴齋考定絳雪死年二十四者又多一年也。（《春在堂詩編》癸丁編，清光緒二十五年刻春在堂全書本）

【越中紀遊（之八）】

金臺歌舞暮還朝，寂寞揚雄耐客嘲。今日來看村社戲，畫船簫鼓鬧周橋。周家橋有龍船之會，且以河臺演劇，遂往觀之。維舟臺畔，坐臥皆便，亦一樂也。余在京師不觀劇，故去歲在都下有「一不入酒座、二不登歌筵」之句，兒輩舉以相質，余笑曰：「在周家橋則可。」（《春在堂詩編》丁巳編，清光緒二十五年刻春在堂全書本）

【臨平雜詩（之七）】

舊遊如夢認猶堪，且共孫曾一夕談。只惜怱怱難遍訪，午潮廟與永平庵。午潮廟演劇，童時屢往觀之。永平庵則嘗讀書其地。（《春在堂詩編》丁巳編，清光緒二十五年刻春在堂全書本）

【自杭還蘇雜詩（之二）】

棲溪溪水水嬉歌，記得春遊樂事多。今日重來看鐙戲，鶴鐙過後蝶鐙過。戊子歲，曾於唐西看水嬉，有詩紀之。今過此，適逢鐙戲。（《春在堂詩編》庚辛編，清光緒二十五年刻春在堂全書本）

【觀影戲作】

湖樓良夜小排當，老尚童心興欲狂。戲劇流傳黑媽媽，南宋時以影戲著名者。彈詞演說白娘娘。是夕所演爲宋時青、白二妖事。輕移韓壽折腰步，明露徐妃半面妝。曲罷局闌人亦散，世間泡影總茫茫。（《春在堂詩編》壬癸編，清光緒二十五年刻春在堂全書本）

【人生天地間二首答坐客（之二）】

人生天地間，與戲場無異。或貴爲侯王，或賤於奴隸。或尊嚴若神，或懵慌若魅；或名士風流，或力士贔屭。鮑老與郭郎，各坐各人位；蒼鶻與參軍，各執各人事。總之皆戲耳，博人一笑咥！老夫逾七十，久已謝冠珥。一孫歌鹿鳴，尚困南宮試。愛我爲我期，置之不足計。冠帶漢官儀，巾服唐人製。笙簫鬧袍笏，金鼓舞旗幟。不過梨園中，各演一場戲。（《春在堂詩編》壬癸編，清光緒二十五年刻春在堂全書本）

【并寄吳下余亦疊韻如其數呈澂園即寄花農（之四）】

老擁皐比我不堪，今歲詁經，又虛講席。劉景韓中丞兩函來請，余力辭之，薦柳門自代。鼓詞平話佐閒談。荒祠考定唐桑九，西湖有唐桑憲保祠，憲保行九，故題曰桑九部王，今誤作三九，余考正之，載《春在堂隨筆》。豪蹟鋪張沈萬三。余《茶香室續鈔》載沈萬三事甚詳。吳下偶成新樂府，余新著傳奇二種，曰《驪山紀》，曰《梓潼傳》。湖濱空鎖舊吟庵。近來筆墨疏慵甚，莫誤經師訪濟南。（《春在堂詩編》己庚編，清光緒二十五年刻春在堂全書本）

【僧寶於去年臘八日生今歲此日歲一周矣江南風俗有試兒之例見顏氏家訓聊一行之喜賦此詩（之四）】

老夫從不作生辰，今日欣然酒一巡。仍爲家風存淡泊，不勞雜技更紛陳。親友中有欲以雜戲爲一日之娛者，余峻拒之。（《春在堂詩編》己庚編，清光緒二十五年刻春在堂全書本）

【前詩意有未盡再成一律】

往歲皋比謝蜀中，今看使竹即孫桐。同治季年，蜀中設尊經書院，延余主講，謝不赴，聞蜀士頗似失望。今吾孫幸典蜀試，庶藉以聯文字之緣。計程官路五千里，編號家書四十通。陛雲聞命，即發家書，書題第四十號。戚許後塵追老輩，吾邑典蜀試者二人，皆在乾隆時。一戚蓼生，一許祖京。夔巫歸棹盼衰翁。紅牙曾譜文君曲，儻有前緣在《梓潼》。余曾製《梓潼文君傳》傳奇。（《春在堂詩編》壬寅編，清光緒二十五年刻春在堂全書本）

【讀元人雜劇】

（其一）喬孟符、馬致遠、關漢卿、王實甫各擅長，須知雜劇即文章。流傳百種元人曲，抵得明時十八房。臧晉叔云：元時取士有填詞科，主司出題曰限曲調及韻，取辦於風簷寸晷之中。故至第四折，雖喬孟符、馬致遠亦成強弩之末。余讀之，頗以其言爲信。

（其二）何處傳來委巷言，盡堪袍笏演梨園。蔡邕竟是漢丞相，柳永居然宋狀元。元人《王粲登樓》劇稱蔡中郎爲丞相，又關漢卿《謝天香》劇謂柳耆卿狀元及第，眞戲劇語也。

（其三）張千李萬本非眞，日日登場不厭頻。只怪輕浮兩年少，一胡一柳究何人？劇中凡官府祗候人皆曰張千。如有二人，則曰張千、李萬，皆寓名也。惟有兩浮浪子弟，曰柳隆卿、曰胡子傳。既見於《崔府君斷冤家債主》劇，又見於《楊氏女殺狗勸夫》劇，又見於《東堂老勸破家子弟》劇，似非寓名，不知何以相傳有此二人也。胡子傳，或作胡子轉，蓋由傳刻之訛。

（其四）嘯聚梁山卅六人，至今婦豎望如神。何來孔目李榮祖，大可遺聞補癸辛。宋江等三十六人，詳見《癸辛雜識》。乃元人李致遠《風雨還牢末》雜劇，有東平府都孔目李榮祖，亦梁山頭目。《癸辛雜識》所無也。余意此即《雜識》中之李英，傳聞異辭，少一祖字，而榮、英聲近，遂誤李榮爲李英。今《水滸傳》作李應，則又李英之誤也。

（其五）狙覩狐猱各鬥工，新奇頗足眩兒童。王蟬老祖桃花女，都入彈詞演義中。鬼谷子姓王名蟬，見《馬陵道》雜劇。乃悟彈詞中有王蟬老祖即此人也。《桃花女鬥法嫁周公》劇尤爲怪誕，不知所本。明人《西遊演義》以桃花女先生、鬼谷子先生並稱，明時猶傳有此語。

（其六）八洞神仙本渺茫，流傳曹佾與韓湘。徐神翁已無人識，何處飛來張四郎。谷子敬《城南柳》劇，八仙有徐神翁無何仙姑，范子安《竹葉舟》劇有何仙姑無曹國舅，獨岳伯川《鐵拐李》劇有張四郎無何仙姑，不知張四郎何人也。

（其七）豈果蓬山有祕函，仙蹤踳駮甚於凡。邯鄲兩度黃粱夢，一是盧生一呂巖。邯鄲呂翁，尚在純陽之前，此事人多知之，乃元馬致遠《黃粱夢》雜劇竟謂是鍾離度純陽事。夢境不同，又不言有枕，此非不知有盧生事，蓋因盧生事而謂純陽亦然，疑元時別有此一說也。

（其八）秋胡妻死千年後，更有何人知姓名。今日始知羅氏女，閨中小字喚梅英。石君寶《秋胡戲妻》雜劇，載其妻姓名曰羅梅英，不知何所本也。

（其九）連環計定錦雲堂，演義還輸雜劇詳。木耳村中尋艷跡，可能訪取任紅昌。貂蟬連環計，《三國演義》中事也，乃元人《錦雲堂連環計》雜劇并載貂蟬爲木耳村任昂之女，本名紅昌，因選入漢宮掌貂蟬冠，故名貂蟬，此則并非演義所知矣。

（其十）流落文姬塞上笳，曾傳有妹嫁羊家。誰知更有王郎婦，留得香名是桂花。蔡中郎女文姬，人所知也。羊祜之母亦中郎之女，知者已罕。乃讀元人《王粲登樓》雜劇，則中郎又有女名桂花，嫁王仲宣，亦盲詞俗說也。

（其十一）琵琶女子姓名無，未可娟娟好好呼。元道相逢不相識，何曾知有李興奴。香山《琵琶行》偶然寄託。元馬致遠作《青衫淚》雜劇，杜撰姓名曰李興奴，謂是樂天長安舊識，眞癡人說夢矣。

（其十二）買臣當日困塗泥，最苦家中婦勃谿。何意忽翻羞冢案，居然不媿樂羊妻。元人《風雪漁樵記》言買臣妻之求去，乃故激勵之以成其名，又陰資助之以成其行，故其後仍完聚如初，不知何意，忽翻此案也。

（其十三）素口蠻腰妝點工，當年曾伴樂天翁。不圖演入《梅香》劇，白樂天爲白敏中。小蠻樊素爲香山姬侍，人所共知也。乃元人鄭德輝《㑳梅香》雜劇以小蠻爲裴晉公之女，嫁白敏中，樊素其婢也，不知何據。

（其十四）《宋史》、《唐書》總不收，何來故事儘風流。御園妃子尋金彈，相府嬌兒抛繡毬。元人《陳琳抱妝盒》雜劇言，宋眞宗於三月十五日在御園向東南方打金彈，使宮妃往尋之，得者即有子，此不知出何書。又《梧桐葉》雜劇言，唐宰相牛僧孺女金哥抛繡毬打中武狀元。然則彈詞小說所言，綵樓招親亦有本也。

（其十五）踏青拾翠盡遊行，行樂隨時總有名。見說重三修禊日，當時也喚作清明。元李文蔚《燕青博魚》雜劇云：清明三月三，重陽九月九。又云：三月三清明，令節同樂，院前王孫士女，好不華盛。疑當時流俗相傳，上巳、清明并爲一節也。

（其十六）仕宦原同傀儡棚，棚中關節逐時更。偶然留得排衙樣，人馬平安喏一聲。元雜劇每包龍圖出場，必有張千先上，排衙云：喏！本衙人馬平安。他官亦多如此。想必宋元時排衙舊式也。

（其十七）卜兒、孛老各登場，名目於今半未詳。喜看徠兒最伶俐，怕逢邦老太強梁。元雜劇中老婦謂之卜兒，老夫謂之孛老兒，童謂之徠兒，盜賊謂之邦老。此等脚色，與今絕異。

（其十八）尋常稱謂頗離奇，數百年來盡改移。夫豈小郎偏大嫂，奴雖老僕亦孩兒。各劇中凡夫稱其妻皆曰大嫂，至奴之於主必稱孩兒。如《桃花女》劇，彭祖年已六十九，然於其主周公仍稱孩兒也。

（其十九）舊本流傳校勘精，偶拈奇字辨形聲。銅鍘音茶官府頒來重，紙毽音見兒童蹴去輕。包龍圖《銅鍘》雜劇中屢見「鍘」，即鍘字。而喬孟符《金錢記》劇則音茶，殆因一聲之轉，隨文而異讀也。紙毽子，見馬致遠《薦福碑》劇，據《帝京景物略》，字本作「鞬」，此字從金從皮從毛，字書不載，乃當時俗體也。

（其二十）絕代才華洪昉思，長生一曲擅當時。誰知天淡雲閒句，偷取元人粉蝶兒。洪昉思《《長生殿》·小宴》劇中「天淡雲閒」一曲，膾炙人口。今讀元人馬仁甫《秋夜梧桐雨》雜劇有【粉蝶兒】曲，與此正同，但字句有

小異耳，乃知其襲元人之舊也。（《春在堂詩編》甲辰編，清光緒二十五年刻春在堂全書本）

編者案：其二十詩注之「馬仁甫」當作「白仁甫」，即白樸。

【詠留聲機器】

明人彭天錫，串戲妙天下。每串一齣戲，足值千金價。有客憶夢遊，張岱著《夢憶》一卷。爲之大歎吒。彩雲頃刻散，好花容易謝。安得縫錦囊，抑或製錦杷。將此緊包裹，不使漏孔罅。悲歡與離合，嘻笑與怒罵。一一皆存留，久久不消化。持贈後之人，千秋長鱠炙。以上並《夢憶》之説。此特戲語耳，戲語固非眞。乃今有奇製，出自西洋人。竟能留其聲，不啻傳其神。其下有機器，默運如陶鈞；其上有若盤，旋轉如風輪。一鍼走盤中，入扣絲絲匀。如螺盤屈曲，如蟻行逡巡。聲即從此發，莫測其何因。老夫坐而聽，須臾聲屢變。關大王《單刀》，楊太眞《小宴》。慷慨秦瓊歌，嗚咽竇娥怨。不知誰按歌，竟未與覿面。既非聲傳風，西人有德律風，能傳言語。又非報走電。頗疑彭天錫，尙於此中潛。慈鹽切。雖得聞其聲，其人固難見。吾知夢憶翁，於此猶未饜。（《春在堂詩編》甲辰編，清光緒二十五年刻春在堂全書本）

【題金檜門先生觀劇詩後】

（其一）前輩風流今已矣，承平樂事故依然。尋常一樣梨園戲，想見雍乾全盛年。

（其二）自慚吳下病相如，精力闌珊筆硯疏。廿首詩題元雜劇，至今懶惰未親書。余去年讀元人雜劇，得詩二十首。欲親書一通，未果也。（《春在堂詩編》乙巳編，清光緒二十五年刻春在堂全書本）

【費屺懷太史以檀版一具見示鐫有二詩并有兩小印一洪字一昉思兩字蓋稗畦故物也為賦二絕句】

（其一）紅牙檀版是誰遺，小印鐫名洪昉思。想見《沉香》三易稿，當年嚥徵吐宮時。《長生殿》初名《沉香亭》，又名《舞霓裳》，三易稿而定今名。

（其二）老我乾坤一腐儒，不堪擊缶唱烏烏。何當更訪西湖寺，尙有東嘉舊几無。西湖靜慈寺舊有高則誠拍曲舊几，見周櫟園《書影》。（《春在堂詩編》乙巳編，清光緒二十五年刻春在堂全書本）

【花農又言盆中繡毬花自二月開至十月未謝賦詩紀之余亦寄題一律】

曾向春風鬥艷陽，小春時節尚餘芳。花天久聚神仙隊，朱長文《繡毬花》詩「八仙瓊萼總含羞」。其實瓊花、聚八仙花，皆繡毬同類也。香國長開蹋踘場。二女同居元是玉，花存二朵。一團和氣不知霜。移將三友圖中去，莫被金哥拋打忙。元人《梧桐葉》雜劇有唐宰相女金哥拋繡球打中武狀元事。(《春在堂詩編》乙巳編，清光緒二十五年刻春在堂全書本）

胡鳳丹

胡鳳丹（1823～1890），字月樵，永康（今屬浙江）人。以諸生爲部曹，出官湖北糧儲道。有善政，民沾實惠。解組歸寓杭州，卜宅貢院之東，有終焉之志。刊《退補齋叢書》，嘉惠藝林。性好施予，凡善舉，率以身先。月樵於鄉邦文獻表章最力，嘗刻《金華叢書》。潘嶧琴學士視浙學，輯《兩浙輶軒續錄》，婺州人詩，多其所貽。詩學眉山，跌宕自喜。著有《退補齋詩文存》。見《晚晴簃詩匯》卷一六八、《(民國）杭州府志》卷一七一等。

【霓裳曲】

坎坎鼓，蹲蹲舞。奏鈞韶，揚干羽。天子厭聞開元音，忽譜《霓裳》入樂府。不愛舊曲愛新聲，但得承恩生寵榮。玉漏敲殘夜將半，繁絃急管一齊鳴。其韻淒以清，其音和而悅。星月滿階前，精光何皎潔。自入梨園出者稀，伴教者誰曰貴妃。顧曲無誤競歡笑，倚聲按拍不停揮。千歌萬舞聲未已，漁陽鼙鼓城頭起。聽風聽雨不忍聞，華清宮中冷於水。(《退補齋詩文存》詩存卷二古樂府，清同治十二年退補齋鄂州刻本）

【題蚺蛇膽表忠記傳奇】

同朝不同官，獨傷烈士披忠肝；同心不同地，獨爲孤臣寫忠義。瑯琊廣文丁野鶴，目擊時事皆鑿鑿。匏繫容城年復年，一盤苜蓿甘淡泊。楊公死西市，丁公隱東山。義憤填胸臆，老淚流潸潸。譜成一曲《蚺蛇膽》，原序云：「名曰《蚺蛇膽》，志實也；曰《表忠》，揚美也。」四顧風雲色慘澹。往事至今三百年，猶令頑儒生觀感。吁嗟乎，宣公奏議賈生策，淋漓同灑一腔血！此記莫作傳奇看，史筆森嚴闡貞烈。幸有周郎能顧曲，遺書搜出重校錄。心齋觀察倅滿引見。後回里，搜尋傳奇二卷，命余付梓，以公同好。酒酣耳熱一悲歌，太息公亡明社屋。(《退補齋詩文

存》詩存卷八古體詩，清同治十二年退補齋鄂州刻本）

【傀儡戲】

（其一）不唱吳歈唱楚歌，清音嘹亮舞婆娑。人生本是戲中戲，請看登場傀儡多。

（其二）隨身竿木慣逢場，別有機心妙主張。終日勞勞緣底事，為人作嫁一生忙。

（其三）矮小身材備五官，居然博帶又峨冠。莫嫌木偶終無用，座上人應作是觀。

（其四）生來足不踏塵寰，槁木形骸似我頑。客散酒闌高閣束，此身贏得是清閒。（《退補齋詩文存》詩存卷十六今體詩，清同治十二年退補齋鄂州刻本）

【和漁叟七十生日自嘲詩原韻（之二）】

忘年有序敢言文，幸不人云我亦云。聽說《霓裳》天上奏，可容絲竹後堂聞。華堂演劇，未得躬聆，故戲及之。論交曾許心相印，避客何嫌手暫分。始悟閉門緣覓句，傳來健筆壓淵雲。（《退補齋詩文存》詩存卷十六今體詩，清同治十二年退補齋鄂州刻本）

【南臺謠（之十）】

梨園新子弟，一曲半蠻音。履舄眞交錯，留髡夜乍深。戲園四五處，酒肴狼藉，男女雜坐其中。（《退補齋詩文存二編》詩存二編卷四，清光緒七年退補齋刻本）

汪　瑔

汪瑔（1828～1891），字玉泉，一字穀庵，號芙生。番禺籍山陰人。芙生懷抱貞素，從其先世遊粵，遂家廣州。日閱甲乙二部書，均有常課。丹黃交下，迄老未休。文詩高簡淡雅，宛如其人。尤工填詞，神似石帚。性喜獎掖後進，又好推解，盧敏肅公後裔無依，賴之十數年。著有《隨山館稿》、《无聞子》等。見《兩浙輶軒續錄》補遺卷五、《晚晴簃詩匯》卷一六七等。

【觀劇戲成】

嗷嘈鼓篴亂歌塵，爨弄年來變態新。莫問金元舊時曲，登場孤旦亦無人。（《隨山館稿》猥稿卷八詩辛，清光緒刻隨山館全集本）

【溥臣和余觀劇詩有今昔之感率意次韻復得四首】

（其一）依舊句欄柳色新，春風如夢雨如塵。鸞笙象管都零落，丁卯橋邊不見人。道光中，廣州多戲園，許霞橋孝廉嘗結詩社賦觀劇詞，復置酒怡園，邀同社諸君讌集。倪雲癯載之《桐陰清話》以爲美談。卅年來風流雲散，而怡園亦久廢矣。

（其二）紫笛聲涼白髮新，卻從湖海逐緇塵。蓬飄萍合尋常事，轉爲歡場惜此人。雲癯近以事去粵，比聞已至閩中。

（其三）記唱洪郎一曲新，淩波羅韈不生塵。公孫劍器歌行在，無復當筵點筆人。杜萊君有《洪郎曲》，爲小伶信兒作也。淩波一語，即用萊君詩意。

（其四）回首歌場幾度新，珍珠爲粉玉爲塵。雪蓑老去風懷減，略記青樓集裏人。道光中，小伶如信兒輩不下十許人，色藝皆有可觀，近皆不知流落何所。（《隨山館稿》猥稿卷八詩辛，清光緒刻隨山館全集本）

【讀吳梅邨雜劇二種漫題卷後三首】

（其一）閒敲象板寫烏絲，合是江關歲暮時。一種滄桑身世感，傷心人譜斷腸詞。

（其二）莫把新聲付部頭，哀絲豪竹不勝愁。《通天臺》與《臨春閣》，兩處西風一例秋。

（其三）才人心血苦銷磨，想見尊前喚奈何。白髮填詞吳祭酒，淚痕應較墨痕多。（《隨山館稿》續稿卷上，清光緒刻隨山館全集本）

【讀唐人小說戲成】

記曲簾前豆不紅，妓衣衹借小屛風。中庭端笏參軍在，莫費金錢募國工。（《隨山館稿》續稿卷下，清光緒刻隨山館全集本）

【柳梢青】夏日訪友人於督署，西齋聞鳴蛙閣閣然，異而詢之，則西鄰撫署後園中有荒池畝許，蛙所宅也。僕有孔穉圭之癖，喜聞此聲，戲賦小詞以張之。

一片鳴蛙，黃梅雨罷，青草池窪。休問官私，書迷蝌斗，更亂蝦蟆。　　沈沈東閣南衙，偏有箇、閒人聽他。綺戶笙歌，署中方演劇。戟門鼓吹，爭不多些！（《隨山館稿》尺牘卷下，清光緒刻隨山館全集本）

董沛

董沛（1828～1895），字孟如，號覺軒，鄞縣（今浙江寧波）人。光緒丁丑（三年，1877）進士，官江西建昌知縣。著有《正誼堂文集》二十四卷、《六一山房詩集》十卷、《續集》十卷、《宋元詩略》十六卷、《兩浙令長攷》三卷等。見《清續文獻通考》卷二六四、《晚晴簃詩匯》卷一七一等。

【滬上雜詩（之五）】

現出人間小史身，低鬟斜韠舞衣新。不須更聽漁陽鼓，征戰年來鬧煞人。雛伶七八歲能演劇曰「貓兒戲」。北部自津門來則稱「武班」。（《六一山房詩集》詩集卷八，清同治十三年刻增修本）

【孤兒行為陶生作】

孤兒年十五，五載隸歌部。孤兒翩翩丰貌都，誰識孤兒意中苦。一解。兒陶氏，家錢唐。祖若父，列戎行。祖官四品父五品，兒四歲時遭祖喪。二解。東南方用兵，大帥調父征。孤兒六歲牽父衣，不知父往何方行。三解。同行火伴逃生回，謂父戰死不得歸。可憐孤兒依寡母，何能遠覓沙場尸。寡母哭，孤兒啼。寡母凍，孤兒飢。權宜鬻兒寄嫺戚，月取具資供母食。四解。明年庚申二月（編者案：此句疑闕一字），賊自杭州北門入，母遭寇矣身殉之，孤兒七歲陷虎穴。五解。虎穴危復危，兒在姑蘇臺。孤兒苦復苦，呼賊作假父。假父脫走幾殺兒，一賊憐我收養之。夜臥苫與茆，朝受鞭與笞。辛苦賊中幸不死，比兒出城十歲矣。六解。官軍來，健如虎。挾孤兒，走黃浦。揚人販生口，輾轉問售主。兒年十一賣入都，聯星堂上教歌舞。七解。昨歲登戲場，羞澁兒女裝。對人且歡笑，背人心惻怏。辱莫辱兮縉紳子，遠莫遠兮湖水鄉。八解。百草萋萋，中有蕙蘭。百鳥啁啁，中有鳳鸞。吁嗟孤兒兮，誰知爾祖父皆命官！九解。父死忠，母死節。奚贖孤兒身，奚請天子卹。吾爲爾作歌兮，鬼語燈前夜嗚咽。十解。（《六一山房詩集》詩集卷八，清同治十三年刻增修本）

【四月四日同郡公讌集者百五十人詩以紀盛】

天街錦繡萬花競，九陌隆隆鬥車乘。聖皇有詔遴群才，吾郡公車獨稱盛。東南解甲韜干戈，兩浙三年開四科。丹山赤水耀靈秀，秋風鳴鹿揚者多。聯翩北征戒行李，咫尺滄溟渡萬里。或從徐兗迂道來，下馬卸裝集京邸。紛紜冠蓋長安春，握手款語皆鄉親。況復班聯廁槐棘，亦有袞袞京朝紳。日吉辰良大開讌，新交故交迭相見。華堂平敞三十筵，晝日聽歌夜忘倦。於時首夏天氣清，祥暉普照樓窗明。珉糜瓊漿列瑤席，櫻桃紅熟蘆筍青。梨園子弟好身手，結束登場世無偶。管絃柔膩雛燕嬌，鼙鼓殷闐怒龍吼。酣歌豪飲曾幾時，蒼然暝色西山西。蓮燈簇簇吐華豔，流霞四射明星低。歌亦不停飲不散，花光照人燭光亂。遙遙遞出宮漏聲，遠寺鳴鐘夜將旦。出門一笑輿如飛，淋漓殘酒痕滿衣。客有豪者眉色舞，驅馬且送歌兒歸。歸來旅館隱几臥，夢想鈞天集廣座。明朝酬酢還出門，轆轆高軒寓樓過。元明到今六百年，吾鄉此會前無前。我願後來更居上，當有和者繼此篇。（《六一山房詩集》詩集卷八，清同治十三年刻增修本）

【觀劇行】

橫街對矗南北樓，查家四宜今其儔。梨園巧譜明僮謳，二日四日輪一周。招邀勝侶尋春遊，驅車過市塵撲裘。早日預屬官座留，雜具盈案茶盈甌。美人開簾佯作羞，珊瑚壓鬢珠絡頭。娭光曼睩澄雙眸，顰嫵添畫初月鉤。秦腔激越伊涼州，吳歌嬌囀雛鶯喉。纖塵不動微風悠，蕩滌苛慮消羈愁。買嗔買笑不自由，撒手若與黃金讎。斜陽西墜樓窗幽，歸路恨比來路修。車夫對我雙涕流，自言生少家虎邱。阿爺賣作燕市優，江鄉迢遞空寄郵。登場拂拭紅巾構，迴出儕輩無與侔。長安遊俠停驊騮，箏琶簫管相唱酬。纏頭百萬傾囊搜，華麗宛若年少侯。陡然一病經年瘳，容顏改換無人收。執鞭且向高門投，聽人驅策呼馬牛。我聞此語頗煩憂，春花絢熳容易秋。不如歸盪蘅芷舟，櫂歌送入風颼颼。（《六一山房詩集》詩集卷十，清同治十三年刻增修本）

【燕部雜詩】

（其一）誰遣春風度玉關，灤陽冰雪賽容顏。落花時節飄零客，曾隸伶官供奉班。

（其二）玉立亭亭稱舞衣，巧將燕瘦仿環肥。宮牆偷得《霓裳曲》，爲爾深宵帶露歸。

（其三）手理琴絃玉柱斜，自翻新拍按紅牙。群芳盡入《燕蘭譜》，猶認豐臺第一花。

（其四）屏側低窺玉樣姿，可堪風雨怨啼時。南鴻一去無消息，苦憶湘靈有夢知。

（其五）倜儻風流自在身，天花飛舞鏡中春。最難香界維摩室，依舊緇衣見故人。

（其六）烏栖門巷晚停車，鄰院香分阿姊家。一樣丹青工設色，海棠斜映茜窗紗。

（其七）記得分司喚小名，笛家重唱遏雲聲。亂頭麤服吳儂懊，無限秋江怨苦情。

（其八）躍馬彎弓窄袖衣，花兒秦嬺想依稀。何人偏抱劉邕癖，愛看崑崙黑衛飛。（《六一山房詩集》詩集卷十，清同治十三年刻增修本）

【魯宮詞（之八）**】**

湄洲浯嶼海雲閒，絕島樓船去不還。愁聽南唐新樂府，《望家山》是念家山。乘云宮伎青琴善歌，唱【望家山】一闋，王爲之流涕。（《六一山房詩集》詩續集卷一，清同治十三年刻增修本）

【陳魚門太守政錀**招觀雜伎各繫以詩】**

（其一）《舞竿》：一竿矗立三丈高，竿腳入地身不搖。童子緣竿如猿猱，竿頭圈以紅錦縧。騰身入圈縧在腰，作鞦韆舞風飄飄。有時倒挂鼯下跳，有時斜墜鷹側捎。迴翔旋轉極諸態，足勾手挽俱能牢。繡旗一展鑼聲急，童子忽上竿頭立。一足立竿一足彎，飛下圍場墮如葉。

（其二）《走索》：勁木直豎河之干，綵繩橫亙平若弦。童子錦衣花帽鮮，窄袖輕履持長竿。竿頭並繫小沙橐，循繩而行仗雙腳。舒手故作傾斜形，鸜鵒翩翻燕迴掠。東來西往無縶援，下臨滾滾長流川。且行且止且歌曲，應宮合拍聲聲圓。呼童下繩飲以酒，客問其年纔八九。河北之人無父母，從師學藝師姓柳。

（其三）《弄甕》：兩几相疊如法座，一婦飛登向天臥。身雖臥几雙趺蹺，窄可三寸紅蓮翹。一夫舉甕投其上，甕容八斗長圓樣。以足擎甕甕不翻，高低轉側撩弄丸。作勢聳甕離數尺，纖趺接之殊有力。夫也抱兒置甕中，兒僅六歲無怯容。擲以果餌投諸口，猶向甕中作觔斗。

（其四）《跳刀》：紫綃抹額髻雲墜，短袖紅衫露雙臂。臂如玉雪刀如風，風聲颯颯刀擲空。左手跳刀右手接，兩手互換兩刀捷。一上一下龍降升，一左一右刀飛騰。華堂沈沈燒巨燭，刀光閃紅燭光綠。須臾兩刀迴旋飛，手握刀柄中庭馳。盤頭蓋頂白一片，但見刀光不見面。鼓聲驟歇刀亦收，面不改色微汗流。低鬟雲𩍐眉月鉤，盈盈一捻腰肢柔，與相慰勞殊怯羞。

（其五）《噓笛》：以鼻噓笛笛作響，五六工尺音不爽。一人對唱吳兒歌，笛聲中節相調和。音比凡笛略纖小，百囀雛喉喚春鳥。曉風楊柳學士詞，關西大漢姑捨之。座客傾觴願一醉，聞所未聞稱絕異。曲終收笛重鼓箏，淵淵亦作金石聲。

（其六）《呵鏡》：圍逾三尺徑一尺，非銅非晶懸諸壁。右手仗劍左執巵，喃喃不審何語辭。作氣呵鏡鏡昏暗，噴以法水畫以劍。微光中裂如線痕，漸開漸大光滿輪。別有一天在鏡裏，綠樹青峰繞村市。屋廬華好衣冠新，聯坐偕行雜眠起。荊關畫筆能寫生，無此曲折微妙形。鏡中之人若相接，我願一借天梯升。當空忽落數團火，鏡象全收客皆坐。火氣消滅水氣澄，壁上圓圓月輪墮。（《六一山房詩集》詩續集卷二，清同治十三年刻增修本）

【何春墅貳尹瑛招諸伶同飲月湖舟中】

綺窗繡楊沙棠舟，微波漾碧篙櫓柔。美人娟娟好顏色，聯翩入座交勸酬。紅橋一曲月一鉤，似與人比眉嫵修。纖聲或恐管絃膩，弱體尚嫌羅縠揉。水部款作清夜遊，明星錯落螢火流。賭歌不買燕市酒，選伎亦笑秦淮樓。涼花寂寞芙蓉洲，殘荷褪粉紅欲收。湖亭水榭殊減色，眾芳一渡聊解羞。贈以金縷心暗投，要之玉佩當少留。淺斟低唱坐闌燭，東方未明樂未休。（《六一山房詩集》詩續集卷四，清同治十三年刻增修本）

【甯府雜詩（之十二）】

校尉籠鐙百騎驅，繡鞍金勒綴明珠。秦宮新荷君王寵，一例臧賢炫北都。伶人秦榮，爲宸濠所嬖，烜赫如王者。（《六一山房詩集》詩續集卷六，清同治十三年刻增修本）

【贈韓生】

韓生皎皎玉爲骨，楚曲秦腔中音律。豪門鞠部早知名，生爲李提督世忠家伶。不作春鶯作秋鶻。繡旗四展風拂拂，女軍對捧將軍出。英雄兒女兼一身，譙國平陽古人傑。明光細鎧紅綃帕，錦袖迴翔臂如雪。雪花飛上瓊林枝，纖歌始凝白雲遏。忽然兩陣勢交突，鼓聲驟起金聲咽。有若駿馬登臺馳，鞭影刀鋒電光掣。低腰貼地故盤折，香汗交頤粉融滑。翻身倒立雙趺翹，窄窄弓鞋換羅韈。橫波一轉神爲奪，叔寶當筵防看殺。斯時百輩觀者心，半入癡頑半饞渴。蓬萊縹渺舊宮闕，燕部陳、張兩奇絕。意中南北較低昂，技差勝汝貌非匹。韓生西來纔數月，未肯羞顏向人熱。漫山桃李爭豔姿，別有孤花自芳潔。江城風雨落梅節，酒酣爲爾感詩筆。才色徒供豪貴憐，聲名已被同曹嫉。自來巧者不如拙，悔抱朱華餌容悅。天涯羈客如爾儔，一例彈詞賣歌活。

（《六一山房詩集》詩續集卷七，清同治十三年刻增修本）

繆文瀾

繆文瀾（1829～1896），號蘭泉，蒼南慕賢東鄉繆家橋人。楊詩弟子，廩貢生。著有《娛草》。見《蒼南詩徵》。

【暮春錢庫觀小兒作劇】

舞盡東風楊柳條，春光荏苒客無聊。慵將濁酒消沉悶，漫借歡場破寂寥。回首卅年成往事，娛懷一曲在今宵。肯教絲竹繁音會，空付鴿河逝水遙。道光中，錢庫小兒劇最勝。余常往觀之。（蕭耘春選輯：《蒼南詩徵》，上海古籍出版社 2005 年版，第 210 頁）

李慈銘

李慈銘（1830～1894），原名模，字愛伯，一字蓴客，晚號越縵。會稽（今浙江紹興）人。光緒庚辰（六年，1880）進士，歷官山西道監察御史。愛伯初官郎署，負盛名，晚始成進士，擢諫垣。生平博綜群籍，尤精於史。著有《白華絳柎閣詩集》十卷、《越縵堂詩續集》十卷、《越縵堂詩話》三卷、《越縵堂讀史札記》三十卷、《越縵堂文集》十二卷等。見《清史稿》卷四八六、《晚晴簃詩匯》卷一七三等。

【羊流店謁羊太傅祠】

我經太傅里，瞻謁起遐慕。名德猶在人，輕裘仰風度。亂國識王衍，平吳荐杜預。豫窺君志荒，先戒煩聖慮。後儒持苛議，謂公作計誤。曷不竟釋吳？俾以爲外患。此言誠謬悠，公見蓋有素。及身不早圖，後嗣必多故。皓死更立君，江南豈可覦。侵尋及惠帝，堪此強敵樹。八王既內亂，鄰國益肆侮。公故早定謀，功成已身去。悲歎留峴山，性情如欲語。逮丁懷愍衰，藉地得東渡。千古社稷臣，如公洵難遇。才識與德量，一身乃兼數。太山公故鄉，荒祠尚歌舞。是日居人方演劇。風景亦可懷，魂魄儻來駐。再拜登車行，九原吾誰與。（《白華絳柎閣詩集》卷戊，清光緒十六年刻越縵堂集本）

【雨中寺樓聽度曲】

瀟瀟歌不歇，茶熟更香殘。雨意催絃潤，泉聲繞指寒。秋花依翠磴，薄蘚上紅闌。鬢影禪床畔，楞嚴自在看。（《白華絳柎閣詩集》卷辛，清光緒十六年刻越縵堂集本）

【題燕子箋後二絕句】

（其一）防亂虛將一揭誇，伎堂終日按紅牙。可憐火迫成江令，一載南都玉樹花。

（其二）變相重登點將壇，此才眞似沒遮闌。笑他浪子錢紅豆，同演明妃雉尾冠。（《白華絳柎閣詩集》卷癸，清光緒十六年刻越縵堂集本）

【寄懷陶文沖濬宣兼示孫生憙孫】

吾鄉文獻數陶氏，有明及今五百年。名臣儒學代煇映，不特科第誇蟬嫣。近來才彥更秀出，三君同歲情尤聯。謂仲彝、少篔、子縝三賢弟。君年最少共追逐，副車一落遲飛騫。文章不受俗眼媚，意氣肯讓他人先。發憤陳書互切礱，上與揚、馬爭媸妍。學問愈進志愈猛，所攻輒洞無中堅。即論書法亦遒美，取骨兩魏參唐賢。方今世事日厖雜，傎倒白黑迷方圓。侏優戴面侮周孔，嫫瘤帶蝮驕施娟。聾蟲自賞杳冥響，糞蛆吸盡芳華鮮。語言稍異動遭斥，何怪論事同寒蟬。都門廣奏百部伎，九衢車馬馳闐塡。念奴新聲久已絕，崑侖樂器無人傳。何來邊調雜西鄙，音噍氣促行蹁躚。四坐歡娛萬人醉，和以亂檏兼緐絃。時都中盛尚山西梆子腔，其聲急促而爨演俗惡，無一雅齣。旦色有名萬人迷、十三旦、水上漂者，蕩褻萬狀，朝士無不惑之。我聞此曲輒憂歎，得非哀靡尋師涓。耳目之玩尚如是，深情古貌人誰憐？君抱朱琴且高臥，天風寥落無成連。東湖堰下富水竹，偁山一抹修眉蜷。烏衣群從半未仕，共厲素業勤丹鉛。對床圖史映花樹，揮手珠玉盈千篇。世家所重在文學，小兒朱紫徒紛然。城南孫郎我舊侶，盛年嗜古同精專。姚江族望本相匹，岡頭澤底長延綿。越中世家惟陶堰陶氏與餘姚燭湖孫氏名德最著，若山陰峽山之何、後馬之周、張溇之胡、會稽道墟之章、蕭山長河之來以及新昌之呂、餘姚之邵，皆不及也。爲言感遇未足賦，千秋殆庶齊仔肩。（《白華絳柎閣詩集》卷癸，清光緒十六年刻越縵堂集本）

【涼秋月夜子縝邀聽歌者彈琴】

涼宵初月妥花陰，來聽虛堂一曲琴。寂寂簾櫳通綺語，蕭蕭梧竹出清音。朱弦三歎孤將絕，翠袖雙寒感易深。到處華鐙歌管地，誰從松柏結同心。（《白華絳柎閣詩集》卷癸，清光緒十六年刻越縵堂集本）

淩祉媛

淩祉媛（1831～1852），字茝沅，錢塘（今浙江杭州）人。光祿寺署正詠女，諸生丁丙室。生穎慧，十歲通音律，能吟詠。性幽嫻凝重，事親盡孝，無違禮。于歸後事舅姑如其親母，疾則禱天求代，旋母愈而祉媛卒，年二十二。其孝行與詩稱重一時。著有《翠螺閣詩稿》四卷、《詞稿》一卷等。見《兩浙輶軒續錄》卷五四、《冷廬雜識》卷五、《國朝詞綜續編》卷二四、《（民國）杭州府志》卷一五四等。

【贈彈詞女郎筠姑】

鶯歌燕語試玲瓏，逋發鬖鬖正妙齡。唱出孤城楊柳曲，雙鬟聲價重旗亭。（《翠螺閣詩稿》，胡曉明、彭國忠主編：《江南女性別集初編》下册，黃山書社 2008 年版，第 896 頁）

【試燈後三日集吳山淳素山房觀演燈劇】

樓臺百尺羅綺裝，屏風九疊琉璃張。離合金碧搖神光，廣寒仙子歌霓裳。銀華寶炬列兩行，月明忘卻圓中央。此時觀者如堵牆，紛紛幻作天花場。一隊兩隊旌旂揚，繽紛綺組織女相。穠歌豔舞明珠妝，翩翩鬢影兼衣香。琵琶弦索笙竽簧，妙音宛轉調宮商。忽驚赤焰騰熒煌，火攻灼爚清輝彰。恍如旭日搖扶桑，金迷紙醉交相當。或疑神龍來巨洋，攫拏鱗爪爲低昂。犀燃牛渚耀海藏，魚腥尾炙升穹蒼。或疑野火焚昆岡，綠煙朱焰紛飛颺。蹲獅伏兔奔踉蹌，棲鸞宿鳳驚回翔。

不然赤壁聯軍航，舳艫縱火神周郎。不然焦土嗟阿房，丹青一炬誇項王。其他妙技各奏長，鼇山一座森光芒。星流電逝難永望，彩棚陳設紛琳琅。禁掌金吾笑不妨，聲催玉漏情俱忘。須臾微白生東方，綺筵已罄流霞觴。明星落盡日出剛，燈殘燭灺光微茫。事作如是觀最良，熱中我欲投清涼。（《翠螺閣詩稿》，胡曉明、彭國忠主編：《江南女性別集初編》下册，黄山書社 2008 年版，第 906 頁）

李嘉樂

李嘉樂（1833～？），字德申，號憲之，河南光州（今河南潢川）人。同治癸亥（二年，1863）進士，改庶吉士，授編修。歷官江西布政使。憲之起家二千石，以介節自持。與菊圃布政用清、鑑堂尚書秉衡齊名，皆爲閻文介賞拔，時稱「三李」。憲之頗耽吟詠，一官一集，類多清婉可誦。著有《仿潛齋詩鈔》。見《國朝御史題名》、《清秘述聞續》卷一六、《晚晴簃詩匯》卷一六一等。

【馬杏逸老人著文昌化傳奇為題二律】

（其一）迷津何處覓慈航，逸叟新開翰墨場。十五萬言窺變化，二千餘載紀文昌。筆端有典堪徵信，世上無情恐易忘。料得此編剛脫稿，中宵仙筆吐光芒。

（其二）雪香雲煖隱高賢，塵市中尋物外緣。杏逸榜臥室曰「雪香雲煖」。自有才華工說法，斷無孝友不成仙。常情誰果甘心惡，季世還憑苦口憐。遙望寸園松竹茂，久將交誼託忘年。（《仿潛齋詩鈔》卷三課餘集，清光緒十五年刻本）

【或代小伶以扇索詩為賦長歌】

燕臺月冷風嘯秋，花事闌珊拾翠遊。座上識卿何窈窕，鐙前戲謔酒邊愁。亭亭玉樹臨風倚，溷跡梨園雜悲喜。青眼何來陌路逢，深情直比桃花水。曾是良家白璧姿，塵海相看意態奇。拍板一聲驚綺夢，歌衫十載唱春詞。麗容隨卻秋光瘦，登場更顯瓊枝秀。低頭含笑眉語柔，花譜新編推領袖。演出霓裳舞態輕，珠喉脆和管絃聲。夙緣竟少三生繫，絕調眞教四座傾。髫齡別有深心處，勘透繁華到遲暮。正是金迷紙醉時，慈航急覓芙蓉渡。花殘月缺本何常，慧性生來早自量。好夢驚醒青玉簟，癡情慵佩紫羅囊。韶光過眼春風拂，舊事如雲太飄忽。掃去紅塵境自佳，脂粉何緣埋奇骨。祇今風雨別離多，黃葉林疏怕聽歌。同是天涯漂泊恨，相思紅豆奈愁何。（《仿潛齋詩鈔》卷四公車集，清光緒十五年刻本）

【遊寸園悼馬杏逸先生】先生工青囊術，結廬州城東偏，雜蒔竹樹，尤善種菊花。時易酒醉，輒吟小詩自遣。嘗作《車戰圖說》及《文昌化》傳奇警世，蓋有心人隱於市者。晚年患臂，書用左手，而縱飲健談如故。余向識之。前歲自都中歸，先生已下世，訪其居，孫出延客，仍業醫，護視遺書及手植物惟謹。慨老友之忽終，喜善人之有後，感成一律，告慰九原。

話別翁猶健，重來竟愴神。孤孫抱遺稿，舊業習清貧。泥壁詩還在，友石師贈詩黏壁上，已破。霜皋草不春。寸園松盡老，太息種松人。（《仿潛齋詩鈔》卷七餘園集，清光緒十五年刻本）

【母壽演劇宴客得十絕句】

（其一）獻壽尊從北海開，冠裳濟濟快追陪。笙歌兩部喧闐裏，我亦牽衣學老萊。

（其二）消寒時節敞賓筵，那料冬宵煖似棉。天意恐防人盛會，先移風雪灞橋邊。

（其三）鐙光璀璨月華清，照出霓裳分外明。恰喜今年親更健，連宵聽曲到三更。

（其四）彩觴錦幛眾賓歡，洗盡貧儒舊態酸。記得故鄉當此日，慈幃手製菜登盤。

（其五）京都聲調最鏗鏘，遊讌頻逢作戲場。奏技老伶驚一顧，方知太守是周郎。

（其六）都護從官滿座貂，健兒行炙氣喧囂。主人豪飲雄談處，嚇得牙兵不敢驕。

（其七）寅寮雅興徵歌舞，兒女歡聲說古今。鑼鼓忽停紅燭盡，夜窗判牘月來尋。

（其八）米鹽節縮善持家，老母辛勤幾倍加。七十二年開笑口，又呼兒輩戒奢華。

（其九）金尊檀板絛經旬，竭力承歡仗俸銀。望子成名陶侃母，當年截髮亦留賓。

（其十）家門漸盛懍斯時，吾弟還鄉尚未知。膝下稱觴餘隻影，

寒更默誦《棣華》詩。（《仿潛齋詩鈔》卷十三守青集，清光緒十五年刻本）

【副帥送鼇山鐙至因演劇召客觀之】

（其一）昇平佳節侍慈闈，竟夕歡聲動四圍。一曲笙歌雲遏響，三更鐙火月交輝。縱觀堂下民同樂，轟飲樽前客緩歸。塵海餘閒能有幾，春宵吾亦惜芳菲。

（其二）鼇駕山來海樣寬，描摹萬象各騰歡。西湖魚網春波膩，北塞駝鈴夜雪團。人物如生機宛轉，星河相近燭高寒。兩城耆老頻來往，不意今年得鉅觀。（《仿潛齋詩鈔》卷十三守青集，清光緒十五年刻本）

陳作霖

陳作霖（1837～1920），字雨生，號伯雨，晚號可園，江寧（今江蘇南京）人。光緒乙亥（元年，1875）舉人，就職教諭。可園研精經史，留心鄉邦文物，著述甚夥。江寧文學自汪悔翁後允推碩果。性好山水，淡於榮利。晚歲失明，猶口授兒子輩，吟哦不輟。其孤懷高志，往往見於篇章。感事憂時，清而不激，出入於杜、韓、白、陸而不襲其貌。晚年喜學山谷，不流褊仄。著有《可園詩存》二十八卷、《可園詞存》四卷、《可園文存》十六卷等。見《晚晴簃詩匯》卷一七〇。

【看雜戲有作】

湖村風日清，場開鏡面平。場中演雜戲，擊鼓敲金鉦。敲金擊鼓聲洋溢，兩人荷木相對立。一人攀木盤復旋，初似鞦韆勢微急。遠看漸覺不見人，但聞一片風聲疾。緣橦之技已足稱，一甕斗大更通靈。童子翻身猛一躍，縮入冷謙琉璃瓶。復有口中吐煙火，呼吸之間雲霧鎖。翻疑爾今忽熱中，氣焰逼人非故我。魚龍曼衍百戲呈，登場二女何嬝婷。翩躚互進雙飛燕，抗隊清歌百囀鶯。聳身捷竟追猿狖，掉尾勢若爭蜻蜓。反腰貼地弓彎巧，舞掌留仙鎖骨輕。顛倒縱橫看未了，高臺忽落雙腧悄。金鼓一霎寂無聲，空際眼花猶繚繞。我亦逢場觀戲人，承平迴憶舊時因。年年角觝江南地，歌舞繁華到處春。（《可園詩存》卷六氾湖草中，清宣統元年刻增修本）

【觀劇口號】

豁開眼界水雲寬，底事偏將傀儡看。舉世悠悠懶酬對，此中猶有

古衣冠。(《可園詩存》卷七汜湖草下，清宣統元年刻增修本)

【後緹縈樂府題辭三首并引】康熙時泰州孝女蔡蕙上書訟父冤，得釋重罪，事具州志。歙縣汪仲伊宗沂譜爲樂府，爰書其端。

(其一)萬乘南巡萬物春，縈縈弱女志能伸。拜章夕入恩朝降，千古緹縈有替人。

(其二)記得羈遊江北時，慈烏聲急雨絲絲。泰州南去茶場路，古木荒寒孝女祠。

(其三)維揚志乘事難忘，譜入宮商更擅場。絕勝是非身後錯，琵琶一曲演中郎。(《可園詩存》卷十三息影草下，清宣統元年刻增修本)

【燕京小樂府二首(之二)】

《訂官座》：訂官座，狎優伶，登場度曲如流鶯。纏頭所費已無算，歌郎向我雙眼青。新者迎，舊者送，軟語溫存相與共。密室幾成比目魚，酒樓又遇飛來鳳。伶人不召自來之目。可憐閨裏長相思，夜闌正作京華夢。(《可園詩存》卷十四上計草，清宣統元年刻增修本)

【秦淮醉歌和子鵬作】

六年不作秦淮遊，峨峨畫舫高於樓。玻瓈窗子敞八扇，明燈光蘸西洋油。幾輩雛伶來勸酒，崑弋新調皆能謳。老妓顉頷賣歌唱，笛笙鼓板箏箜篌。東關一隅船四集，搶水不過長橋頭。箑爐光陰幾瞥眼，風尚頓變難自由。而況三十年前事，錦篷綵纜沙棠舟。夾岸樓臺無隙地，珠簾日暮皆懸鉤。漱紅軒連聽月榭，薇花紅豔楊絲柔。此景依稀猶記得，欲言怕惹滄桑愁。天上姮娥顧而笑，人世能經幾夢覺。鵷鸞燕雀共春秋，今昔何須苦執較。六朝明月似當時，誰爲王謝諸年少。桃葉詞，竹枝調，絃索錚錚同一鬧。當歌對酒宜盡歡，我已於茲領道妙。俗亦不足嗤，雅亦不足好。癡頑老子眞吾儔，船脣踞坐臨風嘯。(《可園詩存》卷十七冶麓草上，清宣統元年刻增修本)

【寄丁秀夫都中四首(之二)】

記曲旗亭曾畫壁，當年裘馬亦翩翩。不知梅竹櫻桃衖，歌管何如卌載前。楊梅竹斜、櫻桃斜，皆街名，優伶所聚處也。(《可園詩存》卷二十八蠹窠草下，清宣統元年刻增修本)

【薄倖・題滄桑艷傳奇】

雄姿英度，總被者、柔情絆住。自來到遼陽邊塞，夜夜夢魂歸去。悵神京、風鶴驚傳，樓頭柳色縈愁緒。奈一霎時聞，家亡國破，我那人兒何處。　最薄是紅顏命，敵不過眼前君父。深仇憑報復，因行掉臂，奪回破鏡圓如故。翦茅苴上，論功名錦繡，乾坤再造由兒女。修羅劫了，空色終能解悟。(《可園詞存》卷四花枝樓夢吟，清宣統元年刻增修本)

廖樹蘅

廖樹蘅（1840～1923），字蓀畡，湖南寧鄉（今湖南望城）人。官清泉訓導。其詩芳鮮澄澈，紀遊之作，尤寥寂有六朝意。著有《珠泉草廬詩鈔》。見《道咸同光四朝詩史》乙集卷六、《晚晴簃詩匯》卷一七九等。

【題雲亭山人桃花扇傳奇】

（其一）龍馬浮江尙來成，中朝水火便相爭。櫜鞬淮泗新開府，煙月齊梁舊有名。徹夜笙歌酣九陛，極天戎馬蹴重城。春燈影裡山河改，凄斷江樓燕子聲。

（其二）殿頭宣敕選充華，閣道春遊響鈿車。狎客竟容江總在，黨魁重破李膺家。後庭歌舞翻瓊樹，南部風流剩館娃。一德有人勤燮理，鉤簾微雪賞梅花。

（其三）名士當筵易斷腸，白門佳麗屬平康。樓頭煙柳絲絲媚，扇底桃花片片香。碧血竟成千古艷，黃絁終奉九蓮裝。繁華夢醒冰紈碎，零落珠璣字幾行。

（其四）嗚咽秦淮早晚潮，後湖人散鬼吹簫。西風殘照宮槐冷，流水棲鴉岸柳凋。六代荒淫終戰伐，百年興廢幾漁樵。凄涼法曲燈前淚，搵遍青衫恨未消。(《珠泉草廬詩鈔》卷一，清光緒二十七年刻本)

王先謙

王先謙（1842～1918），字益吾，號葵園，湖南長沙人。同治乙丑（四年，1865）進士，改庶吉士，授編修。歷官祭酒，加內閣學士銜。葵園精揅古學，著述閎深。早歲作詩蒼涼沈鬱，雅近少陵。晚學東坡，益見變化。著有《虛受堂詩存》十六卷、《虛受堂文集》十六卷、《荀子集解》二十卷、《莊子集解》八卷、《續漢志集解》三十卷、《後漢書集解》一百二十卷、《漢書補注》一百卷、《日本源流考》二十二卷、《詩三家義集疏》二十八卷以及《東華錄》、《東華續錄》等。見《清史稿》卷四八二、《晚晴簃詩匯》卷一六三等。

【和金檜門先生德瑛觀劇絕句三十首】

（其一）祐陵畫意取加官，更向班行臉上看。牙笏錦袍緣底事，故將吉語調衣冠。加官。案：宋徽宗有《官上加官圖》，國朝李斗《揚州畫舫錄》所載戲班行頭有「加官臉」名目。

（其二）徐、張相聚豈相捐，未信曹、何盡少年。聞道神仙不可接，唐人句。卻從場上看堆仙。八仙。案：元范子安《陳季卿誤上竹葉舟》雜劇，八仙爲張果老、漢鍾離、李鐵拐、徐神翁、藍采和、韓湘子、何仙姑、呂洞賓，而無曹國舅。又，谷子敬《呂洞賓三度柳樹精》雜劇，八仙爲漢鍾離、鐵拐李、張果老、藍采和、徐神翁、韓湘子、曹國舅、呂洞賓，而無何仙姑。又，岳伯川《呂洞賓度鐵拐李》雜劇，八仙爲漢鍾離、呂洞賓、張四郎、曹國舅、藍采和、韓湘子、張果老、鐵拐李，而無何仙姑、徐神翁。今世所傳八仙，與明沈玢《續仙傳》及王世貞《弇州集・八人圖》後八人相合，無徐、張也。《續仙傳》云：曹國舅是青巾少年，與今世所傳五綹鬚像不合。宋歐陽修《歸田錄》云：衡山何仙姑係數百歲人。《綴白裘》名八仙曰堆仙。

（其三）徐府芳祠定遠墩，楚歌眞斷美人魂。祇緣一曲《千金記》，長見倉皇拭淚痕。《虞姬千金記》，明沈練川撰，刊入毛晉《六十種曲》。

（其四）前有蘇卿後郝經，至今精氣照丹青。艱難國步嗟誰補，留與皇華作典型。蘇子卿，見《牧羊記》，明無名氏撰，刊入葉堂《納書楹譜》。

（其五）掖庭一去總無言，爭說琵琶戀漢恩。疑是春風眞面在，更從千載曲中論。明妃。

（其六）市中高臥詔傳呼，彩筆狂揮錦不如。今日眼看人盡醉，阿誰解寫嚇蠻書。李太白，見《彩毫記》，明屠赤水撰，刊入《六十種曲》。

（其七）名花帶笑幾相歡，羅襪成塵照眼寒。月殿霓裳元是夢，空留遺跡萬人看。馬嵬驛，見《長生殿》，國朝洪昉思撰。

（其八）蜀道郎當是雨聲，淋鈴教曲淚縱橫。可憐明聖天王業，賸與梨園作主盟。南内，見《長生殿》。

（其九）樂昌合鏡痛生離，三代羅衫取證奇。赤子扶瞻年十八，人生難得是佳兒。《白羅衫》，明無名氏撰，刊入《納書楹譜》。

（其十）高會單刀證史文，賡言仗義有將軍。元碑明敕流傳遠，都把新名補舊聞。周倉《關大王單刀會》，元關漢卿撰，刊入《納書楹譜》。元魯貞《關公碑》「騎赤兔兮從周倉」，見紀昀《灤陽消夏錄》五。王棠《知新錄》云：明萬曆四十二年，遣太監李恩敕封關公爲三界伏魔大帝神威遠鎮天尊關聖帝君，長子平爲錫忠王，次子興爲顯忠王，將軍周倉爲忠勇公。

（其十一）德宗皇帝空馳詔，康叔郎中飽寫經。難得相逢便相仞，三更旅館一燈青。《尋親記》，元無名氏撰，刊入《六十種曲》。

（其十二）越女微軀竟沼吳，投江翻遣逐靈胥。五湖高隱干何事，錯認鴟夷是大夫。范蠡，見《浣紗記》，明梁伯龍撰，刊入《六十種曲》。

（其十三）矗人那解雪烹茶，學士由來勝党家。樸直未須多識字，袖中禪詔漫相誇。《党太尉賞雪》，刊入《綴白裘》。案：褚人穫《堅瓠集》九集卷三云：野史載陶穀有妾，自党進家來者。一日雪下，穀命取雪衣烹茶，問曰：「党家有此景否？」曰：「彼粗人，安識此景，但能於銷金帳下淺斟低唱，飲羊羔美酒耳！」疑此劇所本。樸直不識字，見《宋史・進傳》。

（其十四）聽琴酟酒兩心同，贏得分財作富翁。吟到白頭成永好，茂陵臥病已秋風。琴心，見《琴心記》，明無名氏撰，刊入《六十種曲》。

（其十五）紅頰長眉謝自然，洞房清靜即神仙。無端挂眼閒花草，信有人間色界天。《玉簪記》，明高濂撰，刊入《六十種曲》。案：徐釚《詞苑叢談》八云：陳妙常拒張子湖詞云：「清靜堂前不捲簾，景悠然。閒花野草漫連天，莫胡言。獨坐洞房誰是伴，一爐煙。閒來窗下理琴絃，小神仙。」詞見《初蓉集》。後陳偶潘必正。

（其十六）偏安君相密綢繆，閫外將軍見贅疣。撼岳長城眞自壞，埽秦流恨幾時休。岳忠武，見《精忠記》，明姚靜山撰，刊入《六十種曲》。

（其十七）是非身後底相妨，莫更琵琶幻四王。古柳斜陽天水代，滿村早唱蔡中郎。埽松，見《琵琶記》，元高則誠撰，刊入《六十種曲》。田藝衡《留青日札》云：王四能詞曲，高則誠與友善，勸之仕，登第後即棄其妻而贅於太師不花家，則誠悔之，因借此記以諷。名《琵琶記》者，取其四王字爲王四耳！元人呼牛爲不花，故謂之牛太師。而伯喈曾附董卓，乃以之託名也。案：陸放翁詩云：「斜陽古柳趙家莊，負鼓盲姑正作場。身後是非誰管得，滿村聽唱蔡中郎」，則蔡中郎事，自宋時盲詞傳演久矣。

（其十八）一封奏草鬼神愁，不爲閨房得少留。還勝章妻知足誡，代夫一疏並千秋。寫本，見《鳴鳳記》，明王世貞撰，刊入《六十種曲》。

（其十九）深宮宛轉百花酒，同黨招搖五綵輿。正是群陰煬蔽日，不堪摩寫壽嚴初。趙文華，見《鳴鳳記》。

（其二十）默默鐵柱禱無休，嶽嶽冰山凍不流。快絕鄒、林雙御史，解從左側射東樓。嚴嵩，見《鳴鳳記》。

（其二十一）妻婢方山傳裏知，色雖自得意嗔癡。談禪未礙聞獅吼，難解涪翁簡帖詞。《獅吼記》，明汪廷訥撰，刊入《六十種曲》。案：洪邁《容齋三筆》云：黃魯直與季常簡云：「審柳夫人時須醫藥，今已平安否？公暮年來想漸求清淨之樂，姬媵無新御矣！柳夫人比何所念而致疾邪？」又一帖云：「承諭：老境情味，法當如是。河東夫人亦能哀憐老大，一任放不解事邪？」

編者案：《容齋三筆》「今已平安」作「今已安平」。

（其二十二）英雄千載困儒冠，老著衣巾作別難。博得頭銜差吐氣，生前梁灝死方干。别頭巾，葉煥彬云：元曲《繡襦記》有當頭巾。又《元曲選》有《勘頭巾》，均與本詩意不合。本詩似指一晚年登第者。今弋陽高腔中有《趙朋觀榜》，乃老年登第後棄頭巾，復與作別似。是此劇高腔詞與崑腔相合，尤可證也。

（其二十三）漢京銅臭已薰天，解習官儀亦自賢。莫羨伯郎惟一斗，東坡詩「伯郎一斗得涼州」。且從優孟學三年。演官見《人獸關》，國朝李元玉撰，刊入《綴日裘》。

（其二十四）當關一將繫興亡，雙劍雌雄並有芒。拌得頭顱紆國步，痛心降表出姜王。周遇吉，見《鐵冠圖》，刊入《納書楹譜》。

（其二十五）琴歌當哭女貞新，爲國誅仇似有神。王氏亦傳公地首，可憐崇義號夫人。費宮人刺虎，見《鐵冠圖》。

（其二十六）流落江湖柰老何，桓溫一去樹婆娑。桃花扇裏餘生氣，賴有吳毛爲作歌。柳敬亭，見《桃花扇》。

（其二十七）地獄名從佛國彰，高僧救母孝思長。黃泉碧落嘲居易，傳唱還應溯李唐。《目連母》，明無名氏撰。

（其二十八）聞道青溪有小姑，終南眷屬亦神夫。藍衫蓬髮鍾山路，一幅春霄透漏圖。鍾馗。案：宋《宣和畫譜》有宋石恪《春霄透漏圖》，即畫鍾馗小妹故事。

（其二十九）閱盡榮枯一枕中，鄴侯著記有仙風。開元故事分明在，誰把回先替呂翁。《邯鄲夢》。案：李泌《枕中記》載：開元十九年，邯鄲道呂翁授盧生枕，即此事。奐彬云：呂翁非洞賓，洞賓生貞元十四年，舉咸通進士，上距開元甚遠。元馬致遠《邯鄲道省悟黃粱夢》雜劇云「漢鍾離度呂洞賓」，蓋因《枕中記》附會，又顛倒以爲鍾離度洞賓。明湯顯祖《玉茗堂四夢》傳奇中有《邯鄲夢》，則由記託出，但亦以呂翁爲洞賓，殊失考也。

（其三十）不契梁皇竟北遊，嵩山面壁影長留。底須折葦誇神異，若箇精誠入石頭。達摩，見《祝髮記》，明張鳳翼撰，刊入《綴白裘》。（《虛受堂詩存》卷十六，清光緒二十八年蘇氏刻增修本）

【再題檜門先生觀劇詩後】

（其一）亾是憑虛各擅場，寓言顛倒自蒙莊。漫嫌傳唱無稽語，周漢文詞已濫觴。

（其二）班史曾登小說流，唐叢宋稗盡旁搜。流言抵作丹青看，舞榭歌臺一例收。

（其三）先河院本後傳奇，次第優人作導師。唐句宋詞爭賭唱，衹如新調付歌姬。

（其四）世事甯分僞與眞，紛紛目論苦求伸。梅經毛傳欺千古，何況歌場一鬨塵。范石湖詩「過眼人情一鬨塵」。

（其五）弦管撩人欲放顚，蘭芳鮑臭任流傳。不乖臣子興觀義，衹有《精忠》與《目連》。

（其六）懷古元因一畫圖，意將懷璧儆愚夫。天臺何事誣光武，知是明人刺歹朱。

（其七）昇平鼓吹說乾隆，審律應知與政通。夢想開元全盛日，欲將法曲問伶工。

（其八）先生退老盡開顏，我亦心儀謝傳閒。憂國無心問絲竹，不知底處是東山。（《虛受堂詩存》卷十六，清光緒二十八年蘇氏刻增修本）

朱寯瀛

朱寯瀛（1845～1928），字芷青，號金粟山人，直隸大興（今屬北京）人。同治壬戌（元年，1862）舉人，歷官河南知府。著有《金粟山房詩鈔》十卷。見

《晚晴簃詩匯》卷一六一。

【題槐廬生烈女記院本】龍松琴同年撰，記彭溪江烈女事。

濁霧曖月光，不改明蟾潔。眾草錮蘭芽，愈顯奇香烈。卓哉江氏女，克創千秋節。始羞秋胡金，終銜精衛石。尊章與父母，相愛莫知惜。骨肉一何愚，天地一何窄。我讀槐廬詞，感慨重於邑。古今貞孝事，多少稱殊絕。不遇闡幽者，總付荒榛棘。即茲烈女心，豈計名不滅。一朝表其奇，滿紙遂惻惻。當年侘傺狀，如見復如識。直可風世人，奚止慰幽魄。所願知音士，普聽此歌闋。寫以綠筠箋，吹以紫雲笛。女有屈原心，詞眞董狐筆。（《金粟山房詩鈔》卷四，清光緒二十七年刻本）

袁　昶

袁昶（1846～1900），字重黎，號爽秋，桐廬（今屬浙江）人。從劉熙載讀，博通掌故。光緒二年（1876）進士，授户部主事，充總理各國事務衙門章京。歷官太常寺卿，謚忠節。其久在譯署，周知四國。庚子之變，以不附和權貴，直言觸忌，倉猝被禍，中外嗟惜。平生博極群書，出入仙釋，其詩意新味古，兀傲自喜。著有《安般簃集》十卷、《于湖小集》六卷、《漸西村人初集》十三卷等。見《清史稿》卷四六六、《晚晴簃詩匯》卷一七一等。

【題仲伊後緹縈傳奇】

習之手表高貞女，石笥曾歌女李三。解道百男何憒憒，藉詞溙室風婀婞。（《漸西村人初集》詩九，清光緒刻本）

樊增祥

樊增祥（1846～1931），字雲門，一字樊山，晚號天琴，湖北恩施人。生而岐嶷，弱不好弄，未授讀，已辯四聲。十一歲能詩，十三歲通經義，稱奇童。自爲博士弟子，即代人司箋記。南皮張文襄典試宜昌，見文大奇，目以國士，招致賓座。歷主潛江、江陵講席。同治丁卯（六年，1867）舉鄉試，光緒丁丑（三年，1877）成進士，入翰林。累官陝西布政使，江寧布政使、護理兩江總督。樊山年少俶儻，才思横溢，善博辯，精藻鑒，並時宗室盛昱、寶廷負文名者，爭與訂交，譽日鵲起。著有《樊山集》二十八卷、《樊山續集》二十八卷等。見《國朝詞綜續編》卷二一、《國朝詞綜補》卷五八、《道咸同光四朝詩史》甲集卷五、《民國人物碑傳集》。

【子珍將出都小伶桐仙彈琵琶為別悵然賦此】

羅黑當筵枉費詞，檀槽金鏤映花枝。怨歌好唱《公無渡》，轉語眞成火不思。淚下青衫知幾許，尊前紅燭不多時。君心如月來相照，一樹桐花影碧池。(《樊山集》卷三，清光緒十九年渭南縣署刻本)

【同漁笙敦夫觀西伶度曲】

竿木逢場未是眞，伊涼古調劇悲辛。風前繡帶初迴雪，鏡裏花枝欲笑春。揮灑銅駝街畔淚，荒唐胡蝶夢中身。皆是日本事。都將家國興亡恨，懊惱江東顧曲人。

附詩二首：

【同作】〔陸廷黻〕

（其一）形跡俱忘各率眞，相逢樽酒慰艱辛。翦燈共話長安夜，吹律剛迴大地春。是日長至。小別三年增老態，短歌一曲健吟身。黃花晚節期珍重，舊雨如今有幾人。(其二）檀板當年聽曲眞，重題舊事益酸辛。疑雲疑雨尋殘夢，飛絮飛花悟暮春。空說黃金求駿骨，誰將綠葉護鶯身。不堪斜日燕臺上，又向秦川送故人。

【同作】〔鮑臨〕

歌泣當場莫認眞，祗憐擊筑太酸辛。驚心蝶夢都成幻，過眼鶯花不算春。琴管別傳絃外意，衣冠聊現鏡中身。誰知棖觸多情者，欲把今人視古人。(《樊山集》卷十五，清光緒十九年渭南縣署刻本)

【春夜漁笙枉招觀劇九疊前韻】

珠翠千行繞，宮商一片春。金床調舞馬，錦帶飾毬人。揭調穿雲起，弓腰貼地新。一宵紅燭淚，堪補十家貧。

附詩一首：

【和作】〔陸廷黻〕

今夕知何夕，燈街錦繡春。傳柑煩侍史，穠李趁遊人。玉屑香霏暗，銀花樣鏤新。金蟲釵上綴，粧束未應貧。(《樊山集》卷十六，清光緒十九年渭南縣署刻本)

【廿六日子虞子修止潛子培子封招同愛師漱丈過粵東館觀劇廿一疊韻】

檀板清樽美絕倫，豔歌子夜奈何春。笙簧百囀花間鳥，金翠重遮鏡裏人。佳麗已非南部舊，衣簪全仿內家新。當筵舞遍參軍鶻，優孟休嗟作吏貧。是日有候選糧馬通判登場演劇，故云。(《樊山集》卷十六，清光緒十九年渭南縣署刻本)

【雪中觀劇】

（其一）衣纓肅肅聚東堂，坐見瑤臺鬥曉妝。美酒十千開玉案，飛花五萬趁霓裳。障泥半溼金騣裹，過錦都騎白鳳皇。見說金吾寬夜禁，豸衣星幰有輝光。是日廉訪麟甘肅主司。

（其二）香獸燒殘晝轉清，露臺遙引步虛聲。簾櫳花雨紛紛落，環佩天風細細鳴。樂府可憐朱漱玉，舞人應是許飛瓊。風流令尹還多病，翠被寒深夢不成。長安令以疾不至。(《樊山集》卷十八，清光緒十九年渭南縣署刻本)

【酒罷攜客聽西伶度曲】是日演水漫金山事。

花月滿江南，歌清酒復酣。花名長十八，月是閏重三。肌雪明螺女，鬟香沐麝男。勿忘團扇意，小字署紅蠶。(《樊山集》卷二十，清光緒十九年渭南縣署刻本)

【高陽臺・同舍方生工彈琵琶度曲操杭音綺怨喁花曼音繚絮深春聽曲消魂黯然倚此索寄龕蘭當和並示碧螺盦主三君皆越人忍勿為莊大夫耶】

箏語悽紅，琴心黯碧，星星夢颭香篝。絲雨黃昏，消他幾曲清謳。載來千斛餘杭酒，到如今、都化閒愁。甚心情、訴遍哀絃，冷到銀彄。

螟陵二月生春水，怎落紅流盡，不送歸舟。飛絮光陰，離人蚤暮登樓。淚痕不散春衫暈，悵天涯、處處江州。賸今宵、怕倚闌干，怕上簾鉤。(《樊山集》卷二十一，清光緒十九年渭南縣署刻本)

【瑤臺第一層・蘭簃讀曲圖為楊定夫同年索賦】

曉起綠窗匀面了，鬟雲一鏡鬆。碧苔庭院，幽花數翦，春在簾櫳。曲欄深處坐，教雪衣、低唱玲瓏。曼聲引，更弓鞋輕點，裊盡釵茸。　　匆匆玉煙吹散，翠苕不耐曉霜中。繡幃垂地，啼鶯不語，殘月朦朧。莫翻金縷曲，怕百花、掃地都空。畫堂東，剩蘭心一點，還發春紅。(《樊山集》卷二十一，清光緒十九年渭南縣署刻本)

【珍珠簾·小伶以茉莉飾團扇愛伯師賞之以詞即同其調】

小花私貯羅囊底。玉釭前、一種溫馨初試。紈扇恁輕盈，更泥他纖指。一握眞珠親贈與，當纏佩、襟邊長繫。風細。問素月圓時，好花開未。　別有卻扇風情，且茶甌罷點，髩翹休綴。不借彩絲穿，怎盡成連理。喜字迴環三十六，最難得、花花相對。臨睡。定羅帳風來，暗香如醉。（《樊山集》卷二十一，清光緒十九年渭南縣署刻本）

【氐州第一·西伶黨靈芝色藝冠時鏡漁翰林悅之無由自達倚此為贈】

天際芝雲，吹墮綺戶，年時杜曲相見。鬲葉疑鶯，當花誤蝶，的的風情不淺。猶隔簾櫳，早隱約、波明山遠。越髻低扶，秦音半改，可人心眼。　欲倩青禽將密款。柰長袚、微波劃斷。覆盎春雲，連昌夜雨，覺此情難遣。定何時、明燭底，攏宮袖、臨風細看。茗艼花前，道相逢、今生未晚。（《樊山集》卷二十一，清光緒十九年渭南縣署刻本）

【初十夜月下聞署外伶人演劇用九月望大雪韻作歌】

月出松巔霜蓋瓦，輕裘暖帽松窗下。一甌綠雪泛輕花，流暉滿地篩金沙。樓臺上下浸瑤水，驚起柳邊三四鴉。氣候斗覺冬春改，底處歌兒唱小海。囁嚅兒女說中郎，䰞演鬼神迎柳澥。花奴鼓打春雲熱，仿佛將軍渭城獵。滑稽似炙淳于輠，忠義宛飛侍中血。此時煙霄月正中，頗憶羅遠從玄宗。瓊樓玉宇高寒極，鈞天夢境將毋同。朝廷近日憂西面，花門月冷愁雲黵。雪壓天山戰馬瘖，酒行玉帳瑤姬艷。時牛鎮挈眷而往。不聞士死左轂鳴，徒聞驕將爭羊羹！近日葉、何兩軍互鬥，回乘其後，掠去軍械不少。回中不少白頭賊，洮河各擁防秋兵。犬羊無人事屠宰，聞鼓鼙聲淚空灑。月乎照愁亦照歡，且聽琴聲走大蟹。（《樊山集》卷二十六，清光緒十九年渭南縣署刻本）

【彥清同年杜和奉懷之作疊韻報之】

皋比坐擁幾春秋，話到宣南始欲愁。弟子編成新語錄，伶人傳唱舊歌頭。深衣籠罩三千士，淡粉依稀十二樓。儒俠古今誰合傳，我輸君豈止三籌。（《樊山續集》卷一「身雲閣後集」，清光緒十九年渭南縣署刻本）

【戊戌元旦同壽平觀劇十七疊安揚韻】

（其一）舞臺歌榭盛長安，爲聽箏琶張詣韓。漫以爵輪媚公主，似聞長笛賽婆官。催春鼓打紅腔脆，救日弓彎白羽寒。是日日食。一十五年重顧曲，霓裳同聽亦良難。甲申元日與君觀劇，今十五年矣。

（其二）年少歌樓意氣揚，卅年閱盡柳花狂。伎師大有雕青手，子弟都無換白方。戊辰所見諸伶，今皆老矣。辛苦天魔散花雨，徘徊思婦怨秋桑。歲朝行樂無愁思，物我同嬉仁壽鄉。（《樊山續集》卷四「朝天集中」，清光緒二十八年西安臬署刻本）

【阿咸念都中戲劇不置作觀劇詩二首三十七疊安揚韻】

（其一）伶倫都向樂營安，潭水何年賜姓韓。伶人多住韓家潭。謇姐歌詞由內製，弄兒祿科視京官。錢支百萬胡琴貴，杖打千雙羯鼓寒。小試叫天歌一曲，空同不作解人難。有小叫天者，時稱名伶。

（其二）廣場眉黛宛清揚，蜂亦溫存蝶亦狂。潛氣搴成轉喉調，忍饑學得細腰方。折殘小玉關前柳，採遍秋胡宅畔桑。竿木逢場只兒戲，犁軒原是幻人鄉。（《樊山續集》卷五「朝天集下」，清光緒二十八年西安臬署刻本）

【憶歌者崔靈芝】

（其一）高臺舞袖繞花飛，幾串珠歌豔雪霏。桃葉百環輕綰髻，毛西河妾梳百環髻。柳枝雙帶秀飄衣。嬌鶯借重名兼姓，小燕猜量瘦與肥。簫鳳引人仙夢遠，紫房芝憶甚時歸。

（其二）歸時甚憶芝房紫，遠夢仙人引鳳簫。肥與瘦量猜燕小，姓兼名重借鶯嬌。衣飄秀帶雙枝柳，髻綰輕環百葉桃。霏雪豔歌珠串幾，飛花繞袖舞臺高。（《樊山續集》卷十二「西京酬唱集」，清光緒二十八年西安臬署刻本）

【都下伶人小叫天或言兵解或言在汴感賦一首】

叫天歌續崆峒子，流落兵間亦可嗟。此曲忍忘黃米飯，誰家飄墮白楊花。野狐無復隨行在，舞馬何時媚正衙。南府本家俱寂寞，金梁橋畔泣琵琶。（《樊山續集》卷十二「西京酬唱集」，清光緒二十八年西安臬署刻本）

【聞石甫午日宴客並召歌者侑酒戲寄四絕句】

（其一）今年端午客中過，坐聽哀箏可奈何。不遇當年趙承旨，誰歌《驟雨打新荷》。

（其二）昨歲瑤璫寄我遲，鶯花狼籍被兵時。山杉彬已膏蕭斧，猶和冬郎小豔詩。去年五月十五日，董福祥殺山杉彬而兵衅成矣。十六日，得石甫江南書，詫與賽金花同乘，余輒次韻報之。

（其三）煙月韓潭第幾家，夜闌無夢到京華。牡丹芍藥俱搖落，看到人間鼓子花。

（其四）公孫弟子垂三十，吾見公孫尚小時。同谷歸來天寶後，不堪劍器舞瀏灕。（《樊山續集》卷十五「西京酬唱後集」，清光緒二十八年西安臬署刻本）

【老妓行】曩爲陸子恩賦此題，定稿時刪去。偶檢得之，意有所觸，改而爲此。

白門柳色黯然秋，曾拗絲鞭繫紫騮。秋去春來一雙燕，柳昏花暝十三樓。樓中十五盈盈女，能歌吳歌舞楚舞。種出能行白牡丹，教成解語紅鸚鵡。一笑陽城下蔡傾，五陵年少盡逢迎。纏頭擲滿甯知數，狎客來多不記名。世間花月無常好，暮暮朝朝玉容槁。白髮空思宋道君，青娥暗泣唐天寶。墮策曾傾馬上郎，當壚今似魚羹嫂。浮梁茶客六十餘，欲折花枝厭衰老。秋花不比春花穠，手持團扇怨西風。薄有風情晚香玉，無多顏色雁來紅。春婆夢境人人有，何獨青樓悵衰朽。龍鍾宰相望三臺，猿臂將軍傷左肘。徐娘雖老尚嫣然，傅粉施朱逐少年。已屈蓮花隨武媚，更聞冠玉伴湘蘭。吁嗟乎！夏姬三少知名久，妍媸定有眞評否？琵琶亭下退紅花，拂水莊前如是柳。沈吟金縷杜司勳，標榜玉京吳祭酒。君不見，身騎駿馬蕭溧陽，出獵常牽柏直狗。（《樊山續集》卷十六「音聲樹集」，清光緒二十八年西安臬署刻本）

【正月十三日浙館團拜淇泉學使碧岑觀察簡招觀劇酒半淇泉肅入舫齋縱觀書畫作歌】

長安春早初試燈，春頭醵飲羅肴烝。金錢買夜乃浙俗，樓臺歌管丹霞昇。我時移官往杭越，居中坐我雲錦棚。舞衣金縷交綷縩，雲鬟翠飾高鬅鬙。關中老友以十數，當花舉酒如淮澠。酒酣日夕紅蓮發，水晶宮樣摹吳興。座次點火油燈數十盞。餅香緩唱渭城柳，魚美正上黃河冰。玉堂仙人專主席，門羅桃李楊於陵。與我結交十五載，雙瞳閱人秋水澄。絃繁管急意少倦，導入米舫開谿藤。異書名畫盡羅致，如鳳入笯蛟入罾。解元詩軸紛彩翠，華亭筆陣盤鵰鷹。衡山細寫玉蘭照，尺幅寸東背以綾。文待詔畫玉蘭贈人，膝以小簡，合裝爲卷。蒼崖老樹湧突兀，翛然霞外逢兩僧。石濤、石溪。瞿塘、灩澦常挂眼，天台、雁蕩疑可登。參破畫禪出險怪，取資佛力呈精能。其餘煙墨並佳妙，譬之洞宗猶小乘。我癡自比顧虎頭，作詩人稱王右丞。衣冠脫略談風雅，盛以眼福相誇矜。君家秀州我所治，此行先採鴛湖菱。由滬至杭，必經嘉興。他時憶鄉並憶我，煙雨西樓最上層。（《樊山續集》卷十八「鰈舫集」，清光緒二十八年西安臬署刻本）

黃遵憲

黃遵憲（1848～1905），字公度，嘉應（今廣東梅縣）人。光緒丙子（二年，1876）舉人，歷官湖南按察使，候補三品京堂。公度負經世才，少遊東西各國，所遇奇景異態，一寫之以詩。其筆力識見，亦足以達其旨趣。著有《人境廬詩草》、《日本國志》等。見《清史稿》卷四六四、《晚晴簃詩匯》卷一七一等。

【續懷人詩（之七）】

袖中各有贈行詩，向島花紅水碧時。只恨書空作唐字，獨無煉石補天詞。大沼厚、南摩網紀、龜谷行、巖谷修、蒲生重章、青山延壽、小野長愿、森魯直、岡千仭、鱸元邦，皆詩人也。壬午春，余往美洲，設餞於墨江酒樓，各賦詩送行，多有和余留別韻者。森槐南，魯直之子，年僅十六，兼工詞，曾作《補天石傳奇》示余，眞東京才子也。別後時時念之。（《人境廬詩草》卷七，錢仲聯箋注：《人境廬詩草箋注》上册，上海古籍出版社 1981 年版，第 581～582 頁）

【金縷曲・甲戌同治十三年十一月五日觀劇】

便作沾泥絮。也相隨、花嬌鶯嚲，憑風飛起。吹得一池春水皺，明曉干卿甚事。早彈盡、千絲紅淚。剛是飛瓊身一見，剩繞梁、三日簫聲媚。都壓倒，眾桃李。　　呼天宛轉天應醉。更妙絕、亂頭粗服，病懨懨地。不曾眞個消魂也，今日魂都消矣。還說甚、人天歡喜。許借昆侖仙枕臥，便丁歌甲舞從頭起。迷離眼，請君視。（尤振中、尤以丁

編撰：《清詞紀事會評》，黃山書社 1995 年版，第 913 頁）

陸鍾琦

陸鍾琦（1848～1911），字申甫，宛平籍蕭山人。光緒己丑（十五年，1889）進士，改庶吉士，授編修。官至山西巡撫，謚文烈。幼嗜學，與宗室盛昱以學行相砥礪。官撫寧教諭十二年，日與諸士人讀書講道，教學相長，出其門者率以名行著稱。而性尤廉介，無一事自苟。見《碑傳集補》卷三四、《清史稿》卷四六九、《晚晴簃詩匯》卷一七七等。

【題金檜門總憲觀劇絕句】

（其一）虞陛賡歌際盛時，人閒絃管不教持。寓言本是南華旨，翻作西涯樂府辭。

（其二）停軺畿輔正搜才，桃李千蹊是舊栽。玉尺罷量閒作字，幾人法曲共聽來。

（其三）登場鮑老意闌珊，粉墨徒留壁上觀。一首加官先道破，退場多是不堪看。

（其四）短髯道士夢中身，喚醒邯鄲索解人。莫作東山品絲竹，神奸禹鼎鑄方新。（徐世昌輯：《晚晴簃詩匯》卷一百七十七，民國退耕堂刻本）

楊深秀

楊深秀（1849～1898），本名毓秀，字漪蘣，一字儀村，山西聞喜縣人。光緒己丑（十五年，1889）進士，由刑部員外郎補授山東道御史。少穎敏，好讀僻書，十二歲錄爲縣學附生。博學強記，經史百家皆能舉其辭，又能鉤玄提要，獨有心得。精小學，熟地理，篤好算術，吟詠外兼工績事。考据宏博，能講宋明義理之學。以氣節自厲，岧嶢獨出。著有《雪虛聲堂詩鈔》。見《國朝御史題名》、《戊戌政變記》卷六、《碑傳集補》卷一〇、《清史稿》卷四六四、《晚晴簃詩匯》卷一七六等。

【聞邑竹枝詞（之十二）】乙丑十七歲作。

交杯飲罷甫團圓，何處曾締一面緣。往歲郎看臺閣否？兒身扮作牡丹仙。俗賽社日，選好女子縛鐵杆上，扮小說、雜劇諸故事，四人舁以遊街，名曰臺閣。有時扮呂洞賓、牡丹精也。（《雪虛聲堂詩鈔》卷一童心小草，民國六年鉛印戊戌六君子遺集本）

【題柴子芳明經雜臨諸帖卷子八首（之五）】

小說荒唐《二度梅》，開場尤合輾然咍。其開場曲云：「離了朝官位兒，跳出是非窩兒」云云，甚俗俚。高人一紙莊書出，竟似柴桑歸去來。書《二度梅》小說開場曲。（《雪虛聲堂詩鈔》卷二白雲司藁，民國六年戊戌六君子遺集本）

盛昱

盛昱（1850～1900），字伯兮，一字伯羲，號意園，又號韻蒔。滿洲鑲白旗宗室。光緒丁丑（三年，1877）進士，官至國子監祭酒。伯羲博極群書，尤練習掌故。徐梧生嘗云：「每聆伯羲談朝章國憲，下逮一名一物之細，咸能詳其因革，以推見治亂之跡，當世殆無其匹。」居官十餘年，論資當致通顯，乃以直言取忌，謝病家居，築意園自娛。著有《八旗文經》，多有關掌故。又有《鬱華閣金石文》、《雪屐尋碑錄》、《鬱華閣遺集》等。見《清史稿》卷四四四、《清續文獻通考》卷二六八、《晚晴簃詩匯》卷一七二等。

【同午橋仲弢陶齋觀伎】

中年哀樂較如何？聽雨紅樓一剎那。藥玉獨斟重碧酒，檀槽初按小紅歌。二分春色車中面，百首新詩領上羅。顧曲無人指薈生王粲死，謂可莊。墜歡渺渺隔山河。（《鬱華閣遺集》卷二，清光緒三十四年刻本）

汪桐

汪桐，字冠侯，江蘇宜興人。官浙江知府。冠侯生有至性，少隨宦嶺南，與兄冠唐同爲東塾弟子。凡周、秦、漢、魏、六朝以至唐、宋諸大家文，皆手自選鈔，積卷百餘，官烏鎭同知，宰湯溪、常山等縣，俱有政聲。詩法少陵。著有《靜齋詩鈔》。見《晚晴簃詩匯》卷一六八。

【題桃花扇樂府】

（其一）崑老能歌柳善譚，九州鐵錯鑄何堪。公然一疏清君側，痛煞寧南與靖南。

（其二）大廈難憑一木支，汨羅同恨不同時。白頭贊禮多情甚，灑向江天酹酒卮。

（其三）水天閒話付漁樵，一局殘棋一曲簫。贏得美人千古淚，年年流恨送南朝。（徐世昌輯：《晚晴簃詩匯》卷一百六十八，民國退耕堂刻本）

文廷式

文廷式（1856～1904），字道希，號芸閣，江西萍鄉人。光緒庚寅（十六年，1890）一甲二名進士，授編修。歷官侍讀學士。芸閣江湖、場屋，久負才名。及入詞館，爲崇陵所知，大考蒙峻擢。屢上書言事，卒以是見嫉，論罷。著有《雲起軒詩錄》、《雲起軒詞鈔》等。見《碑傳集補》卷九、《道咸同光四朝詩史》乙集卷五、《晚晴簃詩匯》卷一七七等。

【冬夜絕句（之二）】

平生不解箏琶興，住近城南亦應招。自是太平供奉急，春場佳劇盡寥寥。余時寓粉坊琉璃街萍鄉會館。友人偶約觀劇，則粉墨登場者大半庸猥。聞近者多入南府當差，故所餘無佳子弟矣。（汪叔子編：《文廷式集》下冊，中華書局 1993 年版，第 1361 頁）

【念奴嬌・安塏地觀劇紀事】

衣瓜夏五，試于闐新樂，柘枝鼙鼓。七寶樓臺彈指現，乍染繽紛花雨。釧動聲輕，釵橫光顫，寶靨明星互。天河不隔，盈盈咫尺無語。　爲問拾翠洲邊，明璫未解，可要陳思賦？結綺臨春朝復夜，贏得東昏千古。海綠非春，雲香何葉？回首蘅皋暮。維摩病也，憑誰問訊天女？（汪叔子編：《文廷式集》下冊，中華書局 1993 年版，第 1437 頁）

【踏莎行・題明葉蕙綢鴛鴦夢傳奇崇禎丙子刻本】

英憲傳經，光威聯句，一家詞賦堪千古。誰知中女更多才，銅駝別有傷心處？《傳奇》作於崇禎丙子，而其言云：「若論世道，荊棘銅駝，煞多感慨」，是易代之感，實有前知。又云：「奈荊棘成叢，誰敢指北極，半天蝃蝀」，亦警句也。　紫玉成煙，紅簫未譜，一痕斷、硯留眉嫵。仙盟佛證總無聊，薰風獨據珊瑚樹。借用葉小鸞詞句。（汪叔子編：《文廷式集》下冊，中華書局 1993 年版，第 1443 頁）

【虞美人・題李香君小像】

南朝一段傷心事，楚怨思公子。幽蘭泣露悄無言，不似桃根桃葉鎮相憐。　若爲留得花枝在，莫問滄桑改。鴛鴦鸂鶒一雙雙，欲採芙蓉憔悴隔秋江。（汪叔子編：《文廷式集》下冊，中華書局 1993 年版，第 1447 頁）

陳夔龍

陳夔龍（1857～1948），字筱石，貴州貴陽人。光緒丙戌（十二年，1886）進士，官北洋大臣、直隸總督。著有《松壽堂詩鈔》。見《道咸同光四朝詩史》甲集卷五。

【入覲恭祝慈壽紀恩八首（之六）】

《長生殿》本最傷神，凝碧池邊百戲陳。南府舊人誰尚在？不堪回首說庚辛。是日演《長生殿》傳奇。（《松壽堂詩鈔》卷六征鴻集，清宣統三年京師刻本）

【入覲恭祝慈壽紀恩八首（之七）】

湛恩承露玉盤中，附鳳攀龍一德同。五十五人爭拜賜，朝儀仍肅未央宫。是日入座聽戲者計五十五人。（《松壽堂詩鈔》卷六征鴻集，清宣統三年京師刻本）

【憶松子齡都護並謝贈詩兼柬文郎贈畫】

相逢各訝鬢絲霜，又拂征鞭向貴陽。鐵鎖北門留寇鑰，金尊南浦話媧簧。承在八旗學堂作餞，席間談及慈聖萬壽觀劇。川黔雪柳勞行役，豐沛風雲鞏帝鄉。荊州旗兵操法爲駐防之冠。讀遍好詩兼好畫，累公喬梓一時忙。（《松壽堂詩鈔》卷六征鴻集，清宣統三年京師刻本）

易順鼎

易順鼎（1858～1920），字實甫，一字中實，龍陽（今湖南漢壽）人。光緒乙亥（元年，1875）舉人，歷官廣東欽廉道。實甫童年奇慧，世以懷麓目之。早負詩名，足跡幾遍天下。所至成集，隨地署名，合編爲《琴志樓集》。詩體屢變，中以廬山詩爲最勝。張文襄雅賞之，曾加評點。後日趨恢詭，雖以務爲工對，雜用俚言，爲世譏訶，而才筆縱横，自是健者，方諸舒鐵雲、王仲瞿，殆相伯仲。著有《丁戊之間行卷》十卷、《盾墨拾餘》十四卷、《琴志樓詩集》等。見《道咸同光四朝詩史》甲集卷五、《晚晴簃詩匯》卷一七〇等。

【老伶】

崔九岐王半索居，三郎亞子亦華胥。嚼殘霓曲將無齒，舐過雲郎竟有鬚。早日風姿紅芍藥，多年春夢錦氍毹。彈詞莫向當筵唱，怕惹龜年滾淚珠。（《琴志樓詩集》卷十二，上海古籍出版社2004年版，第790頁）

【賈郎曲】

廣陵一片繁華土，不重生男重生女。碧玉何妨出小家，黃金大半銷歌舞。昔年我亦踏香塵，十里紅樓遍訪春。依然廿四橋頭路，不見三千殿腳人。蕃釐地媼眞奇慧，別產瓊花收間氣。幻出秦青楊白華，開成魏紫姚黃卉。問姓紅樓舊世家，問名雲上玉無瑕。二分占盡司勛月，一抹生成定子霞。髫年便證明僮果，未向茵飄先溷墮。小史眞如日在東，詩人欲賦風懷左。吹臺登罷又明湖，佼好人人說子都。緱嶺月明看控鶴，高唐風氣爲綿駒。京國從來盛遊衍，櫻桃萬樹櫻桃館。百戲魚龍鏡檻開，五陵鶯燕箏人滿。賈郎初到未知名，一曲登場萬眾驚。妃子能空六宮色，念奴解作九天聲。一時觀者皆傾倒，萬口同聲聽叫好。壓倒豐臺芍藥花，休言晉國靈芝草。紅氍毹上涌華鬘，此寶乾坤不敢慳。大千秋色憑眉奪，五萬春魂借體還。《紅梅閣》唱西梆曲，艷鬼來時萬燈綠。落雁沈魚避笑顰，女龍雌鳳傳歌哭。香車寶馬帝城春，都爲來看賈璧雲。菊部諸郎空黯澹，椒房七貴致殷勤。從來一部婁羅歷，歌舞酣時國將畢。豈意羊車看璧人，已悲鳳闕遷金狄。移宮換羽亦傷神，蕭瑟還爲去國人。解佩多時留夏口，履珠昨日到春申。滬濱遍吸人間電，賈郎一到開生面。驚起鴛鴦卅六雙，擲盡鷹蚨三百萬。王面金錢月萬元，歌臺聲價試評論。名高始信優伶貴，祿薄誰求總統尊。瑤光奪婿堪愁煞，堆滿車中是羅帕。花里秦宮豈愿生，路旁衛玠還妒殺。我友羅君曾告余：賈郎內行有誰如。梨眉老父長豐膳，椎髻閨人祇儉梳。丹青酷嗜還成癖，竟日相依惟筆墨。書罷常教茜袖烏，客來忘卻朱唇黑。冶遊聞更卻親藩，桃李冰霜孰敢干。拂衣不顧沈沈者，辭輦眞成望望然。昨觀所畫羅君箑，山水蕭疏得師法。協律難逢漢武皇，濡毫且擬張文達。賈郎喜臨南皮張相國書。京師我見梅蘭芳，嬌嫩眞如好女郎。珠喉宛轉繞梁曲，玉貌娉婷絕世妝。誰知艷質爭嬌寵，賈郎似蜀梅郎隴。尤物同銷萬古魂，天公不斷多情種。卅載春明感夢華，只今霜鬢客天涯。還傾桑海千行淚，來寫優曇一朵花。（《琴志樓詩集》卷十七，上海古籍出版社 2004 年版，第 1210～1212 頁）

【賈郎為余與樊山置酒即席和樊山韻】

明月高樓又幾回，三生生面要重開。圖宜水繪其年畫，妝異豐臺大可催。天下二分眞艷色，賈郎揚州人。地球第一此驚才。滬上謂賈郎色藝爲寰球第一。紫雲親勸狂奴酒，應勝長星勸帝杯。（《琴志樓詩集》卷十七，上海古籍出版社 2004 年版，第 1221 頁）

【連日觀女伶王客琴及賈璧雲小金娃諸郎演秦腔頗極聲色之勝賈之色勝於聲金之聲勝於色王則兼擅勝場余徵歌垂四十年不圖歷劫餘生猶見此豸不自悲轉自慰也因賦一律以誌吾幸】

千燈如電照恒河，來聽秦聲絳樹歌。替月圓姿驚蜀主，遏雲哀曲比韓娥。皺來池水干何事，飛落梁塵有幾多。難得天留珠劍在，劫餘光氣不銷磨。（《琴志樓詩集》卷十七，上海古籍出版社 2004 年版，第 1221 頁）

【和樊山天仙三女伶詩原韻】

（其一）一朵鞓紅是國魂，天留梦尾殿餘春。季龍館漫開如意，飛燕妝還倚太眞。梨似哀家聲浪脆，桃爲息國臉霞新。娶來我若爲天子，值得多蒙幾度塵。王克琴。

（其二）命帶桃花又帶愁，等閒風月度春秋。容顏未覺雞皮老，身世甘隨駔儈休。紅淚有時還漬枕，絳眉無意再名樓。誰生絕代蛾眉感，猿臂將軍亦不侯。林黛玉。

（其三）落梅江上飲香名，六載眉峰比舊青。身似金仙辭落月，眸如玉女亦明星。鸞綃早博三千匹，驍箭還贏一萬零。莫把後庭花再唱，有人惆悵隔江聽。王寶。（《琴志樓詩集》卷十七，上海古籍出版社 2004 年版，第 1221～1222 頁）

【偕樊山觀小達子小金娃演回荊州小如意演鎖雲囊因分詠二首】

（其一）蟂磯他日感啼鵑，英氣千秋尚懍然。強敵正爭三足鼎，仇人先作并頭蓮。即用劇文原句。君臣似虎離山日，夫婦如魚得水年。大耳也同重耳樣，齊姜遺恨古今憐。回荊州。

（其二）緣橦舞劍捷無倫，飛燕驚鴻一美人。梁上不慚君子號，帳中已換女兒身。刀如雪白燈如電，囊鎖雲香鏡鎖春。應是公孫傳弟子，杜陵觀罷黯傷神。鎖雲囊。（《琴志樓詩集》卷十七，上海古籍出版社 2004 年版，第 1222 頁）

【滬上觀劇詩四首】男伶一，女伶三，皆今在滬上，哭庵所嘆爲希有者。

（其一）二分秋占揚州月，五萬春留贍部花。天地寂寥吾老矣，不知此色屬誰家。貫壁雲，揚州人，滬上稱其色藝第一。

（其二）留得金剛不壞身，東坡惆悵覓餘春。珠喉鎖骨兼眉語，知是天仙是化人。林黛玉。滬上名妓有四大金剛之稱，今惟渠尚在。

（其三）津門尤物說王、楊，素女爲師態萬方。海上名花都減色，始知北勝壓南強。王克琴，天津人。與楊翠喜齊名，而色出其上，眞尤物也。

（其四）歌舞江山感舊遊，紅氍毹上再回眸。衣裳金縷都零落，我亦銷魂賦杜秋。王寶寶。五、六年前漢上驚爲絕艷，今亦過時矣。（《琴志樓詩集》卷十七，上海古籍出版社 2004 年版，第 1222～1223 頁）

【聽譚伶小叫天演白帝城劇感賦一首】

何人痛哭唱猇亭，此是先朝第一伶。地本不祥名白帝，曲眞恰好寫黃庭。永安遺恨從頭訴，正始餘音側耳聽。太息憒兵徒誤漢，關張無命并無靈。（《琴志樓詩集》卷十七，上海古籍出版社 2004 年版，第 1223 頁）

【觀王克琴演遺翠花劇戲賦】

屈作青衣太不平，紅娘操縱一鶯鶯。書生未必皆皮厚，克琴道白云「讀書人臉皮厚」一語，令人絕倒。騷客居然獨目成。顏色照人花富貴，語言出口雪聰明。男兒漫詡黃金膝，倘得卿憐膝亦輕。（《琴志樓詩集》卷十七，上海古籍出版社 2004 年版，第 1223～1224 頁）

【朱郎曲和樊山韻贈歌郎朱幼芬即送其歸北】

我昔遊春醉無限，燕臺遍識群花面。迷香從不履平康，惟有歌郎徵逐慣。春官旣毹幾東風，薦禰無人似孔融。卻看梨園喧狀榜，寫來花榜榜花紅。霞芬、雙鳳如昆弟，各向金堂自棲憩。狀元、榜眼屬兩郎，與我追隨結深契。霞郎秀絕鳳郎嬌，兩朵國花爲近侍。舞臺雙演《蕩湖船》，香車屢約天寧寺。別有如秋及紫雲，問年略長亦相親。此皆光緒初元事，卅七年來化夢痕。霞郎標格雲霞置，射雀乘龍旋作婿。鳳郎色衰逐輿儓，寵燕嬌鶯不如婢。一時多少寧馨兒，齊向花前著舞衣。月皆十四、十五夜，人盡十八、十九時。遊絲十丈天風絆，身作天邊勞與燕。眉頭秋色滿大千，夢裏春花迷五萬。連番物換復星移，消瘦東陽減帶圍。紅燭照顏年少去，青山如夢舊遊非。十年六度看花榜，悵別修門獨長往。全拋玉雪幾家兒，自作金風一亭長。愛晚霞頻獨自看，買春雨共何人賞。懺綺先删小史詩，參禪衹聽高僧講。紫陌重來聽管絃，如花似水感流年。瑤空底事罡風惡，吹墮芙蓉七寶冠。紫雲久不操歌曲，如秋墓上櫻桃熟。愴絕霞郎亦古人，尺波隙駟浮生蹙。韓潭第幾小朱門，憑吊霞郎不返魂。寡婦離鸞彈怨曲，諸孤雛鳳繼清塵。小霞、小芬并美秀，更有佳婿稱梅雲。梅雲亦復冠花榜，櫻雨時來伴酒尊。人世光陰眞轉燭，小者幼芬復如玉。都夸芝醴有根源，誰道英靈非嶽瀆。夢華回首説東京，兩世清歌一世聽。曾向紅氍看幾度，恍從絳樹譜雙聲。昔見幼芬汝黃口，今見幼芬吾白首。花尚依然崔護桃，樹猶如此桓溫柳。燕市、吳淞兩地逢，舊遊棖觸一生中。虎生豹子非凡品，鶴立雞群有父風。世族兒孫多不肖，名門罕見箕裘紹。最難慘綠是佳兒，大半雕青成惡少。鞠部居然有世家，蘭階何況皆英妙。生子當如孫仲謀，呼祖何妨李存孝。滄桑變後訪歌場，金狄銅駝事可傷。百千萬劫此殘劫，二十五郎餘幾郎。鼠兒年又鼠兒月，新劇《江寧》、《鄂州血》。《江寧血》、《鄂州血》皆滬上近演新劇。青衫旦曲已罕聽，青衫客淚還重説。名篇且復和今非，樊山别號。無奈天涯又别離。不知今夕是何夕，似説歸期已有期。(《琴志樓詩集》卷十七，上海古籍出版社 2004 年版，第 1224～1225 頁)

【仿蘇曾乞題捧硯圖為歌郎姚佩蘭作也今又與姚相值於滬上再乞賦詩戲贈一首】

赤鳳依然青兕逢，昔時捧硯意惺忪。姚黃芍藥驕飛燕，樊素櫻姚妒季龍。北渚有蘭宜楚客，東坡以玉比吳儂。姚，吳人。瑤光奪婿須留意，海上眉山第幾峰。(《琴志樓詩集》卷十七，上海古籍出版社 2004 年版，第 1232 頁)

【十一月廿日仿蘇攜高念東所藏文衡山溪山雪霽圖訪樊山共觀適大雪遂登樓外樓烹茗賞之復過虹口大橋訪伯嚴還聽劇賦詩二首即題圖中】

(其一)虛空簾檻接翔翬，化鶴眞疑返令威。翠鳳毛翎無地掃，玉龍鱗甲滿天飛。蠟梅幽靚同蘭菊，雀茗芳甘勝蕨薇。千丈大裘難遍覆，衹應還著五銖衣。

（其二）同訪吟仙證畫禪，風流不減順、康年。旗亭賭唱王之渙，灞岸尋詩孟浩然。梯磴欲迴秦嶺馬，車窗如在剡溪船。前賢應羨吾儕樂，白雪紅燈照酒邊。（《琴志樓詩集》卷十七，上海古籍出版社 2004 年版，第 1237 頁）

【天琴見示乙庵和天琴韻近作二首又謝余相招觀劇病不能出五首因和近作二首韻答之】

（其一）詒我瑤華一匊盈，向來心跡本雙清。夜燈太乙陪中壘，晨宿長庚對啓明。謂天琴、乙庵。工部豈期身後重，司勛猶戀掌中輕。山頭雀與橋邊鶴，寒歲蒼茫共此情。

（其二）自笑新來典鷫霜，三千丈髮比愁長。兩番任飲屠蘇酒，新、舊曆兩元日。一味惟思般若湯。雪水性寒茶更雋，月泉人老句都香。樂全禪伯渾無事，掣電機鋒爾許忙。（《琴志樓詩集》卷十七，上海古籍出版社 2004 年版，第 1238 頁）

【和天琴再觀琴客演劇韻二首】

（其一）夜夜明燈照萬釭，客歸無巷不驚尨。樊思破產五十萬，《漢書》稱樊嘉五十萬，樊山有此小印。謝要題詩六百雙。朱竹垞詩：「思將謝女題詩筆，畫作輕鸞六百雙。」玉貌眞同圓月艶，珠喉況有遏雲腔。偷桃我學東方朔，幾度窺環向綺窗。

（其二）聞道層城黯璧釭，守桃阿母狠如尨。年剛鳳柱二十五，夢化鴛梁卅六雙。價重本同和氏產，調高恰配郢人腔。謂天琴也。何由攜汝空山裏，讀易梅邊坐小窗。（《琴志樓詩集》卷十七，上海古籍出版社 2004 年版，第 1240～1241 頁）

【戲和陳笑山詩老嘲余醉心琴客韻二首】

（其一）煬帝堪憐太㖃噓，爲誰撞破好家居。美人顏色誇三妹，才子風流笑六加。自縛全身千萬繭，愿爲比目一雙魚。秋波轉處銷魂絕，除卻靈均獨與余。

（其二）恨少纏頭百萬金，買春孤負到而今。玉爲鎖骨花爲貌，珠作歌喉藕作心。西子倘能隨少伯，南無惟有念觀音。自憐海雪風魔甚，他日還應死抱琴。（《琴志樓詩集》卷十七，上海古籍出版社 2004 年版，第 1241 頁）

【萬古愁曲為歌郎梅蘭芳作】

一笑萬古春，一啼萬古秋，古來有此佳人不？君不見古來之佳人，或宜嗔不宜喜，或宜喜不宜嗔；或能顰不能笑，或能笑不能顰。天公欲斷詩人魂，欲使萬古秋，欲使萬古春。於是召女媧，命伶倫，呼精精空空，攝小小眞眞，盡取古來佳人珠啼玉笑之全神，化爲今日歌臺梅郎蘭芳之色身。天樂園在鮮魚口，我爲蘭芳輒東走。香風吹下錦氍毹，恍飲周郎信陵酒。我見蘭芳啼兮，疑爾是梨花帶雨之楊妃；我見蘭芳笑兮，疑爾是烽火驪山之褒后。我覩蘭芳之色兮，如唐堯見姑射，窅然喪其萬乘焉。我聽蘭芳之歌兮，如秦穆聞《鈞天》，耳聾何止三日久。此時觀者臺下百千萬，我能知其心中十八九。男子皆欲娶蘭芳以爲妻，女子皆欲嫁蘭芳以爲婦。本來尤物能移人，何止寰中嘆希有。正如唐殿之蓮花，又似漢宮之人柳。宜爲則天充面首，莫教攀折他人手。吁嗟乎！謂天地而無情兮，何以使爾如此美且妍；謂天地而有情兮，何以使我如此老且醜。蘭芳蘭芳，人人知汝梅蘭芳，豈知爾祖爲梅芳。或如拿破侖第一，更有拿破侖第二。勿令林和靖成獨，要使林和靖成雙。爾祖先朝第一伶，內廷供奉留芳馨。兒童亦稱大老板，天子親呼胖巧齡。豈惟艷色擅歌舞，俠蹟流傳不勝數。數千餘金券屢焚，七十二家火待舉。我見爾祖出葬時，多少邦人淚如雨。文宗皇帝之末年，我父上計來幽燕。當時海內憂患亟，書生痛哭空箋天。傭書典衣一寒士，聲伎頗滿文山前。能同歌哭惟爾祖，亦如畢秋帆遇李桂官。爾祖之師羅景福，對於吾父心拳拳。每云易老爺乃非常人，能教此子以正不僅深愛憐。吾父忽復幡然折節講學屏聲色，移居蕭寺遂與爾祖割愛絕往還。德宗皇帝之初季，我向幽燕又上計。爾祖才如卅許人，我年甫過二九歲。不知當時蘭芳之父墮地業已十幾齡，豈料今日乃與蘭芳論交兩三世。正月二月百花生，東風如虎吹玉城。考舊聞於日下，憶夢餘於春明。記殘淚於金臺，錄夢華於東京。我亦嘗呼明僮，召神嬰；集舞燕，招歌鶯；如意館，沉香亭。櫻桃斜畔櫻桃熟，胭脂坡上胭脂盈。或白虎鼓瑟，或蒼龍吹笙；或金魚換酒，或銀甲彈箏。夢境堪追憶，人才可品評。孟如秋、朱愛雲、蔣雙鳳、王蔚卿、顧玉仙、孫梅雲、陳鴻喜、果香菱，雖有蘭芳之色，而無蘭芳之聲。紫雲、紫仙有聲而無色，乃知非有九天聲、傾國色，不能飲此萬古第一之香名。

蘭芳蘭芳，爾年二十餘，顏色眞姣好。我年五十餘，容貌已枯槁。且莫嘆枯槁，昔日故人皆宿草。且莫悲宿草，今日天荒兼地老。我如薊子訓撫銅駝，又似丁令威返華表。玉馬朝周宋國人，金仙辭漢咸陽道。南內無人泣杜鵑，西臺何處招朱鳥。道家龍漢換開明，杜老龜年話天寶。去年我見賈璧雲，衛玠璧人當代少。去年我見朱幼芬，宗之玉樹臨風皎。今見梅蘭芳，使我更傾倒。使我哀賢才，思窈窕，坐對眞成被花惱。猶憶爾祖之楹聯：幾生修到梅花，何所獨無芳草。茫茫三十七年間，影事前塵如電掃。嗟我生平喜少不喜老，恨壽不恨夭。未見蘭芳兮，自恨我生死太遲；既見蘭芳兮，又幸我生死未早。蘭芳蘭芳兮，爾不合一笑萬古春，一啼萬古秋；爾不合使天下二分明月皆在爾之眉頭，爾不合使天下四大海水皆在爾之雙眸；爾不合使西子、王嬙、文君、息嬀皆在爾之玉貌，爾不合使韓娥、秦青、謇姐、車子皆在爾之珠喉。爾不合破壞我之自由，爾不合使我回腸蕩氣無時休。吾將與爾北登恒嶽、東觀之罘、西上峨眉、南入羅浮，追黃帝於襄城之野，叫虞舜於蒼梧之陬。索高辛於有娀之臺，招周穆於無熱之邱。枕不必洛妃留，香不必韓壽偷。使常娥棄后羿，使織女辭牽牛。丁歌甲舞兮昆侖醉，翠暖珠香兮贍部遊。照影於恒河，老死於溫柔，含笑於神州。蘭芳蘭芳，吾無以名爾兮，名爾曰萬古愁。（《琴志樓詩集》卷十八，上海古籍出版社 2004 年版，第 1256～1258 頁）

【樊山見示代琴姬寄外詩因自答琴姬和元韻二首】

（其一）聽斷黃鸝隔葉音，拚他閒醉與閒吟。魂銷明月關山笛，心在天風海水琴。春色忍拋螺子黛，秋胡誰唱《馬蹄金》。《戲妻》劇又名《馬蹄金》。流傳莫信空中語，一榻枯禪直到今。

（其二）日念南無觀世音，肯教卿作白頭吟。朝雲終古惟三楚，海雪平生祇一琴。往日歡情量碧海，中年時刻抵黃金。試評久別新婚味，雨舊從知勝雨今。（《琴志樓詩集》卷十八，上海古籍出版社 2004 年版，第 1260 頁）

【中和三慶兩園女伶歌】中和、三慶，皆戲園名。

燕京暮春花事繁，遊人爭言看牡丹。有花諸寺半傾圮，僅存崇效與法源。誰知牡丹之生魂，乃在劇臺中和園。何來女伶十數輩，其中四五香名喧。黃牡丹爲小翠喜，色艷而正誰敢干。少年拜衮出高密，公子裼裘來太原。富貴花中更富貴，珠光劍氣兼神寒。若將花榜例詩榜，美周合呼黎狀元。紅牡丹爲小菊芬，紫牡丹爲金玉蘭。此皆尤物一敵萬，菊芬尤抵楊玉環。長身玉立已絕世，狂香浩態眞無邊。美目盼兮巧笑倩，朱顏酡些遺視綿。一顧傾城再傾國，胡然而帝胡然天。瓌姿奇逸比甄后，玉體橫陳思小憐。盈一尺圍得天厚，開十分滿如月圓。若得染衣并酣酒，樂死不復求神仙。綠牡丹爲小香水，似有幽恨難爲宣。白牡丹爲小玉喜，淡妝素質眞嬋娟。一園有此花五朵，那怪觀者成狂顚。此外尚有三慶園，牡丹兩朵堪爭妍。紅黃牡丹孫一清，含苞初放雲霞鮮。綠白牡丹于小霞，澹如秋菊超塵寰。一清年小名最大，色藝雙絕萬口傳。去年早已魁花榜，狀元尚在翠喜前。小霞藝勝年亦小，色與玉喜差比肩。吁嗟乎，佛寺牡丹開一月，劇臺牡丹開一年。開一月者年年有，年年只此一月間。開一年者日日有，一年以後將難言。色空二字佛所說，癡愛二字佛所捐。我來看花忽揾淚，天荒地老聊參禪。(《琴志樓詩集》卷十八，上海古籍出版社 2004 年版，第 1272～1273 頁)

【數斗血歌為諸女伶作】

吁嗟乎！漢唐以前之人君，能以聲色亡其國；宋明以後之人君，亡國不能有聲色。此曹殊無亡國才，聲色徒使他人得。哭庵云：與其有娥、英周后妃，不如有妺喜與褒、妲。我昔曾嘆堯、舜、湯、武皆僞儒，我今益知桀、紂、幽、厲乃俊物。古者聲色二字專以屬婦人，我謂聲色尚有別解兼屬男子身。一時之有聲有色者，在歌童與舞女；歷史之有聲有色者，又在英雄與兒女、孝子與忠臣。前明之亡何以有聲有色、如荼而如火，前清之亡何以無聲無色、如土而如塵。更有一事最堪異，前明亡國多名妓，前清亡國無名妓。無論歷史有聲有色者，前清遠不及前明；即此一時之有聲有色者，亦復相去不可道里計。誰知中華祖國五千餘年、四百兆人之國魂，不忍見此黯淡腐敗、無聲無色之乾坤，又不能復其璀璨莊嚴、有聲有色之昆侖，於是合詞上奏陳天閽。若謂天地靈秀之氣原有十分存，請以三分與男子、七分與女子，而皆使其薈萃於梨園。三分與男子者，賈璧雲、梅蘭芳、朱幼芬，其餘尚多不具論。七分與女子者，去年我見王克琴，使我動魄兼驚魂，樊山曾作小說傳其眞。春風吹人來舊京，舊京絲管如錦城。驚鴻遊龍何縱橫，沉魚落雁相競爭。今年乃見小翠喜、小香水、小菊芬，金玉蘭、于小霞、孫一清，小玉喜、張秀卿，小菊處、李飛英，請以韻語代戲評。小翠喜，我曾見其演《托兆》、《碰碑》，其音悲壯而淋漓。直欲追步譚鑫培，使我涕淚紛交頤。孫一清，我曾見其演《汾河灣》；張秀卿，我曾見其演《十萬金》。小玉喜，我曾見其演《文武魁》；小香水，我曾見其演《玉堂春》，其聲皆可遏行雲。而小香水尤絕倫，使我如見萬古女龍雌鳳之啼痕。小菊芬，我曾見其演《大劈棺》；金玉蘭，我曾見其演《新安驛》，北方佳人眞玉立，明眸巧笑俱無匹，浩態狂香皆第一。風流放誕定與文君同，玉體橫陳堪奪小憐席。能破陽城十萬家，還傾下蔡三千邑。于小霞，我曾見其演《二進宮》，又見其演《宇宙鋒》。二簧青衫已成《廣陵散》，曲終人遠使我惟見江上之青峰。李飛英，我曾見其演《藏舟》，崑曲何時改梆子，發情止義亦復幽音怨思使我愁。小菊處，我曾見其演《紅梅閣》，又曾見其演《玉虎墜》。亦復兼擅色與藝，能使觀者心爲醉。京師歌舞連津畿，女伶日盛男伶微。女伶歌臺已六七，男伶歌臺僅三四。其中似有天時人事相轉移。丱兮之城日以遠，女床之山崔且嵬。鸞鳥自歌鳳鳥舞，雜花生樹群鶯飛。妓家雖亦塞衢巷，人才似比梨園稀。吁嗟乎！我如蜀王衍，這邊走，那邊走，衹是尋花柳。我如明弘光，一生幾見月當頭，萬事不如杯在手。已成倒繃孩兒之阿婆，肯作閉置車帷之新婦。亡國之餘又落花，中年而後宜醇酒。早誤光陰半世餘，遑思名譽千秋後。選舞徵歌四十年，狂奴故態還依舊。一生崇拜只佳人，不必佳人於我厚。況我一生苦辛備歷羊腸與虎口，況我一生知己惟有蛾眉與螓首。不思兩廡之特豚，甘作雙文之走狗。有心中事、眼中淚、意中人，愿月長圓、花長好、人長壽。何況三副眼淚又似湯卿謀，一生淪落不與佳人偶。并世佳人見已難，何況古來佳人去已久。今日得見并世之佳人，我不向汝低首更向誰低首。何況并世之佳人，又能化爲古來無數之佳人，玉環、飛燕、明妃、洛神，一一可辨爲誰某。令我哀窈窕、思賢才，令我發思古、抒懷舊。令我闡潛德之幽光，誅奸諛於既朽。豈徒能見古來之佳人才子、怨女癡男，且復能見古來之孝子忠臣、義夫節婦，且復能見古來之兒女英雄，以及聖君與賢后，何惜嘔出胸中血數斗。吁嗟乎！我亦不知誰爲才人、誰爲學人、誰爲遺臣、誰爲遺民，誰爲舊、誰爲新，誰爲僞、誰爲眞。與其拜孫夏峰，不如拜陳圓圓；與其拜傅青主，不如拜馬守眞。與其拜黃梨洲，不如拜柳如是；與其拜顧亭林，不如拜李香君。與其拜王船山，不如拜董小宛；與其拜李二曲，不如拜卞玉京。與其拜陸桴亭，不如拜顧横波；與其拜張楊園，不如拜寇白門。拜夏峰、梨洲、亭林、船山、二曲、桴亭、楊園兮，徒使天下秋。拜圓圓、守眞、如是、香君、小宛、玉京、横波、白門兮，能使天下春。嗟我不薄今人愛古人，既拜前明亡國之女妓，又拜前清亡國之女伶。賴此名伶數輩乃與前明名妓相平均。吁嗟乎！孰言亡國無人才，此輩皆自先朝來。孰言天地少靈氣，造物鍾靈在此輩。孰言璀璨莊嚴之世界不復存，璀璨莊嚴世界乃在此輩之色身。孰言傾城傾國、胡帝胡天之人不可見，此輩能返萬古春花魂五萬。孰言慷慨悲歌、幽抑怨斷之音響不可求，可歌可泣、驚天動地乃在此輩之珠喉。請君勿談開國偉人之勛位，吾恐建設璀璨莊嚴之新國者，不在彼類在此類。請君勿談先朝遺老之國粹，吾恐保存清淑靈秀之留遺者，不在彼社會、在此社會。嗟吾此言質諸天地而無疑，質諸鬼神而不悖。還以質諸四萬萬之人心，聊復揮吾一雙雙之眼淚。（《琴志樓詩集》卷十八，上海古籍出版社2004年版，第1274～1278頁）

【偕癭公訪梅郎賦索癭和】

點塵飛不到窗紗，爲訪神嬰偶駐車。鸚鵡簾櫳飛燕子，牡丹時候看梅花。肌膚瑩似羊脂玉，言語香於雀舌茶。歸去人間渾覺懶，那能常泛斗牛槎。（《琴志樓詩集》卷十八，上海古籍出版社2004年版，第1278頁）

【崇效寺看牡丹四絕句】

（其一）煬帝曾偕後主看，一時秋菊與春蘭。書生也占人間福，看過梅花看牡丹。訪歌郎梅蘭芳後，始來看花。蘭芳性情孤冷，與梅無異。

（其二）花魂先到錦氍毹，浩態狂香見一株。三十六宮無此色，豈惟顏色六宮無。唐人品牡丹爲「浩態狂香」。中和園女伶小菊芬，眞浩態狂香也。

（其三）四十餘年淚幾行，灑來人世弔興亡。即空即色都參透，愿對花王禮梵王。花王無語，空王亦無語，奈何！

（其四）神明華冑久蕭條，建設人才亦寂寥。璀璨莊嚴惟剩汝，

國魂須向國花招。（《琴志樓詩集》卷十八，上海古籍出版社 2004 年版，第 1279 頁）

【讀樊山後數斗血歌作後歌】

無眞性情者不能讀我詩，我詩得失我非不自知。時至今日身之得失且勿計，尙何計及詩之得失爲。我詩本來又非詩，我詩乃合屈原、莊周而爲之。我詩皆我之面目，我詩皆我之歌哭。我不能學他人日戴假面如牽猴，又不能學他人佯歌僞哭如俳優。又不能學他人欲歌不敢歌、欲哭不敢哭，若有一物塞其喉。歌又恐被謗，哭又恐招尤，此名詩界之詩囚。時至今日世界已無界，一切界說皆破壞，豈復尙有詩界能存在？若謂我詩淩亂放恣不得謂之詩，是必欲盡令天下人欲歌不敢歌、欲哭不敢哭，如曹蜍李志而後快。其人眼光毋乃隘，此名詩界之詩械。嗟我不思兩廡之特豚，豈尙欲與蘇、李、曹、陸、陶、謝、李、杜來爭墩。諸君此時猶復斤斤分唐與分宋，眞唐眞宋復何用？眞所謂癡人前說不得夢！嗟我作詩未下筆以前，胸中本有無數古人之精魂，及其下筆時，無數古人早爲我所呑。此時胸中已無一二之古人，此時胸中豈復尙有一二之今人？他人下筆動作千秋想，我下筆時早視千秋萬歲如埃塵。他人下筆皆欲人贊好，我下筆時早拚人嘲人罵、不畏天變兼人言。蕭統小兒詎解事，趙陀大長聊稱尊。陶弘景云：山中何所有？山中多白雲。只可自怡悅，不堪持贈君。我之詩即我之白雲，自舒自卷長氤氳。陶元亮云：可爲知者道，難與俗人言。我之詩即我之桃花源，世上無人能問津。樊山述他人語云：我詩數斗血歌，下者、淺者不能作，高者、深者不屑作。我亦不知如何爲高，如何爲深；高者何人，深者何人。我自作詩何預他人事，且自大嚼兮過我之屠門，遑持布鼓兮過人之雷門。樊山又有詩，謂我貪財好色不怕死。謂我好色不怕死，誠哉乃我之知己，不知貪財何所指。他人視錢如性命，傾身障簏家家是。我無一錢人共知，展轉溝壑將餓死。典衣買醉尙揮金，未向陶胡奴乞米。人言樊山頗多財，我亦未假蓋於彼。不知人貪抑我貪，此語一笑置之斯可矣。又謂我詩拉雜復鄙俚，我詩拉雜誠有之，果何句俚何句鄙？我詩雖惡人難學，似我者病學我死，強學我者必至鄙俚而後已。若以貪財鄙俚四字妄加人，正恐出乎爾者反乎爾。樊山又謂京師十一女伶我所誇，我之好色乃好鳩槃茶。顧五亦謂我，看到人間鼓子花。樊山、顧五并未見此十一女伶面，豈有不採輿論、不考聲價，又未見其一面而以武斷專制來相加？然則如賈璧雲、王克琴，亦皆我所好之色，樊山屢作歌詠相褒嘉。可見我所好之色，并非鳩槃荼。何以未見者則不表同情，已見者又表同情耶？憶昔懶殘云：那有工夫爲俗人拭涕。此語自來頗難解，不知拭涕者即懶殘自拭，俗人者即懶殘自謂。懶殘尚無工夫爲自己拭涕，哭庵豈有工夫與他人置喙？樊山先生非他人，我姑與之一遊戲。而且樊山先生愛我深，我方流涕感其意。笑矣乎！他人以東風吹我之馬耳，我以目光出他人之牛背。

（《琴志樓詩集》卷十八，上海古籍出版社 2004 年版，第 1283～1285 頁）

【梅郎為余置酒馮幼薇宅中賞芍藥留連竟日因賦國花行贈之并索同坐癭公秋岳和】

梅花再生爲牡丹，牡丹再生爲芍藥。君不見梅花落後牡丹開，芍藥開時牡丹落。至人薪盡火仍傳，天女花多衣不著。春蘭秋菊無盡時，此是乾坤眞橐鑰。馮侯宅中芍藥開，梅郎招我看花來。梅郎本與梅花似，合冠群花作黨魁。姑射處子稱綽約，綽約須知即芍藥。古來姑射比梅花，芍藥、梅花合成玨。汾陽銷盡唐堯魂，洧水羞同鄭國謔。狂香浩態羅豐臺，珠光吐出奇花胎。芍看梅耶梅看芍，我雖看芍還評梅。京師第一青衣劇，梅郎青衣又第一。梅郎每演青衣時，冷似梅花玉妃泣。時作菩薩垂華鬘，時作貴婦戴花冠。胡天胡帝莊嚴相，此際梅郎似牡丹。兼演花衫摹蕩冶，纖腰近更嫻刀馬。天香國色此時看，斗大一枝紅芍也。姚黃魏紫幾千春，都借梅郎得返魂。陽秋義例通三世，華夏英靈集一身。樊南莫恨蓬山遠，樊川莫恨尋春晚。每愁碧漢隔紅墻，何車紫雲贈青眼。憶昔天寶三郎李，曾賞名花對妃子。昭陽卻有梅花人，殘妝竟日無梳洗。玉環、飛燕本難兼，豈意春魂同喚起。舊恨樓東珠淚銷，新妝亭北闌干倚。羅癭公、黃秋岳在坐并詩家，不羨金吾羨麗華。請將五色文通筆，品定梅郎作國花。（《琴志樓詩集》卷十八，上海古籍出版社 2004 年版，第 1287～1288 頁）

【梅魂歌】癭公和余《國花行》云：「梅魂已屬馮家有。」既非事實，論者多以爲不然。癭公亦自悔之。余乃戲作此篇，浮癭公一大白也。

千古以來之名花，惟有菊花屬陶家，梅花屬林家。此外諸花皆非一家所能有，豈非天下之寶當與天下共之耶！可知天下之尤物，即是天下之公物；私尤物者災將及，公尤物者福可必。諸侯殃在寶珠玉，匹夫罪坐懷尺璧。惟有以菊屬陶、梅屬林，此乃古今輿論全數贊成、不僅三分之二來出席。菊花何以能屬陶，以陶詠菊之詩亦與菊品同其高。梅花何以能屬林，以林詠梅之詩亦與梅意同其深。然而古今輿論勸進表雖上，陶家、林家仍復東向三讓、南向又再讓。有德居之尙不敢，無德居之豈非妄。元亮、君復皆不敢自私。若謂吾之詠菊詩，吾之詠梅詩，乃是代表古今天下人民心理而爲之，若專屬我則謹辭。譬如議院推舉一總統，此議員者不過代表全國人民以示護與擁，豈能謂此總統乃我一人捧。菊魂我今且勿論，請論數千年來之梅魂。數千年來之梅魂，乃在梅郎蘭芳之一身。哭庵亦復代表全國之人民，來爲梅魂梅影傳其眞。然則廿四世紀以前之梅魂，已失林家和靖守。廿四世紀現在之梅魂，已入易家哭庵手，哭庵又何敢自負，自負不過梅魂一走狗。吾友瘿公乃云梅魂已屬馮家有，此語頗遭人擊掊。馮家馮家果何人，不過與我同爲梅魂效奔走。質之馮家固不受，詰之瘿公亦引咎。梅花萬古清潔魂，豈畏世間塵與垢。何傷於日月乎，能損其冰雪否？謗我則可，謗佛則不可，此語出自婁須先生吾老友。白璧之瑕梅本無，白圭之玷瘿實有。唐突恐傷西子心，愼言宜戒南容口。請罰瘿公酒數斗，更罰瘿公再作梅魂之詩一百首。瘿公昨和我詩，勸我作詩先自剖；我今以盾刺矛，亦勸瘿公作詩先自剖。婁須先生，奭召南也。（《琴志樓詩集》卷十八，上海古籍出版社 2004 年版，第 1288～1289 頁）

【本事五首和無竟韻與原詩本事絕不同也】

（其一）重帷眞下莫愁堂，豈學沉箱杜十娘。鑒於十娘事，年已二十餘，未肯字人。其演《怒沉百寶箱》，能使觀者萬人皆泣。霞亦鋪開來比艷，雲都遏住不能忙。生成烈性貞兼孝，負盡瓌姿色與香。似此絕色奇香，竟以女兒身銷卻，眞可哭也。難解天公何命意，僅教舞榭現紅妝。哭盦此十四字，抵得一篇《天問》。吟至此處，不覺擊碎唾壺，可謂「眞宰上訴天應泣」矣。小菊芬。

（其二）明眸巧笑太銷魂，惹我情天著夢痕。雙頰更教渦解語，古人但言雙眉解語，雙睐解語，不知此姝雙渦亦復解語。一身愿以口全吞。哭盦吞量最大，非長身玉立如此姝者，未易滿量也。心情白似冰姑射，光艷紅於火陸渾。放誕風流偏冷俠，墜鞭未易許王孫。金玉蘭。

（其三）不顰笑有笑顰妍，芍藥烘晴罩瑞煙。柔語已消千種意，狂香曾破幾回禪。玉防詞令連環解，珠怕心思九曲穿。欲上眉樓還卻步，鼾聲難學石齋眠。花元春。

（其四）羊車衛玠舞臺看，費盡柔腸女兒鸞。春色大千歸北勝，花魁第一出南安。樓東聲價珠千斛，月下豐姿玉一盤。十二瑤臺方稱汝，更添二十四闌干。梅蘭芳。

（其五）閒問龜年訪野狐，近來佼好數馮都。龍宮輜重宜千乘，鶴監衣裳定五銖。海上相逢憐我老，花前醉倒賴卿扶。碧雲日暮無窮思，寫寄江南作畫圖。賈璧雲。（《琴志樓詩集》卷十八，上海古籍出版社 2004 年版，第 1291～1292 頁）

【偶對樊山句】

海上三雲青碧素，樊山去年唱和句，指張雲青、賈璧雲、朱素雲也。張雲青即「一盞燈」。胸中四影菊蘭梅。此余近日對樊山句，謂小菊芬、小菊處、金玉蘭、梅蘭芳也。全憑一部《伶官傳》，陶寫生平樂與哀。（《琴志樓詩集》卷十八，上海古籍出版社 2004 年版，第 1293 頁）

【和罡威本事四首韻本事仍不同也】

（其一）出塞昭君怨畫工，我詩遣唱少玲瓏。白香山詩云：「莫遣玲瓏唱我詩。」謂歌女商玲瓏也。洛妃韈小眞乘霧，趙后裙輕莫倚風。臨去秋波無限綠，動人春色不多紅。往營口之先一日，演《獨木關》、《梵王宮》兩齣。醫閭東望堪腸斷，不獨天空水亦空。冷朝陽送紅線詩：「還似洛妃乘霧去，碧天無際水空流。」眞同此情景。小菊處。

（其二）杜老重逢黃四娘，舞衫歌扇又登場。謂近日訪樊山事。夜深忽夢少年事，已落猶留半面妝。集成句。琴操解尋蘇學士，劍鋒不畏賈平章。誰教虎齒猶饕勝，周穆忙來漢武忙。賽金花。

（其三）驪山馬嵬賦閒情，甘愿蒙塵與召兵。一朵牡丹猶比艷，兩朝菊部少齊名。黃河詩賭雙鬟唱，白石詞添鬲指聲。昨夢低頭隨七貴，榴裙顏色更鮮明。樊山贈克琴詩云：「榴裙籠罩知多少，七貴低頭拜下塵。」余和云：「娶來我若爲天子，值得多蒙幾度塵。」此詩起句用余詩意，結句用樊詩意也。王克琴。

（其四）問年尚小殿花神，婪尾天留最後春。鎖骨妄傳菩薩相，珠喉知是女兒身。凡聞歌聲即可知其爲童女與否。元微之謂念奴「飛上九天歌一聲」，又謂其「潛伴諸郎宿」，湘綺丈所謂「應是微之不解聲」也。一清歌喉宛然童女，以名盛被謗，故爲辨之。娶妻愿孰償文叔，都中有「娶妻當得孫一清」之諺。修史冤宜辨太眞。隨園詩：「唐書新舊分明在，那有金錢洗錄兒。」正此類矣。底事京塵留我住，不攜二妙上春申。兼謂梅蘭芳也。孫一清。（《琴志樓詩集》卷十八，上海古籍出版社 2004 年版，第 1293～1294 頁）

【小香水歌】小香水，女伶名也。義州趙氏女，字曰珮雲。明慧善歌，演梆子青衣旦，兼鬚生，爲京師梨園第一。

昔者黃帝張樂於洞庭之野，魚聞之匿影而深潛，鳥聞之高飛而不下。百靈來朝，萬籟皆啞。惟有大月當空銀漢瀉，照見水底鱗屋龍堂之萬瓦。昔者成連鼓琴於滄海之坳，空山無人石嶕嶢。忽焉海水起立，魚龍怒號；木葉盡落，星斗動搖；鳥獸悲嗥，神鬼遁逃。不聞琴聲兮，但聞天風與海濤。匹婦含冤，六月飛雪；庶女仰天，雷電下擊。精誠出聲音，可以貫金石。此事古人獨稱絕，後來何人能奪席。長白遼沈醫巫閭，海環山抱何鬱紆。二百餘載好家居，帝王卿相爭扶輿。一朝王氣消無餘，留一巾幗勝彼十萬眉與鬚。況孜二百餘載一朝之艷史，僅有男伶數四，絕無女伶一二可屈指。直至亡國時，見汝小香水。天公生此女伶第一之人才，欲令殿此中國廿四之世紀。有美一人，芳蘭竟體。乘犢車，入燕市。發珠吭，啓玉齒。引商刻羽，含宮嚼徵。曼聲似韓娥，潛氣類車子。時而如抗兮，其聲乃在九天上；時而如墜兮，其聲乃在九淵底。既上入九天下入九淵兮，又將字字聲聲打入人人心坎裏。日爲之留，雲爲之止。觀者萬人忽然爲之悲，忽然爲之喜。萬人語聲何喧闐，一聞歌聲寂無似。小寂一時復大喧，乃是喝采之聲欲震屋瓦使飛起。萬人之聲不能敵一人之聲，萬聲已終兮，一人之聲猶復上穿九天、下穿九淵、繚繞轉換、百折千回而未已。嗟爾中和園，危險將無比。梁塵盡落恐梁傾，屋瓦皆飛愁屋圮。君不見，天上三十有三天，二十八宿羅星躔。青龍在東方，弄珠爲戲殊癡頑。白虎在西方，以人爲食何貪殘。朱鳥在南方，文采燦爛徒美觀。玄武在北方，縮首入脰行蹣跚。玉皇深居高拱於紫垣，犬聲唁唁守九關。鈞天宴罷俱酡顏，相與鼾睡十萬年。下界億兆民，豈無痌與瘝。其聲如蠅蚊，不得達帝前。自有小香水，玉皇魂夢不得安。豈惟魂夢不得安，且聚萬古女龍雌鳳、不平枉死之嬋娟，日託香水來鳴冤。玉皇決計遷都避香水，似聞昨日大開會議忙千官。中有一人能畫策，叩頭陳詞玉階側。欲令香水歌不哀，當令香水笑無絕。然而黃金高如山，香水之笑十二萬年不可得，玉皇宮中日愁疾。吁嗟！香水何不一笑兮，雖使三千粉黛無顏色，卻使大千世界皆春色。人生三萬六千場，世界一百二十國，得汝一笑永無疾病與災厄，玉皇大樂且復普賜下界人民壽一秩。(《琴志樓詩集》卷十八，上海古籍出版社 2004 年版，第 1297～1298 頁)

【悼女伶金玉蘭二首】

(其一) 舞臺祇許拜驚鴻，曲巷何曾惹系驄。生不肯行神女雨，死應化作美人虹。綠珠此日樓眞墜，藍玉前朝獄頗同。甘殉癡情隨艷鬼，《紅梅閣》與《紫霞宮》。皆戲劇名也。余有句云：「情癡艷鬼愿同墳」，即因此而作，今竟成詩讖矣。

(其二) 莫向銅街戀軟塵，桃花血肉一堆新。天原不肯生尤物，世竟公然殺美人。玉碎定非眞宰意，璧完猶是女兒身。金輪瑣骨俱長壽，獨遣秋墳唱采春。(《琴志樓詩集》卷十八，上海古籍出版社 2004 年版，第 1299 頁)

【瘿公以金伶他信作詩告余而余適得友人書言金伶固在天津演劇也因和瘿韻以正京師各報之誤并他信之不確】

聞道津門勝薊門，繞梁震瓦正爭喧。誰傳俠女冤三字，誤使書生叩九閽。感事詩難刪絕唱，憐才淚尚帶微溫。不妨破涕還成笑，重向情天著夢痕。余前爲金伶作本事詩，有「惹我情天著夢痕」之句。(《琴志樓詩集》卷十八，上海古籍出版社 2004 年版，第 1299 頁)

【和友人以金伶無恙相慰詩二首各用元韻】

(其一)《和陳翼牟》：甫悼亡餘又告存，青蠅幸免弔虞翻。人眞似月能生魄，詩亦如香可返魂。造命文章原得力，憐才涕淚已留痕。何時一見樊通德，擁髻悽然與細論。

(其二)《和沈硯農》：感君佳什比陽春，慰友憐才意并眞。救月禮從前圣重，護花心到晚年純。事應奇過還魂女，情莫深於學道人。明日海棠知更艷，綠章一奏已通神。(《琴志樓詩集》卷十八，上海古籍出

版社 2004 年版，第 1300 頁）

【和友詩五首各用原韻（之三）】皆數日間先後寄來者。

《和陳叔伊詩人謝余贈梅伶蘭芳小影》：僥倖中央種一株，白香山詩：「何不中央種一株。」平生快事勝嗚呼。余自著有《嗚呼》小說。即今我輩談車子，往日賢兄望達夫。令兄木庵先生嘗贈詩，以高適期許。岱閣斜街猶戀芍，亭林隨筆未離菰。何時得共依花坐，麈尾旁邊玉唾壺。（《琴志樓詩集》卷十八，上海古籍出版社 2004 年版，第 1301～1302 頁）

【和友詩五首各用原韻（之四）】皆數日間先後寄來者。

《和陳翼牟主事見慰孫金二女伶音耗》：早師南嶽奉華存，香海蓮花浪不翻。青鳥尚傳仙使信，白虹豈化美人魂。孫伶亡去之日，尚有書別余。金伶被禍之説，聞係《天民報》所載，余尚未之見。但期玉碎成讕語，更望珠還拭淚痕。多謝良朋相慰意，幾時尊酒得同論。（《琴志樓詩集》卷十八，上海古籍出版社 2004 年版，第 1302 頁）

【巧遇森玉海平得入菊處滿堂兩女伶之室賦謝二首】

（其一）舞臺對面比雲霄，豈意妝臺傍翠翹。絳樹雙聲原耳熟，紫雲一笑更魂銷。玉驄客似逢三俠，彷彿虬髯、李靖、紅拂三人相逢光景。銅雀春猶鎖二喬。不肯輕見一人，與鎖無異。阿母福濃儂福薄，笑謂其母云：「阿姥大好福氣，但我輩無福耳。」此生無分作文簫。

（其二）桃花潭水此情深，把臂良朋許入林。敢謂三生同片石，也知一刻抵千金。笑顰雙絕卿眉語，問答都乖我口喑。神思飛越，對阿母幾失詞。妝閣得窺非幸事，衹教添賺斷腸吟。（《琴志樓詩集》卷十八，上海古籍出版社 2004 年版，第 1304 頁）

【觀梅蘭芳演雁門關劇】

萬人來看笑啼妍，空巷傾城六月天。縞袂仙人疑綠萼，著白紗衫。紅妝貴主號青蓮。劇本中公主號。紫雲而後音誰繼，光緒初，余伶紫雲爲青衣旦第一，三十年來始又見蘭芳也。赤日之中暑亦蠲。時盛暑如熾，觀劇者千餘人，坐無隙地，亦不知有暑。馮幼偉、郭逋仙、婁休莫、黃秋岳、羅癭公、謝蘇生、我，固應喚作國花顛。余於蘭芳有國花之目。（《琴志樓詩集》卷十八，上海古籍出版社 2004 年版，第 1304～1305 頁）

【頤陔和余塵字韻蓋猶未知金伶被禍為誤傳也因和韻告之】

環肥燕瘦盡成塵，詎免先生白髮新。正以無鳩傷一國，遂將有虎誤三人。黃金枉費憐才淚，張玉田詞：「黃金鑄出相思淚。」碧玉終留待字身。亟謝良朋仍壯語，天公原爲我回春。（《琴志樓詩集》卷十八，上海古籍出版社 2004 年版，第 1305 頁）

【七月十九日紀事】

秋波占斷人間秋，流雲遏回天上流。癸丑七月十九日，請歌一曲《回荊州》。義州女郎小香水，能作秦聲妙無比。一歌子野喚奈何，再歌瑯琊愿爲死。向來慣演孫夫人，今日還呈絕代身。演趙雲者小菊芬，演劉備者明月珍。子龍身手原無敵，先主鬚眉亦罕倫。玉帳刀光驚雪亮，戎裝侍女環相向。剛猛生成大帝風，莊嚴顯出天人樣。華鬘瓔珞涌諸天，翠羽明璫望儼然。強敵欲爭三足鼎，仇人翻做并頭蓮。寧知大耳同重耳，季傀齊姜總棄捐。夫婦方如魚得水，君臣已似虎離山。思親淚落吳江冷，望帝魂歸蜀道難。郎似蜀君啼杜宇，妾如齊女化哀蟬。吞吳相枉留遺恨，思蜀兒偏樂此間。珠喉字字聽吞吐，車子秦青誰比數。凄涼遠勝《琵琶行》，瀏亮眞同劍器舞。一曲清歌淚萬行，誰知別有傷心處。唐殿歌殘是尾聲，《伊州》舞錯因眉語。憐卿憐我共無憀，家國平生恨未消。靈澤祠前曾酹酒，公安浦口屢停橈。生憎燕國丁沽水，即是蟂磯子午潮。蕭郎看劇潛收涕，本異劉郎是夫婿。劉郎不看看蕭郎，側面回身暗相對。四目相看閱片時，兩心互照盟千禩。心死莊周亦可哀，目成正則難爲繼。但聽珠爲一一聲，寧知珠是雙雙淚。珠淚瑩然皆上光，玉顏愴絕心中事。眼前別鵠對離鸞，此劇何名《龍鳳配》。萬種生離死別悲，一般兒女英雄意。拭盡鮫綃鮫淚多，收來鸞影鸞腸費。騷客情能感美人，書生福已逾先帝。漫道蕭郎是路人，蕭郎今是受恩身。靈旗此日懷靈澤，析木明朝指析津。綠華無定行蹤幻，紅豆相思入骨眞。本自無心在人世，不辭將骨化灰塵。（《琴志樓詩集》卷十八，上海古籍出版社 2004 年版，第 1305～1306 頁）

【小香水小菊芬去都後余始見男伶女妓數人就所見者以詩記之得絕句十首】

（其一）誰識三河俠少年，明眸皓齒步金蓮。相逢不解寒暄語，自脫黃衫掛馬鞭。九陣風。

（其二）四十年來鞠部頭，又看小鳳擅歌喉。看花看到花三世，花對看花人亦愁。小朵、小小朵父子。小朵之父朵仙尚在，小余三歲。

（其三）姚家四佩并知名，姚二姚三秀且清。笑我玉山渾醉倒，不能向汝玉山行。姚佩蘭兄弟。

（其四）朱梅瑜亮不爭差，爭說桐琴幼芬字與畹華蘭芳字。難得都嫻刀馬劇，桃花馬上兩桃花。朱幼芬演《桃三春》，梅蘭芳演《樊梨花》。

（其五）韓潭夜靜拂檀槽，彈出金臺月正高。不見桐仙猶見汝，卅年淚滿《鬱輪袍》。唐采芝彈琵琶。光緒初，諸伶惟桐仙琵琶擅名，今尚在。

（其六）劍器歌成自愴神，少陵豈獨惜餘春。寧知天地英雄氣，剩付何戡一輩人。王瑤卿、鳳卿演《兒女英雄傳》。

（其七）能唱耆卿絕妙詞，曉風殘月恰逢伊。不論木石還冰玉，如此吳兒定可兒。石曼君。

（其八）營口當年女狀元，倭俄戰日艷名喧。都將遼海風雲色，帶到枇杷花底門。金秀卿。

（其九）兩度相逢彭月樓，長身玉立信風流。元都今日劉郎老，便見桃花也合休。彭月樓。

（其十）唐賢韻事宋賢摹，乞愛卿如乞鏡湖。本屬閒人無待乞，愛卿可似鏡湖無。花愛卿。陸放翁詞：「鏡湖元自屬閒人，又何必、官家賜與。」

（《琴志樓詩集》卷十八，上海古籍出版社 2004 年版，第 1306～1307 頁）

【以梅伶蘭芳小影寄樊山石遺滕詩索和】

京國珍叢第一株，秦宮花底若堪呼。欲題洛下君王后，卻寄江南士大夫。樊山詩有「牡丹洛下君王后，蕙草江南士大夫」之句。詩老留連宜紫稼，曲家評泊要雕菰。焦里堂有《觀劇評記》。圓姿即是天邊月，照取冰心印玉壺。（《琴志樓詩集》卷十八，上海古籍出版社 2004 年版，第 1313 頁）

【馮鳳喜謠】一作十伶謠。

能愁我者梅蘭芳，能醉我者賈璧雲。能瘦我者王克琴，能殺我者小菊芬。能眩我者金玉蘭，能娛我者孫一清。能溫我者小菊處，能親我者小香水。能惱我者小玉喜，能活我者馮鳳喜。鳳喜鳳喜汝何人，

天橋橋頭女樂讀若鬧子。(《琴志樓詩集》卷十八，上海古籍出版社 2004 年版，第 1315 頁)

【天橋曲十首有序】天橋數十弓地耳，而男戲園二，女戲園三，樂子館又三，女樂子館又三。戲資三枚，茶資僅二枚。園館以席棚爲之，遊人如蟻，然賽人居多也。樂子館地稍潔，遊人亦少。有馮鳳喜者，楚楚動人。自前清以來，京師窮民生計日難，遊民亦日眾。貧人鬻技營業之場，爲富人所不至。而貧人鬻技營業所得者，仍皆貧人之財。余既睹驚鴻，復睹哀鴻。然驚鴻皆哀鴻也，余與遊者亦哀鴻也。書至此，余欲哭矣。

(其一) 垂柳腰支全似女，斜陽顏色好於花。酒旗戲鼓天橋市，多少遊人不憶家。

(其二) 天橋橋外好斜陽，莫怪遊人似蟻忙。入市一錢看西子，滿村疊鼓唱中郎。

(其三) 不待滄桑感逝波，已看龍種道旁多。牛衣泣盡腸雷轉，猶自貪聽一曲歌。旗民舊習如此。

(其四) 幾人未遇幾途窮，兩種英雄在此中。滿眼哀鴻自歌舞，聽歌人亦是哀鴻。

(其五) 燕歌、歌舞兩高臺，男戲兩臺名。更有茶園數處開。女戲皆稱茶園。何處秋多人轉少，卻尋樂子館中來。

(其六) 秋寒翠袖如空谷，日暮黃昏似古原。那怪杜陵魂斷盡，哀王孫又感公孫。本作「女樂餘姿映寒日，杜陵那得不銷魂」。

(其七) 疏寮茶坐獨清虛，對菊人都號澹如。三五女郎三五客，一回曲子一回書。一作「雙鬟人本澹如菊，九月楓還艷似花。四五女郎三五客，二文戲價一文茶」。

(其八) 箏人去後獨無聊，燕市吹殘尺八簫。自見天橋馮鳳喜，不辭日日走天橋。

(其九) 哭庵老去黃金盡，鳳喜秋來翠袖寒。汝久豈寒吾速老，賴寒博得幾回看。

(其十) 苧蘿、溢浦兩紅妝，感事憐才益自傷。兩種人才三種淚，一齊分付與斜陽。兩種人才謂：一種未遇，如苧蘿之類是也；一種失路，如溢浦之類是也。三種淚謂：感事一種，憐才一種，自傷一種也。(《琴志樓詩集》卷十八，上海古籍出版社 2004 年版，第 1316～1317 頁)

【送蘭芳偕鳳卿赴春申即為介紹天琴居士】

（其一）碧雲黃葉滿郊畿，天遣吳兒見玉妃。花比牡丹眞北勝，人如雁白亦南飛。秋風帝子看初降，春草王孫望早歸。管領吳淞好煙月，知君不負縷金衣。

（其二）申浦三雲碧素青，天琴有「海上三雲青碧素」句，謂賈碧雲、朱素雲、張雲青也。更添二妙合雙清。渡來碧海留鸞影，飛上丹山聽鳳聲。洛市羊車看街過，延津龍劍待張評。江南若見樊夫子，爲道羈愁滿上京。（《琴志樓詩集》卷十八，上海古籍出版社 2004 年版，第 1320 頁）

【午聽中和園秦腔晚聽聚美園吳語賦詩紀事】

文章勛業兩消磨，賺盡英雄爲聽歌。半日飽看三國色，小玉喜、小菊芬、花元春。寸心默領六秋波。玉喜三、菊芬二、元春一。本無彩鳳雙棲分，翻恨靈犀一點多。五萬春花皆夢耳，大千人海奈愁何。（《琴志樓詩集》卷十八，上海古籍出版社 2004 年版，第 1330～1331 頁）

【樊山寄示餞別梅郎蘭芳詩索和元韻一首】

吳淞雪水瀹茶甖，釀作清詩寄鳳城。梅已催三九節蠟，柳還啼四五聲鶯。珠喉玉靨新圖畫，扇角裙腰舊姓名。今日知公翻羨我，夢華錄又續東京。（《琴志樓詩集》卷十八，上海古籍出版社 2004 年版，第 1333 頁）

【蘭芳已至再和前韻示之并寄樊山】

飈輪不假渡河甖，人與詩俱到帝城。嶺外情懷倒挂鳳，江南魂夢亂飛鶯。梅詩曾寫千餘字，花榜親題第一名。預祝樊山老居士，明年爲汝譜還京。宋詞有《還京樂》。（《琴志樓詩集》卷十八，上海古籍出版社 2004 年版，第 1333 頁）

【甲寅元日試筆】 時寓大吉巷。

元辰風日足倘徉，《小放牛》歸大吉羊。觀菊芬演《小放牛》。戰勝愁城何用酒，掃空心地當焚香。祭天祭孔人方訟，尋呂尋關我亦忙。呂祠、關廟，兩處拈香。重把國花評判起，要推蘭菊有芬芳。又觀蘭芳演劇。（《琴志樓詩集》卷十九，上海古籍出版社 2004 年版，第 1338 頁）

【金魚胡同那園觀劇賦四絕句】

（其一）楊白花謠太不經，《南華》讀過解攖寧。孝能幹艷忠完髮，太息伶官有寧馨。楊小樓演《八大錘》、《連環套》諸劇。小樓，月樓子。月樓有漁色名，小樓獨謹飭，且好道，能讀子書。革命後作道士髻，至今髮尚完也。常與余論《莊子》，余問「攖寧」作何解，對甚詳。

（其二）明燈如月照華鬘，擁出芙蓉七寶冠。欲寫騷人魂斷句，光風轉蕙汎崇蘭。王蕙芳、梅蘭芳演《虹霓關》、《雁門關》諸劇。

（其三）赤帝如何逢白帝，地名妖讖比彭亡。天童昔日同遊客，莫演傷心北地王。侗貝勒演《連營寨》，即《白帝城》也。前數年貝勒曾與余同遊天童。

（其四）漢節持來氣懍然，柔鄉豈意在冰天。當時若使無胡婦，蘇武爭經十九年。王瑤卿、鳳卿演《蘇武牧羊》劇，又名《塞北奇緣》，鳳卿所編新劇也。（《琴志樓詩集》卷十九，上海古籍出版社 2004 年版，第 1340～1341 頁）

【觀小叫天演珠簾寨作】

少牢祭廟囊盛矢，生子當如李亞子。勸討黃巢伐朱溫，娶妻當如劉夫人。盧龍百戰俘燕主，得將當如周陽五。悲歌置酒三垂岡，男兒當如李晉王。按兵不救因弓藏，梨園爨演非荒唐。魏國夫人殊媚嫵，能與劉夫人水乳。誰知赤心獨眼龍，祗畏玉面胭脂虎。監軍者誰陳景思，受恩遺事今難知。或如當日李供奉，曾向幽州救子儀。帥印竟落次妃手，軍令將斬大王首。指揮代北鴉兒軍，俯伏河東獅子吼。從古英雄畏婦人，一朝藩鎮得純臣。貪財好色原無害，殺賊勤王自有眞。詼諧不悖勸懲旨，我視傳奇如正史。軍中元帥兩王妃，帳下奇兒幾天子。黃幡綽與敬新磨，演出英雄熱淚多。老將羆能當貉子，胡兒龍豈類豬婆。紅氍毹上如花鬧，青史編中似夢過。先帝伶官今亦老，傷心猶唱百年歌。（《琴志樓詩集》卷十九，上海古籍出版社 2004 年版，第 1346～1347 頁）

【再贈梅郎一首】

天遣癯仙領眾芳，藐姑射作美男裝。雲高太甲歸迎雪，林際春申去餞霜。梅郎以初冬赴滬，臘月返都。一國輸錢看西子，萬人擊鼓樂東皇。沉香壓倒青蓮筆，喚取姜夔製樂章。（《琴志樓詩集》卷十九，上海古籍出版社 2004 年版，第 1374 頁）

【陽曆正月六日懷仁堂聽劇作】

飛灰驗候過吹葭，庭榜雲龍見漢家。二十八躔珠貫蕊，二十八席。百千萬樹玉交花。宴時大雪。水從管貯溫和炭，冰以床行穩勝槎。入西苑門，即坐拖床行冰上。仙曲霓裳還聽取，叫天高唱《戰長沙》。（《琴志樓詩集》卷十九，上海古籍出版社 2004 年版，第 1374 頁）

【癸丑年本事詩除夕作】

孫一清家作端午，五色綵絲纏角黍。雄黃酒異白蛇妖，用小説《雷峰塔》故事。牡丹花兼黛螺嫵。此時無家勝有家，一室乾爺對乾女。傳奇蹤杳黑白衛，歇後語惜紅黃牡。余作女伶詩，以孫一清比紅黃牡丹，小香水綠牡丹，小菊芬紅牡丹。小香水家作中秋，疑到廣寒宮裏遊。嫦娥亦稱詩弟子，天女能陪老比丘。露腳斜飛濕寒兔，畫屏無睡待牽牛。集成句。吳質公然絕，啻蟲倚桂樹，杜陵暫免思鄜州。今夕何夕一年畢，小菊芬家作除夕。親輦梅花贈菊花，奇香冷艷俱無匹。佳人絕代本無雙，才子當今慚第一。菊芬之父對許養田、張致和諸君稱余爲「天下第一才子」。天津銀魚白如雪，清苑醬菜甜勝蜜。主人長齋客飽啖，不用椒盤傷白石。我如漁父善探幽，又似飛仙能絕跡。曾問桃源兩度津，更上蓮峰萬仞壁。孫一清、小香水家皆閉門謝客，小菊芬家則更無能問津者。何須乞食到墦間，乞食歌姬院一年。貪看公孫劍器舞，屢拋玉局畫叉錢。月斜仙掌銷魂路，春到華鬘忉利天。恨不早從花下死，釀金定葬柳屯田。（《琴志樓詩集》卷二十，上海古籍出版社 2004 年版，第 1422 頁）

【余今春入都最賞女伶孫一清夏秋間忽隱去近乃知已歸一佳公子適如余所愿也賦詩志慰兼志佳話】

平原濁世本翩翩，仿佛喬家始嫁年。得李藥師紅拂婿，異喬補闕綠珠篇。花鍾國色開三月，在舞臺極盛時間僅三數月，余曾以牡丹比之。人帶歌聲上九天。元微之《贈念奴》詩云：「飛上九天歌一聲。」鄉里本同蘇小小，一清杭產。更教佳話勝圓圓。（《琴志樓詩集》卷二十，上海古籍出版社 2004 年版，第 1423 頁）

【葬花曲】

君不見漢家美人王昭君，唐家美人楊太眞，洗空北地胭脂色，沉醉東風芍藥春。君不見許狀元之本生母，張解元之未婚婦。青兒主僕宋稗官，紅娘主僕元樂府。君不見《思凡》曲唱女冠子，驚美詞塡李笠翁，禮佛秋宵木魚響，題詩春畫紙鳶風。吉祥新劇載六七，《嫦娥奔月》尤超軼。百千萬劫嘆無雙，三十六天誇第一。演之者誰天仙人，天仙化作梅郎身。更排《黛玉葬花》劇，似返絳珠仙草魂。絳珠仙草生何處，萬古淚花所凝聚。誰從青埂峰上栽，誤墮紅樓夢中去。絳珠又化天人來，花開萬樹疑天臺。二日五日春將過，二十四番風正催。雲鬟螺髻垂雙綹，衫色鵝黃盤百紐。羊脂玉潤作嬌顏，鴉嘴鋤輕隨素手。沁芳橋上倚欄杆，一朵能行白牡丹。萬點鵑紅深似海，兩彎蛾綠淡於山。儂是吳城小龍女，一生淚雨如花雨。倩誰煉石補青天，替他埋玉堆黃土。儂今葬花人笑癡，他年葬儂感合肥。李合肥喜舉此二語。燕子偷窺臨水影，鸚哥學誦葬花詩。流水落花李後主，花落水流王實甫。如花似水更堪悲，腸斷臨川湯顯祖。牙簽玉軸誤搜羅，所持《牡丹亭》、《會眞記》皆瘞公物。徒感幽情喚奈何。粉靨頳時因讀曲，淚痕紅處爲聞歌。舞臺不啻靈山座，觀者千餘齊證果。畫汝應求改七薌，生子都輸梅二瑣。人人筑館號瀟湘，解襪憑卿發異香。羯鼓從今賴妃子，虎賁誰敢學中郎？姚黃魏紫都難比，何況千紅兼萬紫。採藥麻姑態遜嬌，散花天女顏輸美。素蛾漫擬斗嬋娟，已嫁終輸未嫁妍。一自人間到天上，一從天上到人間。宮闈幽恨乾坤滿，安得梅郎來遍演。五萬花魂借體還，大千秋色雙眉管。吁嗟乎！君不見《長生殿》曾受老黃哭，《沉香亭》空將太白催。玉茗堂宜偕小青讀，《石頭記》誰是怡紅才？（《琴志樓詩集》卷二十，上海古籍出版社2004年版，第1423～1424頁）

【鮮靈芝曲】

去年甫見劉喜奎，今年又見鮮靈芝。生男一蟹輸一蟹，生女一雌勝一雌。鮮靈芝是誰家女，生小梨園習歌舞。人言年可二十強，我道十七八九許。芝草無根古所云，此芝無根卻有根。芝根若問出何處，請問名優丁劍雲。三靈芝草崔、丁、李，艷幟香名爭鼎峙。我曾飽看全盛時，今日三芝俱老矣。劍雲今將四十餘，何年得此一顆珠。簸錢堂上呼姨妹，玉鏡臺前學老奴。偶將技向燕臺售，色藝誰能出伊右？色是兒家自養成，藝由夫婿親傳授。一字之評不愧鮮，生香活色女中仙。牡丹嫩蕊開春暮，螺碧新茶摘雨前。男伶女伶爭審美，梅蘭芳與喜奎比。喜奎恰是好女兒，蘭芳仍是美男子。尤物群推金玉蘭，明媚巧笑藝尤嫻。玉蘭片亦稱珍味，不及靈芝分外鮮。鮮之一字眞無兩，試集詩聯寫春榜。蘭苔翡翠相鮮新，芝草瑯玕日應長。昨見靈芝演《藏舟》，今見靈芝演《跪樓》。此皆小菊芬第一，菊若見之菊亦愁。《錯中錯》本尋常調，演自靈芝偏絕妙。佳人上吊本非眞，惹得人人思上吊。娟好妍妙喜奎兼，妖媚嬌嫩靈芝專。喉音肌肉眞嬌嫩，百媚千妖總自然。朱唇笑靨天然韻，眼波眉黛魂銷盡。試聽喝采萬聲中，中有幾聲呼要命。兩年喝采聲慣聽，要命初聽第一聲。不啻若字其口出，忽獨與予兮目成。我來喝采殊他法，但道丁靈芝可殺。喪盡良心害世人，占來瑣骨欺菩薩。柔鄉拚讓與丁郎，我已無心老是鄉。天公不斷生尤物，莫恨丁郎恨玉皇。（《琴志樓詩集》卷二十，上海古籍出版社 2004 年版，第 1425～1426 頁）

【金縷曲・題桃花扇樂府】

亡國談風雅，莽乾坤、風雲破碎，飛龍戰野。天子無愁行樂耳，如此江山都捨。誰救爾、兒孤婦寡。鶯燕飄零煙月死。賸孤臣、骨冷梅花下。譜一曲，淚如瀉。　小朝廷事堪悲咤，算平分、一行歌舞，兩行戎馬。生死江南同醉夢，苦被桃花誤也，紅淚向、扇頭偷灑。中有美人才子恨。付烏絲、并作滄桑寫。儂是喚，奈何者。（《丁戊之間行卷》卷十湘絃詞，清光緒五年貴陽刻本）

康有爲

康有爲（1858～1927），原名祖詒，字長素，一字廣廈，號更生，南海（今屬廣東）人。光緒乙未（二十一年，1895）進士，官工部主事。更生有異稟，博極群書。少時曾遊朱九江之門，勇於述作，以力開風氣自任。講學授徒，聲名甚盛。梁節菴贈以詩，有「九流衮衮誰眞派？萬木森森一草堂」之句。戊戌後，周歷歐美各國凡十餘年。其詩多言域外古蹟，恢詭可喜。著有《新學僞經考》十四卷、《孔子改制考》二十一卷、《廣藝舟雙楫》六卷、《海程道經記》一卷、《意大利遊記》一卷以及《戊戌奏稿》、《康南海自編年譜》等。見《清史稿》卷四七三、《晚晴簃詩匯》卷一八二、《道咸同光四朝詩史》乙集卷六等。

【割台行成後與陳次亮郎中熾沈乙庵刑部曾植丁叔衡編修立鈞王幼霞侍御鵬運袁慰庭觀察世凱沈子封編修曾桐文道希學士廷式張巽之編修孝謙徐菊人編修世昌張君立刑部權楊叔嶠中書鋭同開強學會于京師以為政黨嘀矢士夫雲從御史褚成博與大學士徐桐惡而議劾有夜走告勸解散者是時袁徐先出天津練兵同志夜餞觀劇適演十二金牌召還岳武穆事舉座咸欷歔李玉坡大理至泣下即席賦此呈諸公未幾余亦告歸留門人梁啟超任之】

山河已割國搶攘，憂國諸公欲自強。復社東林開大會，甘陵北部預飛章。鴻飛冥冥天將黑，龍戰沉沉血又黃。一曲欷歔揮涕別，金牌召岳最堪傷！（陳永正編注：《康有爲詩文選》，廣東人民出版社 1983 年版，第 140～142 頁）

黃　人

黃人（1866～1913），原名振元，字慕庵，一字摩西，昭文（今江蘇常熟）人。諸生。少聰穎，觀書如電掃，習道家言，日餌丹砂，又習劍法及諸異術，常盡月不寐，數日不食，獨遊山中，夜趺坐巖樹下。光緒二十六年（1900）受聘蘇州東吴大學教授。三十三年，主編《小説林》雜誌。其詩詞奇偉恣肆，神骨天成。著有《摩西詞》、《石陶梨煙室詩存》等。見《道咸同光四朝詩史》乙集卷六、《民國人物碑傳集》等。

【賀新涼・風洞山傳奇題詞和噙椒韻】

紅冷桃花血，撥檀槽重歌軼事，是何雄傑？鳳泊鸞飄侯門女，甘學枯禪面壁。還慘過孤臣辭國。烽火燒殘鴛鴦牒，剩千山杜宇三更泣。巾幗操，愧麾節。　莫邪獨躍龍文鐵，盡輸他、倡隨師弟，魚腸同穴。宗社已虛家安在？兒女情緣悟徹。算共轉、光音初劫。剩水殘山重黃粱，問他年誰拾降王骨？嘆天道，總難說。（湯哲聲、涂小馬編撰：《黃人》，中國文史出版社 1998 年版，第 315 頁）

【洞仙歌・風洞山傳奇題詞和慧珠韻】

神州沉矣！問天公何苦？做盡傷心賺今古。剩青山一半，收拾英魂，算配得、江左梅花閣部。　瘴江風浪惡，慘綠愁紅，欲採芙蓉已秋暮。破碎舊山河，青骨紅顏，總付與、無憑氣數。正此際重看劫灰燃，有壯士耰鋤，美人桴鼓。前年粵西建義女將黃九姑等甚勇鷙。（湯哲

聲、涂小馬編撰：《黄人》，中國文史出版社 1998 年版，第 316 頁）

劉紹寬

劉紹寬（1867～1942），字次饒，號厚莊，平陽（今屬浙江）人。光緒二十四年（1898）拔貢。著有《厚莊詩文鈔》。見《晚晴簃詩匯》卷一八一、《廣清碑傳集》卷一九等。

【洪博卿先生白桃花傳奇題辭四首有序**】**傳奇謂平陽北港白某，渾名老三，投髮逆爲通天王，有術者謂遇桃花必敗。引寇至瑞安，有獻以女者，詢名桃花，遂不敢娶。次日爲團練所殲，俗謂白死血食其地。

（其一）莫笑蹄涔瑣瑣譚，成王敗寇亦奇男。描摹草澤英雄概，不數前朝施耐庵。同時瑞安錢匪蔡華被捕，供有「成則爲王，敗則爲寇」語。

（其二）癡叔空崖嫂錦孃，羅平旗號建平陽。紀元正治標青史，笑煞通天是假王。《續通鑒》：大德元年，陳空崖以妖言伏誅。《岐海瑣譚》云：平陽陳空崖同嫂蘇錦孃反，建羅平旗號，其改元正治。《紀元編》亦採入。

（其三）畢竟夭桃薄命花，不教錦傘擁香車。横行海上蔡牽婦，亦是當年碧玉家。蔡牽妻，平陽炎亭內呑人，三嫁與蔡牽，勇猛善戰，俗呼爲蔡牽媽。《東華錄》、《瀛舟筆談》均及其人。黄漢《甌乘補》、繆文瀾《筆記》言之最詳。

（其四）叢祠白馬盛祈禳，端的神名未可詳。從此一方添廟食，紛紜又有白三郎。《平陽縣志》：白馬廟神，爲東漢張湛，省府志皆從其說。然俗傳爲昭明太子。余考他志，蔣子文、崔珏、王審知皆有白馬祠號。《福寧志》有白馬三郎廟，爲閩越王郢第三子，此當爲俗傳所由來。今白三郎又得血食，名號糾紛，益不可理矣。（蕭耘春選輯：《蒼南詩徵》，上海古籍出版社 2005 年版，第 243～244 頁）

劉富槐

劉富槐（1869～？），字農伯，桐鄉（今屬浙江）人。光緒二十八年（1902）舉人，官内閣中書。著有《瑟園詩錄》。見《晚晴簃詩匯》卷一八二。

【讀金檜門總憲觀劇絕句】

世間何者爲非戲，鮑郭紛紛鬥同異。曼衍魚龍一瞬間，犂軒幻術人驚睇。憶從戊戌來京師，舞場日涉評妍媸。從知北調盛絃索，崑弋非復承平時。重來已度昆明劫，秦聲幽咽聞鶤鳩。流涕誰爲萬寶常，商絃促數宮絃蹌。定風波與念家山，帝所鈞天去不還。容易金仙辭漢闕，湘娥哀怨落人間。治情忽便趨蛾綠，靜婉腰支念奴曲。選佛爭承天女花，審音一變高唐俗。撫時回想百年前，雜劇猶多正始傳。鞠部遷流人代改，遺聞誰與話開天。先生身世當全盛，丁歌甲舞聲容競。朝迴卻作梨園遊，點綴俳優發嘲詠。嗟余羈寄如浮漚，每聽急拍生牢愁。傳奇愧乏東塘筆，題句猶堪作務頭。（徐世昌輯：《晚晴簃詩匯》卷一百八十二，民國退耕堂刻本）

吴　梅

吴梅（1884～1939），字瞿安，號霜崖，江蘇長洲（今江蘇吴縣）人。光緒三十一年（1905）主講東吴大學，民國後歷任北京大學、東南大學、中山大學等校教授。爲近代曲學大師，著述宏富。戲曲創作方面，作有雜劇《軒亭秋》、《雙淚碑》、《暖香樓》、《落茵記》、《惆悵爨》、《無價寶》，傳奇《風洞山》、《血花飛》、《鏡因記》、《綠窗怨記》、《東海記》、《義士記》等。戲曲研究論著主要有《中國戲曲概論》、《顧曲麈談》、《詞餘講義》、《南北詞簡譜》、《元劇研究》等。

【吴騷行】

哀宋定律禁學詩，士習詩者科以笞。戶工傳唱盛樂府，文人變計爭填詞。弁陽官本記劇數，天水文藝略具茲。拴搐焰段名繁瑣，網羅又有陶宗儀。後來絕藝出河北，關、馬、宮、喬稱一時。丑齋《點鬼》持論確，高名往往苦位卑。苦恨中原亂羌樂，嘈雜緩急聲參差。東嘉南詞啓宗法，《琵琶》一卷追金絲。布制菽粟不容缺，孝陵激賞非阿私。丹邱以下十六子，同時瑜、亮無瑕疵。成、弘諸老瓊山冠，佳者直抉元人籬。江東群奉梁少白，康、王北地推雄師。升庵、弇州徒好事，玉茗、寧庵惜背馳。方知才力天所限，一讀遺著分妍媸。遜國作者如林立，南洪北孔傳康熙。笠翁、藏園辭各富，膾炙人口舉世知。兩家平衡論學識，一豬一龍物議滋。近日文壇不知樂，即言度曲亦兒嬉。懷庭製譜遵古律，俗工不解群譏嗤。陽春雅奏咸同絕，吁嗟孰令吾生遲。歌場盛衰且若斯，何況一朝文獻零落如今時！（《吴梅全集·作品卷》，河北教育出版社 2002 年版，第 22 頁）

【讀盛明雜劇詩三十首】甲子季冬，蘇滬構難，訛言疊出，一夕數驚。余息影家園，讀曲自遣，非敢作達，聊以塞聰而已。

（其一）高唐神女賦，幽渺見楚風。縱有雲雨跡，所思懸太空。詞人多幻想，點綴窮化工。焉知宋大夫，目成在墻東。荒唐託優孟，聊寫靈均忠。《高唐夢》。

（其二）一舸五湖遊，子房追赤松。功成身即退，老子其猶龍。坦庵《浮西施》，結想殊凡庸。何如秋水外，雙槳搴芙蓉。勛名一留戀，便聽長樂鐘。《五湖遊》。

（其三）閨房甚畫眉，此語可興邦。內外無怨曠，安有吠夜尨。吾羡張京兆，遠山點一雙。夫婦得其正，明目達四聰。小儒治安策，如以寸莛撞。《遠山戲》。

（其四）陳王感甄賦，美人香草思。云何洛川上，微波能通辭。朝霞映淥水，相逢非燕私。深情持禮防，寸心各自知。天籟發宮羽。盈盈重見之。《洛水悲》。

（其五）正平負才藻，豈愛黃金靰。不恕阿瞞罪，想見閻羅威。漁陽鼓未絕，天帝旋賜緋。公道在地府，何處論是非？不見竊國輩，乘堅復策肥。《漁陽弄》。

（其六）守寂竹林寺，大類逃空虛。一旦菩提水，傾入雙芙蕖。古佛變蛾眉，顛倒墮女閭。三界一切想，此心慎所居。翠柳與紅蓮，相對堪軒渠。《翠鄉夢》。

（其七）世言木蘭雌，木蘭雄萬夫。血戰定黑山，長揖歸菰廬。功高不受賞，對鏡還故吾。獨念洗夫人，勤王隳半途。一成與一敗，忠義無菀枯。《雌木蘭》。

（其八）明代重科第，得失分雲泥。天池局諸生，亦羨金榜題。辭凰乃得鳳，雙元爲夫妻。我愛賢舉主，文藻頗不低。試誦北江曲，勝食哀家梨。《女狀元》。

（其九）東籬《漢宮秋》，孤雁驚幽懷。西堂《吊琵琶》，布局殊詼諧。和戎本非計，一似人投豺。不畏御魑魅，明妃亦大佳。寧割兒女情，漢主豈庸儕。《昭君出塞》。

（其十）中郎遭奇禍，班馬一旦潰。文姬遭奇辱，蘭蕙一夕摧。亂世抱淑姿，父女洵可哀。肎涕對胡雛，此亦人情該。腐儒論禮法，今古無全才。《文姬入塞》。

（其十一）往讀《人獸關》，始見眞小人。炎涼出師弟，孰種此惡因？義犬獨報主，衣冠無彝倫。宦途多荊棘，奚事居要津。試演《沒奈何》，勘破根與塵。《義犬》。王辰玉著《沒奈何》，久傳婁東，惜逸不存，今略見此劇。

（其十二）琵琶卅二弦，慟哭霸王墳。書生一孔見，議論徒紛紜。所作不入時，筆硯大可焚。劉項未讀書，難與君論文。千秋有月旦，卓然唐劉蕡。《霸亭秋》。

（其十三）蓬茅羈駿足，盡日淹邱園。傾蓋得知己，寒谷回春暄。黃金吐肝膽，首含狂夫言。一船舉贈君，努力事中原。下士逢巨眼，我亦雙眉軒。《鞭歌伎》。

（其十四）叩闕議大禮，捨身輕一官。才子變佳人，舉動仍寒酸。六詔多風煙，歲晚誰合歡？陶情傅紅粉，狡獪非無端。落魄快心事，莫作優孟觀。《簪花髻》。

（其十五）佛氏論因果，往復如連環。種瓜與種豆，嚴於舜跖間。人我苟平等，冤親亦空閑。桎梏形骸內，即是北邙山。悟徹天龍指，一切皆可刪。《北邙說法》。

（其十六）折獄貴平心，不拘耳目前。桑濮見梁孟，難得太守賢。合釵已無地，覆盆重睹天。姚江論詞法，公得風氣先。孰謂今樂府，不合三百篇？《團花鳳》。

（其十七）嬉春乏良伴，但見春風驕。安有桃根槳，迎送春江潮。美人艷於花，花前申久要。小別即圣歲，空遣桃花招。之死矢靡它，沉恨知難銷。《桃花人面》。

（其十八）朱門酒肉臭，不如山中肴。宦海冠帶俗，不如方外交。達官結高僧，若以漆投膠。一入摩登席，性命隨幻泡。如何車馬客，猶滿西山郊？《死裏逃生》。

（其十九）抗疏劾貂璫，尚書亦人豪。焉知李獻吉，床頭爲捉刀。對山速救我，此語哀猿號。受恩反下石，舉世何滔滔。更讀《遊春記》，恩怨多牛毛。《中山狼》。

（其二十）文章憎命達，李杜未登科。斗大至公堂，中有千風波。君看《鬱輪袍》，才士須能歌。高第出冑子，奚怪謠諑多。卓哉湯若士，掉頭避網羅。《鬱輪袍》。

（其二十一）強藩盛河北，城郭催悲茄。紅線一弱女，顏色同春花。奪取七寶盒，飛仙乘雲車。五更行千里，一劍安萬家。但供兒女役，吾鄙古押衙。《紅線女》。

（其二十二）汾陽富聲伎，紅綃標孤芳。三五傳手語，磨勒誠智囊。不愿官千牛，惟愿恩愛長。功名與眷屬，所得孰爲良？青門一樽酒，劍氣凌秋霜。《昆侖奴》。

（其二十三）吳中數先輩，子畏非狂生。花舫有奇遇，千古留狂名。避弋辭朱邸，恨未銷逆萌。我過桃花庵，如濯滄浪清。稗史傳讕語，大笑冠絕纓。《花舫緣》。

（其二十四）冷雨打幽窗，傷心不可聽。哀怨託綺語，低首《牡丹亭》。臨川賦《子虛》，生死窮杳冥。知己在閨閣，芳蘭含德馨。婁江俞二姑，維揚馮小青。《春波影》。

（其二十五）絕藝出賤丐，供奉安足矜。午門歌一曲，艷奪元宵燈。亂後居淮海，秋衾夢觚棱。刻舟求故劍，妾心秋水澂。倘擬《小忽雷》，奚愧鄭中丞。《廣陵月》。

（其二十六）野老談黃閣，相公入市樓。貴賤一易位，舉動失自由。錦棚飾傀儡，一一皆通侯。山林兼鐘鼎，除非夢裏求。功名可長保，江水應西流。《眞傀儡》。

（其二十七）寧愛鄭櫻桃，弗取蕭觀音。萬事有偏癖，難測生人心。秦宮與董賢，良史垂戒深。奚爲逐臭夫，不作座右箴。此亦妖亂志，可以告古今。《男王后》。

（其二十八）通德有妙語，好色皆慧男。漢武李夫人，死別情難堪。再世即鈎弋，此理可細參。置身無貴賤，歷境無苦甘。至誠開金石，方士徒空談。《再生緣》。

（其二十九）古人重儉德，豈在節米鹽。道旁拾遺金，一文亦傷廉。帝釋袪鄙吝，大言殊炎炎。貪夫縱徇財，得此藥石砭。七尺氍毹上，一字酬一縑。《一文錢》。

（其三十）桃應咸丘蒙，立論頗巉巖。堯帥瞽瞍朝，君父誼可芟。竊負遵東海，帝亦畏士監。下士陳典章，何異此詀讝。東野與東郭，齊人兩不凡。《齊東絕倒》。（《吳梅全集·作品卷》，河北教育出版社 2002 年版，

第 46～50 頁）

【題秣陵春傳奇二首】

（其一）晉唐殘帖記澄心，法物凄涼感古今。徹悟淵明形影旨，爲君倚笛一沉吟。

（其二）金華殿上題名日，白袷飄然一少年。老去塡詞多隱語，暮春野祭作神弦。（《吳梅全集·作品卷》，河北教育出版社 2002 年版，第 103～104 頁）

【壽樓春·觀演湘真閣南劇仲清九珠叔曾源各賦此解余亦繼聲】

過春風旗亭，記長干繫馬，消受閒情。此際南州留滯，怨歌重聽。身未老，心先驚，動亂愁梅花江城。縱茂苑人歸，青溪夢好，枯樹伴蘭成。　雲屛外，霜猿鳴。指斜陽霸國，金粉飄零。漫向瓊樓懷舊，板橋尋盟。淮水碧，鍾山青，恨隔江無多商聲。剩詞客哀時，蕭蕭鬢星，彈《廣陵》。（《吳梅全集·作品卷》，河北教育出版社 2002 年版，第 119 頁）

【南呂·七弦琴】客有詢南詞盛衰者，賦此示之。

霓裳集眾仙，迢迢佰年。中州正聲留管弦，梁魏有心傳。白雪誰能繼？多虧詞隱賢。謂吳江沈璟。細纏綿，吳歈才顯，留得新書廿卷。《南九宮譜》。花雨灑芳筵，西樓嗣法盛推袁，謂袁鳧公《西樓》。南鄰訂律重逢阮。沈璟侄自晉，重訂九宮，作《南詞新譜》，最爲善本。清代《南詞定律》即本此。珠歌翠舞，稗畦字妍；謂洪昉思。花吟玉笑，懷庭調鮮，謂葉廣明。舊詞場特地開生面。法部人間遍，滄桑亦可憐，如今是想當然。不堪彈淚對山川，待勝事續吳天。（《吳梅全集·作品卷》，河北教育出版社 2002 年版，第 161 頁）

柳亞子

柳亞子（1887～1958），譜名慰高，號安如，更名人權，號亞廬；後更名棄疾，號亞子，即以亞子統一名號。江蘇吳縣人。南社領袖。著作主要有《乘桴集》、《懷舊集》、《南遊集》、《磨劍室詩集》等。

【滿江紅·題風洞山傳奇】

《燕子》、《春燈》，記半壁，南朝斷送。偏又演，蠻煙瘴雨，興亡舊夢。罵賊書生肝膽熱，騎箕上相頭顱重。叩天閽，招得鬼雄歸，霓旌擁。　家國淚，萬般涌；兒女恨，千秋共。笑降王無賴，筊鸞囚鳳。紅粉消沉拼一擲，黃冠落拓誰長慟？猛回頭，換了漢衣冠，儂心痛。（郭長海、金菊貞編：《柳亞子文集補編》，社會科學文獻出版社 2004 年版，第 16 頁）

編者案：原載《醒獅》第 2 期，1905 年 10 月 26 日，署名亞廬。

【瀟湘夜雨・題燕子箋傳奇】

小小蠻箋，多情燕子，銜來飛過紅橋。崔徽圖畫太妖嬈。誰更信、佳人難再，偏一樣、燕怯環嬌。團圞處，雙雙鴛譜，兩兩鶯綃。　無愁天子，風流狎客，苦憶南朝。記薰風殿裏，眞個魂銷。收拾起、江山錦繡，分付那、檀板銀簫。飄零甚，長江東去，嗚咽秣陵潮。（原載《南社》三集，1911 年）

姚　光

姚光（1891～1945），字石子，號復廬，江蘇金山（今屬上海）人。南社重要成員。著有《復廬文稿》、《荒江樵唱》、《自在室讀書記》等。

【題風洞山傳奇】

（其一）客居有恨將誰訴，大地茫茫盡陸沉。獨上危樓無一語，西湖寂寞奈愁人。

（其二）飄零風雨掩窗紗，愁恨偏多獨自嗟。這種癡情誰解得，桂林泣祭碧桃花。

（其三）國破家亡可奈何？中原大事已蹉跎。吟成浩氣聲嗚咽，不減文山《正氣歌》。（姚昆群、昆田、昆遺編：《姚光全集》，社會科學文獻出版社 2007 年版，第 177 頁）

編者案：此詩寫於丙午，乃光緒三十二年（丙午）。

主要參考文獻

（按書名音序排列）

一、基本文獻類

〔A〕

1. 《愛日堂詩文集》，清·孫宗彝撰，清乾隆三十五年孫仝邵刻本。
2. 《安般簃集》，清·袁昶撰，清光緒袁氏小漚巢刻本。
3. 《安雅堂詩》，清·宋琬撰，清順治十七年刻本。
4. 《安雅堂未刻稿》，清·宋琬撰，清乾隆三十一年刻本。
5. 《媕雅堂別集》，清·趙文哲撰，清乾隆五十九年刻本。
6. 《媕雅堂詩續集》，清·趙文哲撰，清乾隆五十六年刻本。

〔B〕

1. 《八旗詩話》，清·法式善撰，稿本。
2. 《白蕉詩集》，清·張開東撰，清乾隆五十三年張兆騫刻本。
3. 《白傘山人詩文集》，清·閻爾梅撰，清康熙刻本。
4. 《白鶴山房詩鈔》，清·葉紹本撰，清道光七年桂林使廨刻增修本。
5. 《白華絳柎閣詩集》，清·李慈銘撰，清光緒十六年刻越縵堂集本。
6. 《白華前稿》，清·吳省欽撰，清乾隆刻本。
7. 《白華詩鈔》，清·吳省欽撰，清刻本。
8. 《白茅堂集》，清·顧景星撰，清康熙刻本。
9. 《白松草堂詩鈔》，清·朱玉蛟撰，清乾隆刻本。
10. 《百名家詞鈔》，清·聶先、清·曾王孫編，清康熙綠蔭堂刻本。
11. 《百一山房詩集》，清·孫士毅撰，清嘉慶二十一年孫均刻本。

12. 《柏梘山房全集》，清·梅曾亮撰，清咸豐六年刻民國補修本。
13. 《拜經樓詩集》，清·吳騫撰，清嘉慶八年刻增修本。
14. 《拜鵑堂詩集》，清·潘問奇撰，清康熙刻本。
15. 《半行庵詩存稿》，清·貝青喬撰，清同治五年葉廷琯等刻本。
16. 《半巖廬遺集》，清·邵懿辰撰，清光緒三十四年邵章刻本。
17. 《葆沖書屋集》，清·汪如洋撰，清刻本。
18. 《抱冲齋詩集》，清·斌良撰，清光緒五年崇福湖南刻本。
19. 《抱經堂詩鈔》，清·盧文弨撰，清道光十六年李兆洛刻本。
20. 《碑傳集》，清·錢儀吉纂，中華書局，1993 年。
21. 《本事詩》，清·徐釚撰，清光緒十四年徐氏刻本。
22. 《變雅堂遺集》，清·杜濬撰，清光緒二十年黄岡沈氏刻本。
23. 《不下帶編　巾箱説》，清·金埴撰，王湜華點校，中華書局，1982 年。

〔C〕

1. 《蒼南詩徵》，蕭耘春選輯，上海古籍出版社，2005 年。
2. 《藏山閣集》，清·錢澄之撰，清光緒三十四年本。
3. 《藏書紀事詩》，清·葉昌熾撰，北京燕山出版社，1999 年。
4. 《查愼行選集》，清·查愼行撰，上海古籍出版社，1998 年。
5. 《長蘆鹽法志》，清·黄掌綸撰，清嘉慶刻本。
6. 《巢民詩文集》，清·冒襄撰，清康熙刻本。
7. 《澄秋閣集》，清·閔華撰，清乾隆十七年刻本。
8. 《崇百藥齋三集》，清·陸繼輅撰，清道光八年刻本。
9. 《崇百藥齋文集》，清·陸繼輅撰，清嘉慶二十五年刻本。
10. 《崇百藥齋續集》，清·陸繼輅撰，清道光四年合肥學舍刻本。
11. 《疇人傳三編》，清·諸可寶撰，清皇清經解續編本。
12. 《疇人傳四編》，清·黄鍾駿撰，清光緒留有餘齋叢書本。
13. 《船山詩草》，清·張問陶撰，中華書局，1986 年。
14. 《傳經堂詩鈔》，清·韋謙恆撰，清乾隆刻本。
15. 《炊聞詞》，清·王士祿撰，清光緒刻山左人詞本。
16. 《春草堂詩話》，清·謝堃撰，清刻本。
17. 《春融堂集》，清·王昶撰，清嘉慶十二年塾南書舍刻本。
18. 《春在堂詩編》，清·俞樾撰，清光緒二十五年刻春在堂全書本。
19. 《春在堂隨筆》，清·俞樾撰，清光緒刻春在堂全書本。

20. 《詞話叢編》，唐圭璋編，中華書局，1986 年。
21. 《賜綺堂集》，清·詹應甲撰，清道光止園刻本。
22. 《賜書堂詩鈔》，清·周長發撰，清乾隆刻本。
23. 《存素堂詩初集錄存》，清·法式善撰，清嘉慶十二年王墉刻本。

〔D〕

1. 《大雲山房文稿》，清·惲敬撰，四部叢刊景清同治本。
2. 《帶經堂集》，清·王士禎撰，清康熙五十年程哲七略書堂刻本。
3. 《帶經堂詩話》，清·王士禎撰，清乾隆二十七年刻本。
4. 《戴簡恪公遺集》，清·戴敦元撰，清同治六年戴壽祺鈔本。
5. 《戴名世集》，清·戴名世撰，中華書局，1986 年。
6. 《憺園文集》，清·徐乾學撰，清康熙刻冠山堂印本。
7. 《道古堂全集》，清·杭世駿撰，清乾隆四十一年刻光緒十四年汪曾唯修本。
8. 《（道光）廣東通志》，清·阮元修、清·陳昌齊纂，清道光二年刻本。
9. 《（道光）濟南府志》，清·成瓘撰，清道光二十年刻本。
10. 《道咸同光四朝詩史》，清·孫雄輯，清宣統二年刻本。
11. 《稻香吟館集》，清·李賡芸撰，清道光刻本。
12. 《雕菰集》，清·焦循撰，清道光嶺南節署刻本。
13. 《丁戊之間行卷》，清·易順鼎撰，清光緒五年貴陽刻本。
14. 《定山堂詩集》，清·龔鼎孳撰，清康熙十五年吳興祚刻本。
15. 《定山堂詩餘》，清·龔鼎孳撰，清康熙十五年吳興祚刻本。
16. 《東江詩鈔》，清·唐孫華撰，清康熙刻本。
17. 《東里生燼餘集》，清·汪家禧撰，清光緒二年許庚身刻本。
18. 《東洲草堂詩鈔》，清·何紹基撰，清同治六年長沙無園刻本。
19. 《東洲草堂詩餘》，清·何紹基撰，清同治六年長沙無園刻本。
20. 《獨學廬稿》，清·石韞玉撰，清寫刻獨學廬全稿本。
21. 《讀白華草堂詩初集》，清·黃釗撰，清道光刻本。
22. 《讀白華草堂詩二集》，清·黃釗撰，清道光十九年刻本。
23. 《端峰詩續選》，清·毛師柱撰，清康熙刻本。
24. 《端峰詩選》，清·毛師柱撰，清康熙三十三年王吉武刻本。
25. 《多歲堂詩集》，清·成書撰，清道光十一年刻本。
26. 《咄咄吟》，清·貝青喬撰，民國嘉業堂叢書本。

〔E〕

1. 《爾爾書屋詩草》，清·史夢蘭撰，清光緒元年止園刻本。
2. 《二十五史》，上海古籍出版社、上海書店，1986 年。
3. 《二知軒詩鈔》，清·方濬頤撰，清同治五年刻本。
4. 《二知軒詩續鈔》，清·方濬頤撰，清同治刻本。

〔F〕

1. 《樊山集》，清·樊增祥撰，清光緒十九年渭南縣署刻本。
2. 《樊山續集》，清·樊增祥撰，清光緒二十八年西安臬署刻本。
3. 《樊榭山房集》，清·厲鶚撰，四部叢刊景清振綺堂本。
4. 《仿潛齋詩鈔》，清·李嘉樂撰，清光緒十五年刻本。
5. 《芬陀利室詞集》，清·蔣敦復撰，清光緒十一年王韜淞隱廬刻本。
6. 《芙蓉山館全集》，清·楊芳燦撰，清光緒十七年活字印本。
7. 《復初齋詩集》，清·翁方綱撰，清刻本。
8. 《復初齋外集》，清·翁方綱撰，民國嘉業堂叢書本。
9. 《復莊詩問》，清·姚燮撰，清道光姚氏刻大梅山館集本。

〔G〕

1. 《溉堂集》，清·孫枝蔚撰，清康熙刻本。
2. 《甘泉鄉人稿》，清·錢泰吉撰，清同治十一年刻光緒十一年增修本。
3. 《感舊集》，清·王士禎輯，清乾隆十七年刻本。
4. 《高鶚詩詞箋注》，清·高鶚撰，尚達翔編注，中州書畫社，1983 年。
5. 《公餘集》，清·劉秉恬撰，清乾隆五十年刻本。
6. 《龔定庵全集類編》，清·龔自珍撰，夏田藍編，中國書店，1991 年。
7. 《古歡堂集》，清·田雯撰，清文淵閣四庫全書本。
8. 《顧景行詩集》，清·顧景文撰，清康熙三十一年美閒堂刻本。
9. 《（光緒）廣州府志》，清·史澄撰，清光緒五年刊本。
10. 《（光緒）湖南通志》，清·曾國荃撰，清光緒十一年刻本。
11. 《（光緒）順天府志》，清·張之洞撰，清光緒十二年刻十五年重印本。
12. 《（光緒）湘潭縣志》，清·王闓運撰，清光緒十五年刻本。
13. 《（光緒）重修安徽通志》，清·何紹基撰，清光緒四年刻本。
14. 《光緒重修兩淮鹽法志》，清·王安定撰，清光緒三十一年刻本。
15. 《（光緒）重修天津府志》，清·徐宗亮修纂，清光緒二十五年刻本。

16. 《廣清碑傳集》，錢仲聯主編，蘇州大學出版社，1999 年。
17. 《歸愚詩鈔》，清・沈德潛撰，清刻本。
18. 《歸愚詩鈔餘集》，清・沈德潛撰，清乾隆刻本。
19. 《桂留山房詞集》，清・沈學淵撰，清道光二十四年郁松年刻本。
20. 《桂留山房詩集》，清・沈學淵撰，清道光二十四年郁松年刻本。
21. 《桂馨堂集》，清・張廷濟撰，清道光刻本。
22. 《郭大理遺稿》，清・郭尚先撰，清道光二十五年刻本。
23. 《國朝詞綜》，清・王昶輯，清嘉慶七年王氏三泖漁莊刻增修本。
24. 《國朝詞綜補》，清・丁紹儀輯，清光緒刻前五十八卷本。
25. 《國朝詞綜續編》，清・黃燮清輯，清同治十二年刻本。
26. 《國朝閨閣詩鈔》，清・蔡殿齊編，清道光鄉嬛別館刻本。
27. 《國朝漢學師承記　國朝經師經義目錄　國朝宋學淵源記》，清・江藩撰，中華書局，1983 年。
28. 《國朝畫識》，清・馮金伯撰，清道光刻本。
29. 《國朝畫徵補錄》，清・劉瑗撰，清道光刻本。
30. 《國朝畿輔詩傳》，清・陶樑輯，清道光十九年紅豆樹館刻本。
31. 《國朝名家詩鈔小傳》，清・鄭方坤撰，清李登雲校刻本。
32. 《國朝詩別裁集》，清・沈德潛編，中華書局，1975 年。
33. 《國朝詩人徵略》，清・張維屏撰，清道光十年刻本。
34. 《國朝詩人徵略二編》，清・張維屏輯，清道光二十二年刻本。
35. 《國朝書人輯略》，清・震鈞輯，清光緒三十四年刻本。
36. 《國朝先正事略》，清・李元度撰，台灣明文書局，1985 年。
37. 《國朝先正事略補編》，清・李元度輯，清光緒十一年敦懷書屋刻本。
38. 《國朝御史題名》，清・黃叔璥撰，清光緒刻本。

〔H〕

1. 《海山存稿》，清・周煌撰，清乾隆五十八年周氏葆素家塾刻後印本。
2. 《海愚詩鈔》，清・朱孝純撰，清乾隆刻本。
3. 《含英閣詩草》，清・鄭熙績撰，清康熙含英閣刻本。
4. 《荷塘詩集》，清・張五典撰，清乾隆刻本。
5. 《紅萼詞》，清・孔傳鐸撰，清康熙刻本。
6. 《紅櫚書屋詩集》，清・孔繼涵撰，清乾隆刻微波榭遺書本。
7. 《後湘詩集》，清・姚瑩撰，清同治六年姚濬昌安福縣署刻中復堂全集本。

8. 《湖北詩徵傳略》，清・丁宿昌輯，清光緒七年孝感丁氏涇北草堂刻本。
9. 《湖海樓詩集》，清・陳維崧撰，清刊本。
10. 《湖海詩傳》，清・王昶輯，清嘉慶刻本。
11. 《湖海文傳》，清・王昶輯，清道光十七年經訓堂刻本。
12. 《花妥樓詩》，清・葛祖亮撰，清乾隆刻本。
13. 《花宜館詩鈔》，清・吳振棫撰，清同治四年刻本。
14. 《畫亭詞草》，清・朱鼒撰，清乾隆刻增修本。
15. 《畫亭詩草》，清・朱鼒撰，清乾隆四十三年太嶽山房刻增修本。
16. 《淮海英靈集》，清・阮元輯，中華書局，1985 年。
17. 《淮海英靈續集》，清・王豫、清・阮亨輯，清道光刻本。
18. 《槐江詩鈔》，清・程瑞祊撰，清乾隆二年刻本。
19. 《槐廳載筆》，清・法式善編，清嘉慶刻本。
20. 《浣月山房詩集》，清・龍啓瑞撰，清光緒四年龍繼棟京師刻本。
21. 《黃山詩留》，清・法若眞撰，清康熙刻本。
22. 《黃宗羲全集》，清・黃宗羲撰，沈善洪主編，浙江古籍出版社，2005 年。
23. 《篁村集》，清・陸錫熊撰，清道光二十九年陸成沅刻本。
24. 《悔翁詩鈔》，清・汪士鐸撰，清光緒張士珩味古齋刻本。
25. 《蕙蓀堂集》，清・昭槤撰，上海圖書館藏清稿本。

〔J〕

1. 《己未詞科錄》，清・秦瀛撰，清嘉慶刻本。
2. 《紀曉嵐文集》，清・紀昀撰，河北教育出版社，1991 年。
3. 《寄庵詩文鈔》，清・劉大紳撰，民國刻雲南叢書初編本。
4. 《迦陵詞全集》，清・陳維崧撰，清康熙二十八年陳宗石患立堂刻本。
5. 《嘉定錢大昕全集》，清・錢大昕撰，陳文和主編，江蘇古籍出版社，1997 年。
6. 《（嘉慶）大清一統志》，清・穆彰阿撰，四部叢刊續編景舊鈔本。
7. 《（嘉慶）直隸太倉州志》，清・王昶撰，清嘉慶七年刻本。
8. 《儉重堂詩》，清・紀邁宜撰，清乾隆刻本。
9. 《儉重堂詩餘》，清・紀邁宜撰，清乾隆刻本。
10. 《簡松草堂詩文集》，清・張雲璈撰，清道光刻三影閣叢書本。
11. 《簡學齋詩》，清・陳沆撰，清咸豐二年陳廷經刻本。

12. 《漸西村人初集》，清・袁昶撰，清光緒刻本。
13. 《江南女性別集初編》，胡曉明、彭國忠主編，黃山書社，2008 年。
14. 《江西詩徵》，清・曾燠輯，清嘉慶九年刻本。
15. 《匠門書屋文集》，清・張大受撰，清雍正七年顧詒祿刻本。
16. 《今世說》，清・王晫撰，清康熙二十二年霞舉堂刻本。
17. 《金粟山房詩鈔》，清・朱寯瀛撰，清光緒二十七年刻本。
18. 《經韻樓集》，清・段玉裁撰，清嘉慶十九年刻本。
19. 《敬業堂詩集》，清・查愼行撰，四部叢刊景清康熙本。
20. 《敬業堂詩續集》，清・查愼行撰，清乾隆查學等刻本。
21. 《靜廉齋詩集》，清・金甡撰，清嘉慶二十五年姚祖恩刻本。
22. 《靜惕堂詩集》，清・曹溶撰，清雍正刻本。
23. 《靜退齋集》，清・戴文燈撰，清乾隆刻本。
24. 《靜厓詩稿》，清・汪學金撰，清乾隆刻嘉慶增修本。
25. 《靜志居詩話》，清・朱彝尊撰，人民文學出版社，1990 年。
26. 《九梅村詩集》，清・魏燮均撰，清光緒元年紅杏山莊刻本。
27. 《舊雨草堂詩》，清・董元度撰，清乾隆四十三年刻本。
28. 《娵隅集》，清・趙文哲撰，清乾隆五十四年刻本。
29. 《矩庵詩質》，清・高一麟撰，清乾隆高莫及刻本。

〔K〕

1. 《衎石齋記事稿》，清・錢儀吉撰，清道光刻咸豐增修光緒錢彝甫印本。
2. 《(康熙) 江西通志》，清・謝旻修，清文淵閣四庫全書本。
3. 《康有爲詩文選》，陳永正編注，廣東人民出版社，1983 年。
4. 《珂雪詞》，清・曹貞吉撰，清文淵閣四庫全書本。
5. 《珂雪集》，清・曹貞吉撰，清康熙刻本。
6. 《可園詞存》，清・陳作霖撰，清宣統元年刻增修本。
7. 《可園詩存》，清・陳作霖撰，清宣統元年刻增修本。
8. 《孔尚任詩文集》，清・孔尚任撰，汪蔚林編，中華書局，1962 年。

〔L〕

1. 《賴古堂集》，清・周亮工撰，清康熙十四年周在浚刻本。
2. 《瀨園詩文集》，清・嚴首昇撰，清順治十四年刻增修本。
3. 《蘭韻堂詩文集》，清・沈初撰，清乾隆刻本。
4. 《郎潛紀聞初筆　二筆　三筆》，清・陳康祺撰，中華書局，1984 年。

5. 《琊嬛仙館詩》，清・阮元撰，國立中央圖書館藏手稿本。
6. 《樂賢堂詩鈔》，清・德保撰，清乾隆五十六年英和刻本。
7. 《樂志堂詩集》，清・譚瑩撰，清咸豐九年吏隱堂刻本。
8. 《李漁全集》，清・李漁撰，浙江古籍出版社編，浙江古籍出版社，1991 年。
9. 《荔隱山房詩草》，清・涂慶瀾撰，清光緒三十一年刻本。
10. 《歷代畫史彙傳》，清・彭蘊璨撰，清道光刻本。
11. 《歷代名人生卒錄》，清・錢保塘撰，民國海寧錢氏清風室刊本。
12. 《歷代詩別裁集》，浙江古籍出版社，1998 年。
13. 《歷代竹枝詞》，王利器、王慎之、王子今輯，陝西人民出版社，2003 年。
14. 《蓮洋詩鈔》，清・吳雯撰，清文淵閣四庫全書本。
15. 《楝亭詩文鈔》，清・曹寅撰，清康熙刻本。
16. 《兩當軒集》，清・黃景仁撰，李國章標點，上海古籍出版社，1983 年。
17. 《兩浙輶軒錄》，清・阮元輯，清嘉慶刻本。
18. 《兩浙輶軒錄補遺》，清・阮元撰，清嘉慶刻本。
19. 《兩浙輶軒續錄》，清・潘衍桐纂，清光緒刻本。
20. 《蓼齋集》，清・李雯撰，清順治十四年石維崑刻本。
21. 《列朝詩集小傳》，清・錢謙益撰，上海古籍出版社，1959 年。
22. 《林蕙堂全集》，清・吳綺撰，清文淵閣四庫全書本。
23. 《林屋詩文稿》，清・宋徵輿撰，清康熙九籥樓刻本。
24. 《靈芬館詩話》，清・郭麐撰，清嘉慶二十一年刻二十三年增修本。
25. 《靈巖山人詩集》，清・畢沅撰，清嘉慶四年畢氏經訓堂刻本。
26. 《留劍山莊初稿》，清・石卓槐撰，清乾隆四十年石卓椿刻本。
27. 《留溪外傳》，清・陳鼎撰，清康熙三十七年自刻本。
28. 《劉文清公遺集》，清・劉墉撰，清道光六年東武劉氏味經書屋刻本。
29. 《柳亞子文集補編》，柳亞子撰，郭長海、金菊貞編，社會科學文獻出版社，2004 年。
30. 《六一山房詩集》，清・董沛撰，清同治十三年刻增修本。
31. 《婁東詩派》，清・汪學金輯，清嘉慶九年詩志齋刻本。
32. 《履園叢話》，清・錢泳撰，中華書局，1979 年。

〔M〕

1. 《埋憂集》，清・朱翊清撰，清同治刻本。

2. 《楙花盦詩》，清・葉廷琯撰，清滂喜齋叢書本。
3. 《楙花盦詩外集》，清・葉廷琯撰，清滂喜齋叢書本。
4. 《梅村家藏稿》，清・吳偉業撰，四部叢刊景清宣統武進董氏本。
5. 《梅莊詩鈔》，清・華長卿撰，清同治九年刻本。
6. 《夢樓詩集》，清・王文治撰，清乾隆六十年食舊堂刻道光二十九年補修本。
7. 《勉行堂詩集》，清・程晉芳撰，清嘉慶二十三年鄧廷楨等刻本。
8. 《邈雲樓集六種》，清・楊鸞撰，清乾隆道光間刻本。
9. 《(民國) 杭州府志》，李榕撰，民國十一年本。
10. 《民國人物碑傳集》，卞孝萱、唐文權編，團結出版社，1995 年。
11. 《名媛詩話》，清・沈善寶撰，清光緒鴻雪樓刻本。
12. 《明詩紀事》，清・陳田輯撰，上海古籍出版社，1993 年。
13. 《明詩綜》，清・朱彝尊選編，中華書局，2007 年。
14. 《明遺民詩》，清・卓爾堪選輯，中華書局，1961 年。
15. 《木厓集》，清・潘江撰，清康熙刻本。
16. 《牧齋初學集》，清・錢謙益撰，清・錢曾箋注、錢仲聯標校，上海古籍出版社，1985 年。
17. 《牧齋有學集》，清・錢謙益撰，清・錢曾箋注、錢仲聯標校，上海古籍出版社，1996 年。

〔N〕

1. 《南江詩文鈔》，清・邵晉涵撰，清道光十二年胡敬刻本。
2. 《南州草堂集》，清・徐釚撰，清康熙三十四年刻本。

〔O〕

1. 《偶然吟》，清・尹嘉銓撰，清乾隆二十九年六有齋刻本。

〔P〕

1. 《匏園詞》，清・顧景文撰，清康熙刻本。
2. 《培蔭軒詩文集》，清・胡季堂撰，清道光二年胡鏻刻本。
3. 《佩弦齋詩文存》，清・朱一新撰，清光緒二十二年刻拙盦叢稿本。
4. 《頻羅庵遺集》，清・梁同書撰，清嘉慶二十二年陸貞一刻本。
5. 《蒲褐山房詩話新編》，清・王昶撰，周維德輯校，齊魯書社，1988 年。
6. 《樸村詩集》，清・張雲章撰，清康熙華希閔等刻本。
7. 《曝書亭集》，清・朱彝尊撰，四部叢刊景清康熙本。

〔Q〕

1. 《七錄齋詩鈔》，清・阮葵生輯，清刻本。
2. 《祇平居士集》，清・王元啓撰，清嘉慶十七年刻本。
3. 《杞田集》，清・張貞撰，清康熙春岑閣刻本。
4. 《千頃堂書目》，清・黃虞稷撰，瞿鳳起、潘景鄭整理，上海古籍出版社，2001 年。
5. 《乾嘉詩壇點將錄》，清・舒位撰，清光緒丁未九月長沙葉氏刊本。
6. 《（乾隆）江南通志》，清・趙宏恩修，清文淵閣四庫全書本。
7. 《錢文敏公全集》，清・錢維城撰，清乾隆四十一年眉壽堂刻本。
8. 《切問齋集》，清・陸燿撰，清乾隆五十七年暉吉堂刻本。
9. 《琴隱園詩集》，清・湯貽汾撰，清同治十三年曹士虎刻本。
10. 《琴志樓詩集》，清・易順鼎撰，王飆校點，上海古籍出版社，2004 年。
11. 《欽定八旗通志》，李洵等校點，吉林文史出版社，2002 年。
12. 《青笠山房詩文鈔》，清・許登逢撰，清乾隆十三年綠玉軒刻本。
13. 《青芝山館詩集》，清・樂鈞撰，清嘉慶二十二年刻後印本。
14. 《清八大名家詞集》，錢仲聯選編，嶽麓書社，1992 年。
15. 《清碑傳合集》，上海書店，1988 年。
16. 《清朝進士題名錄》，江慶柏編撰，中華書局，2007 年。
17. 《清朝文獻通考》，乾隆官修，浙江古籍出版社，2000 年。
18. 《清朝續文獻通考》，清・劉錦藻撰，浙江古籍出版社，2000 年。
19. 《清詞紀事會評》，尤振中、尤以丁編撰，黃山書社，1995 年。
20. 《清代官員履歷檔案全編》，秦國經主編，華東師範大學出版社，1997 年。
21. 《清代閨閣詩人徵略》，清・施淑儀輯，上海書店，1987 年。
22. 《清代閨秀詩話叢刊》，王英志主編，鳳凰出版社，2010 年。
23. 《清代毘陵名人小傳》，張惟驤撰，蔣維喬等補，台灣明文書局，1985 年。
24. 《清代七百名人傳》，蔡冠洛編撰，北京市中國書店，1984 年。
25. 《清代文字獄檔》，原北平故宮博物院文獻館編，上海書店，1986 年。
26. 《清代學者象傳》，清・葉衍蘭、葉恭綽編，上海書店出版社，2001 年。
27. 《清代燕都梨園史料正續編》，張次溪編，中國戲劇出版社，1988 年。
28. 《清秘述聞三種》，清・法式善等撰，中華書局，1982 年。
29. 《清秘述聞續》，清・王家相撰，清光緒十四年刻本。

30. 《清名家詞》，陳乃乾輯，上海書店，1982 年。
31. 《清人別集總目》，李靈年、楊忠主編，安徽教育出版社，2000 年。
32. 《清人詩集敘錄》，袁行雲撰，文化藝術出版社，1994 年。
33. 《清人詩文集總目提要》，柯愈春編撰，北京古籍出版社，2001 年。
34. 《清詩別裁集》，清・沈德潛輯評，清乾隆二十五年教忠堂刻本。
35. 《清詩紀事》，錢仲聯主編，江蘇古籍出版社，1987、1989 年。
36. 《清詩紀事初編》，鄧之誠撰，上海古籍出版社，1984 年。
37. 《清史稿》，趙爾巽等撰，中華書局，1998 年。
38. 《清史列傳》，中華書局，1987 年。
39. 《清文匯》，沈粹芬等輯，北京出版社，1996 年。
40. 《晴江閣集》，清・何絜撰，清康熙刻增修本。
41. 《秋室集》，清・楊鳳苞撰，清光緒十一年陸心源刻本。
42. 《秋水閣詩文集》，清・許兆椿撰，清道光二十五年刻本。
43. 《求聞過齋詩集》，清・朱方增撰，清光緒十九年朱丙壽刻本。
44. 《屈翁山詩集》，清・屈大均撰，清康熙李肇元等刻本。
45. 《全清詞・順康卷》，南京大學中國語言文學系《全清詞》編纂研究室編，中華書局，2002 年。
46. 《全浙詩話》，清・陶元藻輯，清嘉慶元年怡雲閣刻本。

〔R〕

1. 《然脂餘韻》，清・王蘊章撰，民國本。
2. 《人境廬詩草箋注》，清・黃遵憲撰，錢仲聯箋注，上海古籍出版社，1981 年。
3. 《壬癸藏札記》，清・陳康祺撰，清光緒刻本。
4. 《壬寅銷夏錄》，清・端方撰，稿本。
5. 《容安詩草》，清・胡榮撰，清康熙刻三色套印本。
6. 《容甫先生遺詩》，清・汪中撰，四部叢刊景無錫孫氏藏本。
7. 《容齋詩集》，清・茹綸常撰，清乾隆三十五年刻乾隆五十二年嘉慶四年十三年增修本。
8. 《榮性堂集》，清・吳俊撰，清嘉慶刻本。
9. 《儒林傳稿》，清・阮元撰，清嘉慶刻本。
10. 《弱水集》，清・屈復撰，清乾隆七年賀克章刻本。

〔S〕

1. 《三借廬贅譚》，清・鄒弢撰，清光緒申報館叢書餘集本。
2. 《三松堂集》，清・潘奕雋撰，清嘉慶刻本。
3. 《三松堂續集》，清・潘奕雋撰，清嘉慶刻本。
4. 《掃紅亭吟稿》，清・馮雲鵬撰，清道光十年寫刻本。
5. 《埽垢山房詩鈔》，清・黄文暘撰，清嘉慶七年孔憲增刻本。
6. 《賞雨茅屋詩集》，清・曾燠撰，清嘉慶二十四年刻增修本。
7. 《上湖詩文編》，清・汪師韓撰，清光緒十二年汪氏刻叢睦汪氏遺書本。
8. 《尚絅堂集》，清・劉嗣綰撰，清道光大樹園刻本。
9. 《邵子湘全集》，清・邵長蘅撰，清康熙刻本。
10. 《射鷹樓詩話》，清・林昌彝輯，清咸豐元年刻本。
11. 《聲調譜》，清・趙執信撰，清文淵閣四庫全書本。
12. 《聖門十六子書》，清・馮雲鵷輯，聖門十六子書。
13. 《詩存》，清・金德瑛撰，清乾隆三十三年刻本。
14. 《詩鐸》，清・張應昌輯，清同治八年秀芷堂刻本。
15. 《石村詩文集》，清・郭金臺撰，清康熙刻本。
16. 《石泉書屋詩鈔》，清・李佐賢撰，清同治四年刻本。
17. 《石遺室詩集》，清・陳衍撰，清刻本。
18. 《石雲山人集》，清・吳榮光撰，清道光二十一年吳氏筠清館刻本。
19. 《是程堂集》，清・屠倬撰，清嘉慶十九年眞州官舍刻本。
20. 《守意龕詩集》，清・百齡撰，清道光讀書樂室刻本。
21. 《疏影樓詞》，清・姚燮撰，沈錫麟標點，浙江古籍出版社，1986 年。
22. 《樞垣記略》，清・梁章鉅撰、清・朱智續撰，清道光十八年七峰別墅刻增修本。
23. 《樞垣題名》，清・吳孝銘輯，清道光十八年七峰別墅刻增修本。
24. 《樹經堂詩初集》，清・謝啓昆撰，清嘉慶刻本。
25. 《樹經堂詩續集》，清・謝啓昆撰，清嘉慶刻本。
26. 《雙硯齋詩鈔》，清・鄧廷楨撰，清末刻本。
27. 《思伯子堂詩集》，清・張際亮撰，清刻本。
28. 《四庫全書總目》，清・永瑢等撰，中華書局，1965 年。
29. 《笥河詩集》，清・朱筠撰，清嘉慶九年朱珪椒華吟舫刻本。
30. 《松泉集》，清・汪由敦撰，清文淵閣四庫全書本。
31. 《松壽堂詩鈔》，清・陳夔龍撰，清宣統三年京師刻本。
32. 《粟香隨筆》，清・金武祥撰，清光緒刻本。

33. 《隨山館稿》，清・汪瑔撰，清光緒刻隨山館全集本。
34. 《邃懷堂全集》，清・袁翼撰，清光緒十四年袁鎮嵩刻本。
35. 《邃雅堂集》，清・姚文田撰，清道光元年江陰學使署刻本。
36. 《孫淵如先生全集》，清・孫星衍撰，四部叢刊景清嘉慶蘭陵孫氏本。

〔T〕

1. 《太乙舟詩集》，清・陳用光撰，清咸豐四年孝友堂刻本。
2. 《泰雲堂集》，清・孫爾準撰，清道光刻本。
3. 《曇雲閣集》，清・曹楙堅撰，清光緒三年曼陀羅館刻本。
4. 《逃莽詩草》，清・徐豫貞撰，清康熙楊崑思誠堂刻本。
5. 《桃花扇傳奇》，清・孔尚任撰，清康熙刻本。
6. 《陶樓文鈔》，清・黄彭年撰，民國十二年刻本。
7. 《陶人心語》，清・唐英撰，清乾隆唐寅保刻本。
8. 《陶山詩錄》，清・唐仲冕撰，清嘉慶十六年刻道光增修本。
9. 《天眞閣集》，清・孫原湘撰，清嘉慶五年刻增修本。
10. 《天咫偶聞》，清・震鈞撰，清光緒甘棠精舍刻本。
11. 《田間詩文集》，清・錢澄之撰，清康熙刻本。
12. 《童山詩集》，清・李調元撰，中華書局，1985 年。
13. 《銅鼓書堂遺稿》，清・查禮撰，清乾隆查淳刻本。
14. 《（同治）蘇州府志》，清・馮桂芬撰，清光緒九年刊本。
15. 《（同治）徐州府志》，清・劉庠撰，清同治十三年刻本。
16. 《嵞山集》，清・方文撰，清康熙二十八年王槩刻本。
17. 《退庵詩存》，清・梁章鉅撰，清道光刻本。
18. 《退補齋詩文存》，清・胡鳳丹撰，清同治十二年退補齋鄂州刻本。
19. 《退補齋詩文存二編》，清・胡鳳丹撰，清光緒七年退補齋刻本。
20. 《籜石齋詩集》，清・錢載撰，清乾隆刻本。

〔W〕

1. 《晚晴簃詩匯》，徐世昌編，中華書局，1990 年。
2. 《綰秀園詞選》，清・杜首昌撰，清乾隆刻本。
3. 《威鳳堂文集》，清・陸圻撰，清康熙刻本。
4. 《味和堂詩集》，清・高其倬撰，清乾隆五年高恪等刻本。
5. 《魏源全集》，清・魏源撰，嶽麓書社，2011 年。
6. 《文靖公詩鈔》，清・寶鋆撰，清光緒三十四年羊城刻本。

7. 《文靖公遺集》，清・寶鋆撰，清光緒三十四年羊城刻本。
8. 《文廷式集》，清・文廷式撰，汪叔子編，中華書局，1993 年。
9. 《文獻徵存錄》，清・錢林撰，清咸豐八年有嘉樹軒刻本。
10. 《問亭詩集》，清・博爾都撰，清康熙三十五年刻本。
11. 《翁山詩外》，清・屈大均撰，清康熙刻凌鳳翔補修本。
12. 《吳梅全集》，吳梅撰，王衛民校注，河北教育出版社，2002 年。
13. 《吳興詩話》，清・戴璐撰，民國吳興叢書本。
14. 《吳學士詩文集》，清・吳鼒撰，清光緒八年江寧藩署刻本。
15. 《梧門詩話合校》，清・法式善撰，張寅彭、強迪藝編校，鳳凰出版社，2005 年。
16. 《五研齋詩文鈔》，清・沈赤然撰，清嘉慶刻增修本。
17. 《午風堂集》，清・鄒炳泰撰，清嘉慶刻本。

〔X〕

1. 《西陂類稿》，清・宋犖撰，清文淵閣四庫全書本。
2. 《西河集》，清・毛奇齡撰，清文淵閣四庫全書本。
3. 《西垣集》，清・保培基撰，清乾隆井谷園刻本。
4. 《西莊始存稿》，清・王鳴盛撰，清乾隆三十年刻本。
5. 《希古堂集》，清・譚宗浚撰，清光緒刻本。
6. 《惜抱軒全集》，清・姚鼐撰，中國書店，1991 年。
7. 《隰西草堂詩文集》，清・萬壽祺撰，民國八年明季三孝廉集本。
8. 《香樹齋詩文集》，清・錢陳群撰，清乾隆刻本。
9. 《香蘇山館詩集》，清・吳嵩梁撰，清木犀軒刻本。
10. 《湘綺樓詩文集》，清・王闓運撰，馬積高主編，嶽麓書社，1996 年。
11. 《湘西兩黄詩——黄道讓、黄右昌詩合集》，黄宏荃選編，嶽麓書社，1988 年。
12. 《響泉集》，清・顧光旭撰，清宣統二年顧氏刻本。
13. 《小倉山房詩文集》，清・袁枚撰，周本淳標校，上海古籍出版社，1988 年。
14. 《小謨觴館詩文集》，清・彭兆蓀撰，清嘉慶十一年刻二十二年增修本。
15. 《小木子詩三刻》，清・朱休度撰，清嘉慶刻匯印本。
16. 《小腆紀傳》，清・徐鼒撰，清光緒金陵刻本。
17. 《小峴山人集》，清・秦瀛撰，清嘉慶刻增修本。
18. 《小重山房詩詞全集》，清・張祥河撰，清道光刻光緒增修本。

19. 《校禮堂詩集》，清・凌廷堪撰，清道光六年刻本。
20. 《嘯古堂詩集》，清・蔣敦復撰，清光緒十一年王韜淞隱廬刻本。
21. 《學藝齋詩存》，清・鄒漢勛撰，清光緒八年刻鄒叔子遺書本。
22. 《心孺詩選》，清・傅仲辰輯，清樹滋堂刻本。
23. 《雄雉齋選集》，清・顧圖河撰，清康熙刻本。
24. 《繡餘續草》，清・歸懋儀撰，清道光八年刻本。
25. 《虛受堂詩存》，清・王先謙撰，清光緒二十八年蘇氏刻增修本。
26. 《虛直堂文集》，清・劉榛撰，清康熙刻補修本。
27. 《續印人傳》，清・汪啓淑撰，清道光二十年海虞顧氏刻本。
28. 《雪橋詩話》，楊鍾義撰，民國求恕齋叢書本。
29. 《雪橋詩話三集》，楊鍾義撰，民國求恕齋叢書本。
30. 《雪橋詩話續集》，楊鍾義撰，民國求恕齋叢書本。
31. 《雪橋詩話餘集》，楊鍾義撰，民國求恕齋叢書本。
32. 《雪虛聲堂詩鈔》，清・楊深秀撰，民國六年鉛印戊戌六君子遺集本。

〔Y〕

1. 《煙霞萬古樓詩選》，清・王曇撰，中華書局，1985 年。
2. 《煙草譜》，清・陳琮撰，清嘉慶刻本。
3. 《閻古古全集》，清・閻爾梅撰，張相文編，中國地學會民國十一年本。
4. 《嚴白雲詩集》，清・嚴熊撰，清乾隆十九年嚴有禧刻本。
5. 《衍波詞》，清・孫蓀意撰，清嘉慶十二年頜粉奩刊本。
6. 《硯溪先生集》，清・惠周惕撰，清康熙惠氏紅豆齋刻本。
7. 《揚州地方文獻叢刊》，江蘇古籍出版社、廣陵書社，2002～2005 年。
8. 《揚州畫舫錄》，清・李斗撰，中華書局，1960 年。
9. 《揚州歷代詩詞》，李坦主編，人民文學出版社，1998 年。
10. 《揚州休園志》，清・鄭慶祜撰，清乾隆三十八年察視堂自刻本。
11. 《養默山房詩稿》，清・謝元淮撰，清光緒元年刻本。
12. 《養一齋集》，清・李兆洛撰，清道光二十三年活字印四年增修本。
13. 《姚光全集》，姚光撰，姚昆群、昆田、昆遺編，社會科學文獻出版社，2007 年。
14. 《堯峰文鈔》，清・汪琬撰，四部叢刊景林佶寫刻本。
15. 《瑤華集》，清・蔣景祁輯，清康熙二十五年刻本。
16. 《衣讔山房詩集》，清・林昌彝撰，清同治二年廣州刻本。

17. 《詒安堂詩稿》，清・王慶勛撰，清咸豐三年刻五年增修本。
18. 《飴山詩餘》，清・趙執信撰，清光緒刻山左人詞本。
19. 《頤綵堂詩鈔》，清・沈叔埏撰，清道光二十八年沈維鐈刻本。
20. 《頤道堂集》，清・陳文述撰，清嘉慶十二年刻道光增修本。
21. 《倚聲初集》，清・鄒祗謨、清・王士禛輯，清順治十七年刻本。
22. 《亦有生齋集》，清・趙懷玉撰，清道光元年刻本。
23. 《益戒堂詩集》，清・揆敘撰，清雍正刻本。
24. 《憶山堂詩錄》，清・宋翔鳳，清嘉慶二十三年刻道光五年增修本。
25. 《憶雲詞》，清・項廷紀撰，清光緒十九年許增榆園刻本。
26. 《藝舟雙楫》，清・包世臣撰，清道光安吳四種本。
27. 《因園集》，清・趙執信撰，清文淵閣四庫全書本。
28. 《尹文端公詩集》，清・尹繼善撰，清乾隆刻本。
29. 《楹聯叢話全編》，清・梁章鉅等編，北京出版社，1996 年。
30. 《瀛壖雜志》，清・王韜撰，清光緒元年刻本。
31. 《瘿暈山房詩刪》，清・羅天尺撰，清乾隆二十五年刻三十一年羅天俊增修本。
32. 《（雍正）畿輔通志》，清・李衛修，清文淵閣四庫全書本。
33. 《（雍正）浙江通志》，清・嵇曾筠撰，清文淵閣四庫全書本。
34. 《有正味齋詞集》，清・吳錫麒撰，清嘉慶刻有正味齋詩集本。
35. 《有正味齋集》，清・吳錫麒撰，清嘉慶十三年刻有正味齋全集增修本。
36. 《有正味齋詩集》，清・吳錫麒撰，清嘉慶十三年刻有正味齋全集增修本。
37. 《于湖小集》，清・袁昶撰，清光緒袁氏水明樓刻本。
38. 《于湘遺稿》，清・樓錡撰，清乾隆二十年陳章刻本。
39. 《余懷全集》，清・余懷撰，李金堂編校，上海古籍出版社，2011 年。
40. 《畲經堂詩文集》，清・朱景英撰，清乾隆刻本。
41. 《愚谷文存》，清・吳騫撰，清嘉慶十二年刻本。
42. 《愚谷文存續編》，清・吳騫撰，清嘉慶十九年刻本。
43. 《漁洋山人精華錄》，清・王士禎撰，四部叢刊景林佶寫刻本。
44. 《與稽齋叢稿》，清・吳翌鳳撰，清嘉慶刻本。
45. 《玉笙樓詩錄》，清・沈壽榕撰，清光緒九年刻增修本。
46. 《玉照亭詩鈔》，清・陳大章撰，清乾隆九年陳師晉刻本。
47. 《鬱華閣遺集》，清・盛昱撰，清光緒三十四年刻本。
48. 《淵雅堂全集》，清・王芑孫撰，清嘉慶刻本。

49. 《沅湘耆舊集》，清・鄧顯鶴輯，清道光二十三年鄧氏南村草堂刻本。
50. 《袁枚全集》，清・袁枚撰，王英志主編，江蘇古籍出版社，1993 年。
51. 《月滿樓詩文集》，清・顧宗泰撰，清嘉慶八年刻本。
52. 《月山詩集》，清・恒仁撰，清乾隆刻本。
53. 《悅親樓詩集》，清・祝德麟撰，清嘉慶二年姑蘇刻本。
54. 《越縵堂日記說詩全編》，清・李慈銘撰，張寅彭、周容編校，鳳凰出版社，2010 年。
55. 《篔谷詩文鈔》，清・查揆撰，清道光刻本。
56. 《蘊愫閣詩集》，清・盛大士撰，清道光元年刻本。

〔Z〕

1. 《增默菴詩遺集》，清・郭尚先撰，清光緒十六年刻吉雨山房全集本。
2. 《趙翼全集》，清・趙翼撰，曹光甫校點，鳳凰出版社，2009 年。
3. 《趙翼詩編年全集》，清・趙翼撰，華夫主編，天津古籍出版社，1996 年。
4. 《珍埶宧詩鈔》，清・莊述祖撰，清刻本。
5. 《眞松閣詞》，清・楊夔生撰，清道光十四年刻本。
6. 《正誼堂詩文集》，清・董以寧撰，清康熙書林蘭蓀堂刻本。
7. 《鄭堂讀書記》，清・周中孚撰，民國吳興叢書本。
8. 《之溪老生集》，清・先著撰，清刻本。
9. 《芝庭詩文稿》，清・彭啓豐撰，清乾隆刻增修本。
10. 《知止齋詩集》，清・翁心存撰，清光緒三年常熟毛文彬刻本。
11. 《知足齋集》，清・朱珪撰，清嘉慶刻增修本。
12. 《織簾書屋詩鈔》，清・沈兆澐撰，清咸豐二年刻本。
13. 《中國古代戲曲序跋集》，吳毓華編，中國戲劇出版社，1990 年。
14. 《中國古典戲曲序跋彙編》，蔡毅編著，齊魯書社，1989 年。
15. 《忠雅堂集校箋》，清・蔣士銓撰，邵海清校、李夢生箋，上海古籍出版社，1993 年。
16. 《朱九江先生集》，清・朱次琦撰，清光緒刻本。
17. 《珠泉草廬詩鈔》，清・廖樹蘅撰，清光緒二十七年刻本。
18. 《竹初詩文鈔》，清・錢維喬撰，清嘉慶刻本。
19. 《竹嘯餘音》，清・王特選撰，清康熙刻本。
20. 《竹軒詩稿》，清・劉秉恬撰，清乾隆五十一年刻本。
21. 《竹葉庵文集》，清・張塤撰，清乾隆五十一年刻本。

22. 《著老書堂集》，清·張世進撰，清乾隆刻本。
23. 《子良詩存》，清·馮詢撰，清刻本。
24. 《紫薇山人詩鈔》，清·沈維基撰，清乾隆刻本。
25. 《紫峴山人全集》，清·張九鉞撰，清咸豐元年張氏賜錦樓刻本。
26. 《紫竹山房詩文集》，清·陳兆崙撰，清嘉慶刻本。
27. 《自然好學齋詩鈔》，清·汪端撰，清同治十三年刻本。
28. 《棕亭詩鈔》，清·金兆燕撰，清嘉慶十二年贈雲軒刻本。
29. 《檇李詩繫》，清·沈季友撰，清文淵閣四庫全書本。

二、研究、著述類

〔H〕

1. 《黃人》，湯哲聲、涂小馬編撰，中國文史出版社，1998年。

〔L〕

1. 《歷代詠劇詩歌選註》，趙山林選注，書目文獻出版社，1988年。

〔M〕

1. 《明清江蘇文人年表》，張慧劍撰，人民文學出版社，2008年。

〔Q〕

1. 《清代名人傳略》，〔美〕A·W·恆慕義主編，中國人民大學清史研究所《清代名人傳略》翻譯組譯，青海人民出版社，1990年。
2. 《清代人物生卒年表》，江慶柏編撰，人民文學出版社，2005年。
3. 《清代學術概論》，梁啓超撰，中國人民大學出版社，2004年。
4. 《清代職官年表》，錢實甫編，中華書局，1980年。
5. 《清人室名別稱字號索引：增補本》，楊廷福、楊同甫編，上海古籍出版社，2001年。

〔T〕

1. 《台灣詩乘》，連橫撰，台灣大通書局，1987年。

〔Z〕

1. 《中國文學家大辭典·清代卷》，錢仲聯主編，中華書局，1996年。

後 記

我與傳統戲曲結緣，確實很有些年頭了，這也許正印證了古人的那句話，「數支干週遍又從頭。」（王實甫【商調・集賢賓】〈退隱〉）之所以對戲曲情有獨鍾，大概與我自幼的生活環境有關。

我的故鄉江蘇省沛縣西安莊，是蘇、魯交界處的一個小村落，漢初著名人物漢高祖劉邦、安國侯王陵、絳侯周勃、潁陰侯灌嬰，均曾在這一帶生活，至今尚有遺跡可循，如安國集、劉邦店、灌嬰寺、周田村等村落，依然存在。安國、周田，分別是王陵、周勃的出生地，而劉邦店、灌嬰寺，村莊的取名，則與他們的居留有關。這幾個村莊，都在我們村附近，遠者不過六、七里路，故有「五里三諸侯」之說，且瀕臨微山湖，風景清雅幽美。說我們村小，是因爲在一般的地圖上難覓其蹤影；說她大，僅名稱就夠氣派的，竟然和古都西安重名。這個村落南北長一里半路，東西之長也在一里以上。村分作東街、西街兩大板塊，中有小河相隔。東、西街各有兩條橫貫南北的大道，分別爲雙方的中軸線。兩條大道，又衍生出許多排比密密匝匝的東西向小街。整個村莊的布局方方正正，井然有序，房舍高下錯落，鱗次櫛比，幾無絲毫空隙之地，儼然有小城之規模。這裏當年設過鄉、成過集，故有「沛北第一村」之說。聽老輩人講，我們祖籍乃山西洪洞，老槐樹則成了古來固化的祖籍符號，永遠的記憶。大概是明初洪武時，始遷居山東鉅野。清代咸豐年間，因洪水肆虐，又由山東再遷沛北灘涂之地，臨時搭建茅菴，開荒謀生。據說，剛遷來時，這邊飯尚未下鍋，那邊就被頻繁出沒的野兔子給叼走了。幾代之後，村落漸成氣候。或許是移民之緣故，加之動亂頻仍，居住在這裏的人們，當時普遍缺乏安全感，防範意識極強。在村子的四周，挖有深深的護村壕溝，人們習慣稱之爲「海子」。用黃土夯起的高高、厚厚的圍墻，將整個村莊緊緊包裹，俗稱其爲「海子墻」。村僅有東、西、南、北四門可供出入，門前俱建有一磚砌小橋。四門皆有又高又寬、上面布滿鐵釘的木板門，俗稱「寨門」，晚間則關門落鎖，且派有專人司守。村西北角，有一小小的土壘炮樓，供巡更者瞭望、防守。在我小的時候，這些建築還在，常爬到「海子墻」上摘野果子吃，還跑到炮樓角去挖膠泥，捏小戲人玩。這裏的村民大都不富裕，但崇禮好文、尊教尚義之風甚濃，讀書識字爲人所慕，弦歌之聲時而相聞，還熱衷於演戲、習武。習武，大半是爲了自衛；而演戲，則出自村民的自娛自樂。

我的家鄉盛行梆子戲，這或許與受山西梆子、曹州梆子影響有關。村民自己出資，辦起了戲班，百姓稱之爲「小窩班」。道具、服飾，一一購置齊備。生、旦、淨、丑，行當齊全。文、武場面之演奏，均由本村村民充任。每逢過節，必演大戲。演出前，推來幾輛鑲有鐵箍的四輪太平車，往村中心街口一放，將寨門卸下，往車上一擺，四周支幾根木柱子，後場用秫秸編織成的大箔圍起，頂棚亦用箔覆蓋，三下兩下，簡易戲臺便搭成了。三通鑼鼓過后，戲便開演。最常演的劇目，不過是《鍘美案》、《抄杜府》、《打蠻船》、《反徐州》、《姜子牙釣魚》、《小姑賢》、《哭頭》、《芈建遊宮》、《李三娘打水》、《轅門斬子》、《打金枝》、《攔馬》、《文昭關》之類劇目，常常是叔侄、父子、兄弟、郎舅齊上陣，若人手再不夠，就臨時從臺下拉幾個兄弟、爺們湊數，跑跑龍套。這些臨時上臺者，雖説很少受過嚴格訓練，但緣耳聞目染之故，居然也能煞有介事地走上幾遭。晚上演戲需用燈，鄉親們就在臺口兩旁的大柱子上，各掛一個本來是供裝糧食用的撮（音「搓」）子，大黑碗或者小瓦盆裏倒入滿滿的棉籽油，往撮子內側底部一擺，因撮子是用弧形木板揉製而成，呈半圓形，以其爲燈座，還具有防風之功能。然後，點燃上用棉花搓成的粗粗的燈捻子，燈的問題就解決了。所有的一切都是因陋就簡、就地取材，倒是便當得很。條件雖説十分簡陋，但戲照樣演得非常紅火，往往一演就是十來天。尤其是春節前後，更是好戲連臺，看不勝看。甚至春種夏收的農忙時節，也絲毫不減演戲之熱情，村民們照樣忙中偷閑，趕來觀賞。不僅在本地演，據説還曾跑到安徽的蚌埠等地演出；不僅獨立演出，還曾參與過帶有競技性質的對臺大戲演出，受到廣泛好評，故「戲窩子」之名也由此而起。這個並不起眼的草臺班，還眞培育出不少人才。原來「小窩班」中的有些演員，於上個世紀五十年代去陝西一帶謀生，竟重操舊業，成了當地劇團的臺柱子。

有此風薰染，老百姓都喜歡聽戲。夏日炎炎，在密不透風的高粱地裏打葉子，學唱幾句梆子腔，似乎給勞碌的人們帶來一絲清涼之氣。老百姓評量世俗是非，也往往搬用戲曲故事。我的家境比較貧寒，長兄興堂公，十三歲始入小學，因接受能力強，又直接蹦入四年級讀書。他敦厚勤勞，十來歲便扛起鋤頭勞作於田間，不時贏得鄰里之誇贊。後來，考入城市裏的學校，但對戲曲仍很喜歡，每每放假回來，總是帶著我去看戲。常常是本村看過，又將年齡尚幼的我背在身上，趕往四、五里路之遙的外村去看。來回的路上，還把劇情或者劇壇佚事講給我聽，愈發激起我對戲曲的興趣。而今，他已將步入耄耋之年，仍喜愛讀書，終日手不釋卷。仲兄興祥公興趣廣泛，扭秧歌、打腰鼓、吹笛子、篆刻、書法，幾乎無一不好，而且嗓音甜潤，戲唱得也好。曾有兩次進劇團的機會，一是爲本村的一位老藝人相中，欲帶他去山東某劇團習藝；一是送堂姐去河南，爲開封的一家劇團選中，然均因父母不放心其遠行強烈反對而作罷。而今，他早已步入古稀之年，沒了唱戲的興致，但書法卻沒有丟，每逢春節，求寫春聯者接踵而至，應接不暇。在我們姐弟四人中，最聰明的可能要數大姐。由於家庭條件以及傳統習俗之故，她從未上過一天學，甚至連學堂門朝哪都搞不清楚。然而，卻記憶力驚人，那一本一本繁體豎排的唱本、戲文，如《蜜蜂記》、《合同記》、《千里駒》、《小姑賢》、《五鳳嶺》、《陳妙常》之類，都能琅琅成誦，過目不忘。周圍的鄰家婦女，邊做針線，邊央她講些書本上讀來的故事。大姐剪紙、描花、刺繡，無一不能，但終因家庭子女太多，負擔太重，勞累成疾，於 2012 年春爲病魔奪去生命，時年八十有一。至今想起，仍令人傷感不已。

我對戲曲藝術的愛好，是幼年時期養成的。二十歲上下時，曾創作有多種劇作，均曾搬至場上演出，且在本地引起不小的轟動，卻沒有刻意去保存，以致隨著時光的流衍，有的已不知所蹤了。手裏餘下的，僅爲後來所作《龍尾硯》、《綠牡丹》兩種而已。我曾想以《倚雲閣二種曲》之名出版，但又恐其失之於單薄，遂作罷。當時不管是看戲還是創作，僅僅憑的是感性認識，不過是一種個人喜好而已，不想日後竟然研究起古代戲曲來，而且這種交道一打就是幾十年，可以說與戲曲結下了不解之緣。幾十年來，我對不同的戲曲樣式及其文化內蘊，均作過一些探討，力圖有所發現、有所進取。著名戲曲史家、恩師錢南揚先生曾說：「做學問，『拓荒補闕』才有意義。」這則成爲我問學的努力方向。這些年，我對中國早期戲曲生成史的鑽研與思考，就是按照先生的教誨去做的。同時，在趙翼研究以及《趙翼年譜長編》（全五冊）、《趙翼研究資料彙編》（上、下冊）等著述的撰著過程中，廣泛地接觸了一些散見於詩詞中的戲曲史料，深感其中所蘊含的有關戲曲表演及發展的信息，倒十分值得珍視。這些資料，對問津者較少的清代戲曲研究，或許能打開一扇亮窗。近年來，本人與台灣花木蘭文化出版社建立了良好的合作關係。當我把出版《清代散見戲曲史料彙編（詩詞卷・初編）》的想法相告時，很快便得到積極回應，總編輯杜潔祥先生在回信中表示「非常歡迎」我的「養生學術書」，這使我大爲感動。在學術出版異常困難的當下，純粹的學術著作甚至會遭遇「倒賠妝奩無人要」的尷尬境遇，而花木蘭的同仁們視傳統文化的發掘與整理爲己任，與一眾學人同舟共濟，精心營造出一片文化綠洲，這種對學術的敬畏與熱忱，的確是難能可貴的。在此，謹向他們致以誠摯的敬意，並向副總編輯楊嘉樂博士不厭其煩、每每爲我解除後顧之憂表示誠懇的謝意！

古人稱，「欲勝人者必先自勝，欲論人者必先自論，欲知人者必先自知。」（《呂氏春秋・先己》）本人不敢有「勝人」之想，但在「自勝」、「自論」、「自知」方面卻時加檢視，這對於激發自身克服困難的毅力和不斷進取的創造力方面還是有所作用的。我常常激勵自己，不能因年事漸高而心生怠惰，不能因略有小成而止步不前，至於下一個目標，倒很想在清代戲曲研究領域裏再作點努力！

趙興勤

二○一三年十一月一日

古彭城鳳凰山東麓倚雲閣